贵州财经大学经济学研究文库

发展经济学基本理论比较研究

王智慧 / 著

中国社会科学出版社

图书在版编目（CIP）数据

发展经济学基本理论比较研究/王智慧著.—北京：中国社会科学出版社，2017.12
ISBN 978-7-5203-1559-3

Ⅰ.①发… Ⅱ.①王… Ⅲ.①发展经济学—研究—中国 Ⅳ.①F061.3

中国版本图书馆 CIP 数据核字（2017）第 287247 号

出 版 人	赵剑英	
责任编辑	卢小生	
责任校对	周晓东	
责任印制	王　超	
出　　版	中国社会科学出版社	
社　　址	北京鼓楼西大街甲 158 号	
邮　　编	100720	
网　　址	http://www.csspw.cn	
发 行 部	010-84083685	
门 市 部	010-84029450	
经　　销	新华书店及其他书店	
印　　刷	北京明恒达印务有限公司	
装　　订	廊坊市广阳区广增装订厂	
版　　次	2017 年 12 月第 1 版	
印　　次	2017 年 12 月第 1 次印刷	
开　　本	710×1000　1/16	
印　　张	21.5	
插　　页	2	
字　　数	318 千字	
定　　价	90.00 元	

凡购买中国社会科学出版社图书，如有质量问题请与本社营销中心联系调换
电话：010-84083683
版权所有　侵权必究

摘　要

本书分为三部分，第一部分包括第二章至第五章，分别介绍了发展经济学的发展、西方现代发展经济学、新兴古典经济学和信息社会经济学。在此基础上，第二部分包括第六章至第九章，从各个方面对不同发展经济学体系进行了比较研究。第三部分即第十章对比较研究进行总结，并提出人类发展一般模型和经济发展的折中解释框架。

第六章提出一个系统的理论评价模型，按照系统的时间速度阶次、空间层次、变量精细程度和理论的组织程度四个标准建立了一个多维理论坐标系，通过考察不同发展经济学理论在这个多维理论坐标系中的位置，能够快速明确不同理论的性质、优点与缺点。

本书通过建立一般均衡分析、经济效率、内生交易费用、公平的偏序结构以及系统层次模型明确了局部均衡分析与一般均衡分析的相对性、经济效率的局部性和相对性、内生交易费用的相对性和公平的系统相对性。当我们以某一层次的一个系统作为考察对象，对这一系统的整体分析称为一般均衡分析，而对这个系统的子系统或者分系统的分析则称为相对于这个系统的局部均衡分析；若把这个系统看成是一个更大系统的子系统，则又称为相对于更大系统的局部均衡分析。经济效率改进手段从改善人际关系、产品交换、改变分工契约结构到制度变迁，可形成一个偏序结构，如果某一层次的帕累托改进手段集合的措施使用完毕，则形成相对于这个层次的帕累托最优，但相对于更大帕累托改进手段集合而言，则仍然是帕累托无效。任何一个经济系统所形成的实际均衡，相对较小层次的参照系而言，其内生交易费用较小，相对较高层次的参照系而言其内生交易费用较大。现实中的公平总是相对于一定的参照系层次而言，参照于较低系统层次的公平，可能相对于较高的系统层次而言是不公平的；微观局部的公平可能伴随着宏观整体的不公平。

不同发展经济学一般均衡分析的层次不同，因此，它们对于问题的解释也不同。新兴古典经济学模型比新古典经济学模型层次更高，但是，目前所有发展经济学模型都没有把经济发展与生态环境、中心与外围国家、宪政民主与专制极权、政府与市场、公平与效率、自由与福利、剥削与激励之间的两难冲突在一般均衡分析模型中内生化（第九章）。几乎所有发展经济学理论模型都没有明确考虑其所称经济效率、内生交易费用和公平的系统层次。

第七章对主要的数理经济增长模型按照模型假设和结论进行了分类，从而明确各种数理经济增长模型的技术实质和内生化程度，从而迅速判定各种增长理论的实质。

第八章对发展的一些基本问题如发展的目标与手段、评价发展绩效的标准、发展的阶段与模式、发展中国家定义及落后根源、发展动力机制进行比较研究。

本书认为，共产主义是人类社会发展的最终目标，在阿玛蒂亚·森的"自由既是发展的目的，又是发展的手段"这一论断基础上，得出自由既是社会主义的目标又是实现社会主义的手段。

本书根据王海明的新功利主义和罗尔斯主义的效率与公正理论，提出了一个综合的社会治理、公共政策和经济社会发展绩效评价标准体系。其基本准则包括基本权利不公平零容忍准则、帕累托改进准则、利益总量增加准则、非基本权利不平等程度容忍规则。

在社会发展模式上存在着多线模式与单线模式之争，本书认为，人类发展模式既不是单线模式也不是多线平行模式，多线融合模式才是人类的真实发展模式。

本书对发展中国家定义为在信息社会全球化背景下没有出现经济起飞，外部存在着发达得多的外部世界的国家。发展中国家落后的根源既有自身制度文化的束缚，也有要素禀赋的劣势。

在经济发展的动力机制上，新兴古典经济学认为，制度决定交易效率，交易效率决定专业化分工水平，专业化分工水平决定经济发展。信息社会经济学认为，发展的动力机制是知识增长与知识传播的机制。

第九章从人类经济发展中几大核心两难冲突的角度对各种发展经济学理论进行比较评述。一般均衡分析应该把经济发展对于生态环境的破坏，反而降低经济发展效率的机制内生化。一般均衡分析要能够把中心与外围国家之间的关系内生化，从而能够解释殖民主义的产生并导致外围国家的落后。一般均衡分析要能够内生政府与市场制度，并说明政府与市场之间的关系。一般均衡分析要能够将宪政民主与专制极权的制度选择内生化，说明各种制度框架的效率与公平特征。一般均衡分析要能够把公平与效率、自由与福利之间的两难冲突进行权衡折中，形成一个合理的公平与效率、自由与福利的组合。一般均衡分析要能够把剥削与激励之间的两难冲突内生化，在资本与劳动之间形成一个合理的剩余价值分割比例。

第十章对比较研究进行了总结，并提出了一般人类发展模型和一个折中主义的发展经济学解释框架。

各种发展经济学理论都是在不同历史时期，从不同视角对于经济发展的特定观察并进行理论抽象的结果，都有其正面价值。另外，任何理论都有其局限性，不能把任何理论体系当成是唯一的真理。原则上我们可以对任何理论体系进行批判，通过确认其系统局部性程度和理论外生化程度可以明确其局限性所在。

本书倡导的理论坐标系方法清楚地指出了目前经济学中的七大核心难题，为经济学基础理论的进一步突破指明了方向。系统地提出问题可能会为系统地解决问题提供思路。在某种程度上讲，系统地提出问题比解决问题更为重要。

人类发展过程是人与人之间关系在广度与深度上不断扩展的过程，交易（交往）效率比较低时，人与人交往的深度与广度都较低，政治、经济、文化联系不紧密，地理范围上只局限于各大洲与地区；随着交往效率的提高，人类的分工合作关系加深，逐渐进入到全球化时代并迈向世界经济一体化。

人类的自由与幸福是发展研究的最高目的。发展经济学主要从研究人与人之间的关系扩展到研究人与自然环境的关系（可持续发展经济学），最后必将扩展到研究人与自身的关系。

本书认为，马克思主义、新制度经济学、新兴古典经济学与信息社会经济学是四大最具原创性的发展经济学理论体系，它们都从某个特定的角度与侧面认识到了人类发展的局部真理。因此，把它们的思想综合成一个折中主义框架，能够全面地解释经济发展。

关键词：人类发展模型　发展经济学　发展中国家　比较研究　折中主义　一般均衡分析的层次性　两难冲突　发展机制

目　录

第一章　绪论 … 1
第一节　选题背景与研究目的 … 1
第二节　研究现状 … 2
第三节　研究对象与内容界定 … 6
第四节　比较研究的思路与方法 … 6
第五节　本书结构 … 8

第二章　发展经济学理论的发展 … 9
第一节　发展经济学学科定位 … 9
第二节　古典发展经济学 … 10
第三节　马克思主义发展经济学 … 16
第四节　新古典经济学与凯恩斯宏观经济学的
　　　　经济发展研究 … 19
第五节　现代西方发展经济学的产生与发展 … 21
第六节　新兴古典发展经济学对主流经济学的综合 … 25
第七节　信息社会经济学的经济发展理论 … 26

第三章　主流发展经济学理论简述 … 28
第一节　西方发展经济学理论体系的特点 … 28
第二节　结构主义理论概述 … 29
第三节　新结构主义发展理论概述 … 39
第四节　激进主义发展理论概述 … 40
第五节　新古典主义发展理论概述 … 43

第六节　新制度主义发展经济学 …………………………… 45
第七节　西方现代化理论概述 ……………………………… 47
第八节　发展经济学理论体系的发展
　　　　——可持续发展经济学 …………………………… 52

第四章　新兴古典发展经济学理论体系 …………………… 54
第一节　新兴古典经济学分析框架的特点 ………………… 54
第二节　新兴古典发展经济学对经济发展的分析层次 …… 63
第三节　新兴古典发展经济学理论概述 …………………… 64

第五章　信息社会经济学的经济发展理论体系 …………… 90
第一节　信息社会经济学的基本出发点 …………………… 90
第二节　信息社会经济学对西方主流经济学的批判 …… 100
第三节　信息社会经济学的发展理论框架 ……………… 102
第四节　信息社会发展经济学理论简述 ………………… 107
第五节　不同的经济发展模式 …………………………… 111

第六章　系统学与方法论基础 …………………………… 114
第一节　数学基础 ………………………………………… 114
第二节　主流经济学的四层次框架 ……………………… 126
第三节　经济理论涉及的系统范围——内生化程度 …… 128
第四节　社会互动的层次性和对称性 …………………… 143
第五节　边际分析、超边际分析与三层次超边际分析 … 145
第六节　均衡分析与反均衡分析 ………………………… 152
第七节　实证分析：均衡分析的系统层次性 …………… 161
第八节　规范分析：效率与公平的系统层次性 ………… 176
第九节　理论模型评判的多维标准与理论坐标系 ……… 211
第十节　经济学理论发展趋势与经济学理论
　　　　扩展的一个途径 ………………………………… 213

第七章　经济增长理论比较研究 ………………………… 215
第一节　增长理论概论 …………………………………… 215

第二节　数理经济增长模型的分类标准 …………………… 217
　　第三节　新古典方程组增长模型 …………………………… 222
　　第四节　新古典动态最优化增长模型 ……………………… 237

第八章　人类发展本质与规律的认识 …………………………… 251
　　第一节　对人类发展本质与目标的认识比较 ……………… 251
　　第二节　评价发展绩效的标准 ……………………………… 256
　　第三节　对发展阶段与模式的认识比较 …………………… 263
　　第四节　对发展中国家定义及落后根源的认识比较 ……… 267
　　第五节　对发展动力机制与必要条件的认识比较 ………… 271

第九章　对人类发展过程中核心两难冲突问题的认识比较 …… 275
　　第一节　生态环境与经济发展 ……………………………… 279
　　第二节　中心与外围、资本主义现代性与传统文化、
　　　　　　后发优势与后发劣势 ……………………………… 283
　　第三节　政府与市场 ………………………………………… 292
　　第四节　公平与效率、自由与福利 ………………………… 298
　　第五节　剥削与激励 ………………………………………… 303

第十章　比较研究结论和发展经济学解释体系的构建 ………… 308
　　第一节　对理论比较的总结 ………………………………… 308
　　第二节　对人类社会发展和发展经济学本质的认识 ……… 310
　　第三节　发展经济学解释框架 ……………………………… 314
　　第四节　研究不足及改进的方向 …………………………… 316

参考文献 ……………………………………………………………… 317

后　记 ………………………………………………………………… 333

第一章 绪论

第一节 选题背景与研究目的

发展经济学在古典经济学中与政治经济学是融为一体的,古典经济学家威廉·配第、杜尔哥、亚当·斯密等既是政治经济学创始人,也是发展经济学创始人。但是,"发展经济学"这个名词出现在第二次世界大战以后,是指以发展中国家经济发展为研究内容的经济理论。它与主流经济学是分离的,一般被视为应用经济学的一个分支。

对"发展"的理解可以分为三个层次:一是指整个人类社会的发展,从这个意义上讲,发展经济学这一名词的全面含义应该指人类发展研究,相当于经济学或世界经济学,这是最广义的发展经济学定义。二是指不同国家、民族的经济发展,从而发展经济学这一名词其实就是指宏观经济学或者政治经济学,因为发展经济学不仅要研究发展中国家的发展,而且要研究发达国家的发展。三是指发展中国家的经济发展,发展经济学专门研究发展中国家的经济发展问题。

在上述各种不同理解下,发展经济学研究对象存在分歧,发展经济学难以形成一个统一的体系。正统的发展经济学以结构主义为代表[1],它以发展中国家的经济发展作为研究对象,而新制度主义、新古典主义、新兴古典主义等新自由主义理论学派却试图用统一的视角与方法来理解与处理发达国家与发展中国家的经济发展问题,而四川

---

[1] 结构主义者首先提出了发展经济学作为一门学科分支的术语。

大学的袁葵荪则通过批判西方经济学是静态的物质社会经济学来建立信息社会经济学即他的发展经济学。

可以看到，目前对经济发展做出研究的理论流派众多，使经济系的学生、经济学教师、政府政策制定者以及一般社会科学理论家无所适从，很难明白人类社会经济发展与发展经济学的真实原理与规律。因此，对各种发展经济学理论流派进行比较研究，发现其异同，建立综合或折中的发展经济学理论框架，找到理解人类社会发展的一般线索，具有十分重要的意义。

本书试图给经济学和发展经济学初学者提供一个理论路线图或理论坐标系，使他们能够较快地比较认识各种理论体系的特点，明确其性质，清楚理解各种经济学模型的思想及其所用数学技术的实质，能够在理论的海洋中有一个大致方向，从而不至于被理论的海洋所淹没而迷路。同时，为专门从事经济学理论研究的学者提供参考和启发，深化经济学者对于经济学理论的批判能力。

第二节　研究现状

人类发展问题涉及哲学、经济学、社会学、人类学、历史学、文化学等各门学科，因此，人类发展研究是一个综合性很强的问题，需要各门学科通力合作才能够完成。

目前，对经济发展问题的研究，按照范围由小到大的排列，有以下几种线索：一是在经济学领域，专门有发展经济学研究经济发展问题。二是在历史学与社会学领域，有各种历史发展规律与现代化理论的研究。三是在哲学领域对人类社会发展的一般规律进行的研究，包括对马克思历史唯物主义的改进努力。

自发展经济学作为一门经济学分支产生以来，先后出现了结构主义、新古典主义、马克思主义、激进主义、新制度主义[①]、新结构主

---

① 关于这几种流派的名称，参见任何一本发展经济学教材。

义、杨小凯的新兴古典主义、袁葵荪的信息社会经济学等理论流派，而不同理论流派之间相互竞争争论，难以形成一个统一的理论体系。从国内外各种发展经济学教材的体系可以看出，目前发展经济学距走向统一还十分遥远。

发展经济学之所以出现这种分支林立，难以有一个理论体系来统一各种发展理论的状况，主要是因为发展经济学没有对发展的本质与规律及其理论框架的局限性有清楚的认识。

我们可以对各种发展经济学理论流派进行粗略的划分，以便认识它们各自的特点。

第一种划分。结构主义理论、新结构主义、激进主义发展理论等理论流派都是专门研究发展中国家经济发展问题而出现的，本书将它们称为正统发展经济学理论。马克思主义经济学、新古典经济学、新制度经济学、杨小凯新兴古典经济学、袁葵荪信息社会经济学等理论并非专门针对发展中国家经济发展问题，而是研究一般的经济规律，属于一般的经济学流派，只是顺便关注发展中国家的经济发展问题，从而形成了各自的发展经济学理论。

第二种划分。按照各种发展经济学理论在国家干预和自由市场上的认识倾向，大致可以将结构主义、新结构主义、马克思主义、激进主义、袁葵荪信息社会经济学归入国家干预主义发展理论的范畴，把新古典主义、新制度主义、杨小凯的新兴古典经济学归入自由主义发展理论的范畴。这种划分存在相当的风险，因为以林毅夫为代表的新结构主义和袁葵荪信息社会经济学并非不重视市场，只是由于他们都主张政府政策在经济发展过程中的重要性，因此，我们仍然将他们归入国家干预主义。

第三种划分。从各种发展经济学理论采取的理论工具的特点来看，结构主义、新结构主义、新古典主义等发展经济学理论流派可以统称为新古典发展经济学。

马克思主义和激进主义发展经济学都与马克思所提出的阶级分析框架有关，它们都注重分析发展中的公平问题而非效率问题。其中，马克思主义是将阶级关系从国内推广到国际，从发达国家阶级关系和发展中国家阶级关系之间的关系来分析发展中国家的经济发展问题，而激进主义则将国内资本家与工人的不对称阶级关系类比推广到发达国家与发展中国家的不对称的中心—外围关系。

杨小凯新兴古典发展经济学不同于新古典发展经济学，既不采取新古典发展经济学的消费者—厂商二分框架和技术资本决定论，也不采取马克思主义和激进主义的阶级分析框架和中心—外围分析框架，而是从生产者—消费者的专业化模式决策出发，从交易费用与专业化经济之间两难冲突的权衡折中出发，将劳动分工组织结构的演进视作经济发展的实质。

袁葵荪信息社会经济学将经济发展定义为知识增长，从知识创新与知识传播两个方面来解释经济发展问题，其基本分析框架包括两个方面：一是分析知识创新的影响因素；二是使用申农信息论的信息传播框架来分析知识传播问题。这完全不同于前面三类理论流派。

新制度主义发展理论在理论工具的归类上十分尴尬。制度分析的基本思路可用函数关系概括为：社会福利＝f（制度结构），即不同的制度结构导致不同的社会福利，而制度结构的变化绝不同于商品数量那样的边际变化，因此，边际分析不适用于制度分析。但科斯等在创立新制度经济学时，能够利用的经济学思想工具主要是新古典经济学的边际分析，因此，科斯等在其著作中虽然也提到总成本收益分析，但仍然使用了边际分析的概念框架，比如使用企业规模扩大的边际收益与边际成本来确定企业的边界，而事实上企业规模扩大涉及分工结构的变化，根本不可能使用边际分析的术语来描述的。新制度主义在经济效率的认识上仍然比较粗糙，没有将制度效率与资源配置效率完全区分开来。但从总体思路上讲，新制度主义发展理论强调制度变迁在经济发展中的作用，这与新兴古典经济学的思路一致，因此，杨小凯将新制度主义发展经济学归入到新兴古典发展经济学范畴。

第四种划分。将所有发展经济学理论分为宏观发展经济学和微观发展经济学两个方面。宏观发展经济学在研究发展中国家经济发展问题时，不是从个人、企业的微观行为选择出发进行分析，而是从整体上、结构上进行处理，缺乏相应的微观基础。而微观发展经济学则从个人、家庭和企业的选择行为出发,分析制度如何决定人的行为,而人的行为最终如何决定了经济发展。

目前,对发展经济学进行比较研究的线索有以下几种:

(1) 对西方发展经济学内部各流派,即结构主义发展理论、新古典发展理论、新制度发展理论、激进主义发展理论、西方的现代化理论等之间的比较研究。这在国内外文献中占大部分。由于新古典经济学自马歇尔以来已经统治经济学界一个多世纪,在经济学界具有强大的惯性力量,因此,目前这方面研究在经济学界仍然处于主流。

(2) 马克思主义经济学与西方经济学的比较研究,这是国内比较研究中最为重要的部分。目前,国内各高校所开设的研究生课程——经济理论比较研究,其基本样式就是比较马克思主义经济学与西方经济学两大理论体系的异同。这以复旦大学的经济理论比较研究课程为代表。虽然这种比较研究是比较马克思主义经济学与西方经济学,但是,由于这两种经济学涉及的内容在很大层面上是经济发展问题,因此,这种经济理论的比较研究构成了发展经济学比较研究的一种样式。

(3) 杨小凯以他所创立的新兴古典经济学为基础,在他的发展经济学教材中对新古典发展经济学与新兴古典发展经济学[1]进行了对比研究。由于杨小凯的理论目前在美国等西方国家都没有多大市场,还远远没有取代新古典经济学成为新的主流经济学,因此,杨小凯的研究成果目前在学界并不占主流,而且也并不为国内外经济学界所广泛熟悉和认同。

(4) 袁葵荪以自己所创立的信息社会经济学为基础,对西方经济学的均衡与最优化分析框架进行了彻底的批判,并在他的发展经济学讲义中比较了信息社会经济学与西方发展经济学理论。由于袁葵荪的信息社会经济学自身理论体系的不完善性以及理论观点与主流经济学相去甚远,因此,袁葵荪的研究成果远远没有得到学界认同。

---

[1] 杨小凯把目前主流的西方发展经济学包括结构主义、新古典主义、激进主义等都称为新古典发展经济学,而把新制度主义、一般均衡的高级发展经济学、内生增长文献、内生专业化文献称为新兴古典发展经济学。参见杨小凯《发展经济学》,社会科学文献出版社2003年版,第11页。

(5) 比较不同发展经济学对一些发展要素的不同认识。但是，还没有全面比较不同发展经济学对所有发展要素与发展现象认识的研究成果。

第三节　研究对象与内容界定

狭义的发展经济学专门指战后产生的关注发展中国家经济发展问题的经济学分支，广义的发展经济学是指一切以经济发展作为研究对象的经济学，因此，古典经济学本质上是发展经济学，如果再进一步拓展，最为广义的发展研究不仅包括经济学的发展研究，而且包括社会学、历史学、哲学等学科领域的发展研究，比如各种现代化理论。但如果以最广义的发展研究作为本书研究的对象，那就将涉及包括现代化理论、古典经济学在内的几乎全部社会学理论与经济学理论，这对于本书作者来说，将是一个难以胜任的任务。

为了简便，本书将把比较研究的对象主要确定为现代化理论、马克思发展理论、西方发展经济学（包括激进主义发展经济学、结构主义、新结构主义、新古典主义发展经济学、新制度主义发展经济学）、杨小凯发展经济学、袁葵荪信息社会经济学等，而且绝大部分篇幅用于后面三类体系的比较。但是，在有些场合，为了论证本书建立的理论坐标系的功效，将不加说明地引入其他必要的理论模型观点，比如各种现代化理论。

第四节　比较研究的思路与方法

本书主要采用比较研究法与系统层次法。本书的比较研究不准备遵循国内大多数经济理论比较研究的样式即比较马克思主义经济学与西方经济学两大理论体系的异同；也不是以某一个理论为基础，对其他理论进行评述。本书也不打算按如下方式进行比较，比如说先比较西方发展经济学与杨小凯发展经济学各个方面，再比较杨小凯发展经济学与袁葵荪发展经济学各个方面等。

本书倾向于一种被笔者称为理论坐标系的方法。为此目的，本书试图首先建立理论比较的几个维度，并在每一个维度下比较不同理论体系的特点；其次把多个比较维度结合起来，形成一个多维的理论坐标系，然后找到不同理论在理论坐标系中的位置，就可以充分明确不同理论的总体特点、思想与技术实质。理论坐标系的目的，就是系统地明确不同（发展）经济学理论的局限性。

第六章建立的理论坐标系主要用于比较不同发展经济学理论的整体特征，它类似于整体几何学。对于一些具体问题，可能需要建立一个局部坐标系以明确对某个特定问题进行研究的各种理论的局限性。这种局部坐标系一般可以这样来做，以到目前为止对这个问题最好的综合与折中解释作为标准，其他具体理论的局限性就十分明确。

本书在比较研究中还采用了系统层次法。第六章建立了一般均衡分析、经济效率和公平的层次模型用于评价各种发展经济学理论的系统层次水平，并通过确认不同发展经济学理论的系统局部性程度来明确其局限性。第九章扩展了两难冲突的层次模型，把杨小凯关于两难冲突决策与均衡两层次模型扩展为从个人决策到人类发展与生态环境关系的多层次模型。

综合运用上述方法，全书从以下五条线索进行了比较研究。第一条线索是对各种发展经济学理论的哲学基础与方法论进行比较，第二条线索是对各种增长理论模型对于增长原因和方式的认识进行比较，第三条线索是对各种发展经济学对人类社会发展本质与机制的认识进行比较，第四条线索是对各种发展经济学理论对于经济发展过程中的核心两难冲突问题——经济发展与环境保护、中心与外围、政府与市场、宪政民主与专制极权、公平与效率、剥削与激励——的认识与关注程度进行比较，第五条线索是在发展要素与发展表象各个方面比较不同发展经济学对其的认识。

在以上每条线索的单个比较基础上，本书对不同发展经济学理论进行了总体评价。最后，本书在比较研究基础上对于人类社会发展问题进行了整体论述，以寻求理解人类社会发展的一般线索与规律和构建新的发展经济学与现代化理论体系。

第五节 本书结构

根据上述的思路与方法，本书除第一章绪言外，在结构上分为三个部分：

第一部分是各种发展经济学理论的简要介绍，包括第二章至第五章。第二章介绍经济发展研究的历史脉络，第三章介绍西方发展经济学理论，第四章介绍杨小凯的新兴古典经济学，第五章介绍袁葵荪的信息社会经济学。

第二部分对不同发展经济学理论进行比较研究，并在比较基础上加入笔者对该问题的见解。主要内容包括：（1）系统学基础与方法论比较；（2）比较不同经济增长理论的方法论特征和结论的实质；（3）对发展本质、发展机制与规律的认识比较；（4）对发展中各种两难冲突问题特别是剥削与激励、公平与效率、政府与市场之间关系的认识比较。这分别构成了本书第六章至第九章。

第三部分对前面的比较研究再次总结，并对人类发展的真实过程与规律进行总结，最后提出了一个折中主义的发展经济学解释框架。这构成了本书的第十章。

第二章　发展经济学理论的发展

第一节　发展经济学学科定位

关于发展经济学的学科定位，目前学术界没有一致的意见。"发展经济学"与"以经济发展为研究对象的经济学"这两者之间是否一致，同样没有一致看法。其原因在于，从古典经济学开始，经济学就一直是以经济发展作为研究对象，对经济发展的关注是古典经济学的核心。在古典经济学那里，发展经济学与主流经济学是融为一体的。但是，自马歇尔之后，主流经济学从关注经济发展与分工演进转向关注资源配置问题，经济发展问题则被排挤出了主流经济学的核心位置。第二次世界大战以后，随着第三世界民族独立国家的兴起，以关注发展中国家经济发展问题为中心的经济学分支被命名为发展经济学。这样，"发展经济学"一词在相当长的时期内拥有一个非常狭义的含义，只是指以发展中国家经济发展为研究对象的经济理论，成为一个没有统一理论体系的用于处理发展中国家经济发展问题的经济学应用分支。对发展经济学持此种理解的发展经济学流派被称为正统发展经济学，主要包括结构主义理论和依附理论或激进主义发展经济学。"发展经济学"这种用法，实际上暗含了发展中国家的经济发展与发达国家的经济发展遵循不同原理。针对这一点，后来的新古典主义、新制度主义、新兴古典主义提出了异议，它们通常用发达国家早期的经验与"亚洲四小龙"①的发展经验来论证自由开放的意义,并认为,发达国家早期的发展经验对发展中国家具有借鉴意义,这实际上是认为发达国家与发展中国家具有相同的发展规律,遵循相同的发展机制。在这样的观点下,它们把作为英国早期发展经验总结并曾促进发达国家早期经济发展的古典自由主义经济学视为发展经济学最早的体系形态。

本书采纳发展经济学的广义含义,指以经济发展作为研究对象的经济学分支。杨小凯把古典经济学称为古典发展经济学②,把自马歇尔之后,以新古典框架为基础、以国家干预为政策建议的发展经济学称为新古典发展经济学,包括结构主义流派与激进主义流派,而把关注制度与发展关系的新制度主义、世界银行自由主义发展经济学家与高级发展经济学文献、内生增长与内生专业化文献称为新兴古典发展经济学。本书把结构主义、激进主义、新古典主义、新制度主义统称为西方发展经济学,它们是目前主流发展经济学教材的主要内容。

第二节 古典发展经济学

现代经济学始于以亚当·斯密为代表的古典经济学,在此之前的经济学文献,在理论上缺乏系统的研究和论述,对于现代经济发展的借鉴意义不大。比如,古典经济学产生之前的西方重商主义主要是强调金银(货币)是财富,而获得金银的主要手段是贸易,政府应该运用中央集权的力量在外贸中赚取金银。显然,这种思想根本没有弄清楚社会福利的真正来源是提高社会生产力,而提高社会生产力的关键是制度和文化变革,因此,对于现代经济发展的借鉴意义不大。又比如以《盐铁论》为代表的中国传统经济思想,主要强调政府应该掌握

---

① 指通过实行自由市场出口导向发展战略而获得发展,逐渐摆脱不发达状况的中国台湾、韩国、中国香港和新加坡。

② 详见杨小凯《发展经济学》第一章,社会科学文献出版社 2003 年版。

盐铁等关系国计民生的重要资源,既便于控制和奴役民众,又形成抵抗外敌的经济支撑,说到底是维持政权的巩固,与每个人的幸福和社会福利的提高无关。

对现代经济发展有借鉴意义的经济思想主要始于古典经济学。古典发展经济学与主流经济学融为一体。古典发展经济学主要关心一个国家怎样才能够富裕起来,一个国家富裕起来需要什么样的经济秩序与制度保障。为此,以斯密为代表的古典经济学家认为,自由市场竞争、自由贸易是使一个国家富裕起来所需要的制度保障与经济秩序,而分工则是促进生产力提高与经济增长的源泉。但是,古典发展经济学也关心发展中的财富分配问题,价值理论的目的既要解决分工交换的比例问题,也要解决财富分配问题。自西斯蒙第之后,英国和法国的古典经济学关注财富增长和经济发展的传统逐渐退出经济学的中心地位,经济学着重研究价值理论、分配理论、资源配置与均衡价格理论,这在马歇尔的新古典经济学和庇古的福利经济学中体现得最为明显。这种情况直到凯恩斯创立宏观经济学之后才有所改变,哈多德与多哈的增长模型将凯恩斯的宏观经济学动态化,第二次世界大战之后,随着发展经济学概念的正式提出,关注财富增长和经济发展的古典经济学传统才重新又回到现代经济学的中心。

古典经济学在英国以威廉·配第、亚当·斯密、大卫·李嘉图为代表,在法国以布阿吉尔贝尔、魁奈、杜尔哥、西斯蒙第为代表。其关于经济发展的主要观点如下:

一　英国古典发展经济学

(一) 威廉·配第

威廉·配第的主要经济著作有《政治算术》《爱尔兰的政治解剖》和《赋税论》[①],其中有关经济发展的观点主要体现在《政治算术》一书中。

---

① [英] 威廉·配第:《政治算术》,中国社会科学出版社2010年版;《爱尔兰的政治解剖》,商务印书馆1964年版;《赋税论》,华夏出版社2006年版。顺便说一句,国内各种经济学说史教材对于《政治算术》中对荷兰超过法国的制度分析只字未提,而主要提到配第的价值理论和分配理论。

威廉·配第在《政治算术》中比较了荷兰、新西兰和法国的国力差距，指出土地肥沃、海运便利（或海运运费低）是荷兰与新西兰国力超过法国的重要直接原因，而航运费用低的直接原因在于荷兰人能够制造出适宜于各种港口条件的海船。荷兰与新西兰海运条件优于法国，更便于全球贸易。运费是交易费用的一部分，威廉·配第在《政治算术》中的观点说明交易费用越低，越便于全球性贸易的发展，而全球性贸易的发展是促进经济发展的重要原因。进一步地，配第在《政治算术》中分析了荷兰超过法国的深层次原因有以下几点：

（1）荷兰在宗教信仰政策上实行信仰自由原则，信仰自由节省了维持统一信仰的专制成本，不同信仰之间的竞争促进了商业繁荣。

（2）荷兰通过产权登记制度，保护私有财产权利，鼓励人们勤勉劳动。

（3）荷兰的银行制度，能够使社会使用的资金超过实际的现金数量，从而便于满足发展贸易的资金需求。

上述三点，与现代制度经济学分析得出的结论基本一致，可见配第的深刻洞察力。

配第在《政治算术》中还认为，阻止英国强大的因素有国土分散、法律混乱、爱尔兰与英格兰民族不团结、税收制度不公平、议员主教名额分配不公平等。

（二）洛克

洛克在《政府论》上册批判了君主制，在其下册提出了著名的财产权理论，他认为，政府的主要功能是保护私有财产，私有财产权能促进土地等资源的有效使用。

（三）亚当·斯密[①]

亚当·斯密的主要经济著作通常简译为《国富论》，第一次发表于 1776 年，全译为《国民财富的性质和原因研究》。这本书的基本思

[①] 参考了杨小凯《发展经济学》，社会科学文献出版社 2003 年版，第 1 页。并参考了左大培、杨春学主笔《经济增长理论模型的内生化历程》第一章第一节，中国经济出版社 2007 年版。

想是研究国民财富如何增长。

亚当·斯密的理论是古典发展经济学的核心，主要有价值理论、分工理论、增长理论、投资理论、贸易理论等。斯密的价值理论属于劳动价值论，他认为，劳动是促进社会发展的主要因素，劳动创造价值。斯密的分工理论认为：（1）专业化和分工是经济增长的源泉；（2）分工水平依赖于市场的大小；（3）市场大小取决于运输条件。斯密的增长理论认为：（1）通过劳动分工能够提高生产力，从而能够促进国民财富的生产；（2）资本积累能够促进劳动分工，投资是提高迂回生产过程中分工水平的工具，因而能间接地提高生产力，促进社会财富的增长。而要促进资本积累，增加储蓄和控制工资就是很重要的手段：（1）投资来源于社会储蓄，增加储蓄能增加资本积累是常识；（2）如果工人工资过高，资本积累的成果大部分会转化为工人福利的增加，资本家就不会愿意增加资本积累。因此，工资的过度上涨不利于经济增长。斯密的贸易理论称为绝对成本说，如果两个国家在两种产品的生产上单位成本一高一低，那么每个国家生产绝对成本低的产品，再相互交换，或者说按照绝对优势分工，能够生产更多的产品。

（四）大卫·李嘉图[①]

李嘉图在1817年发表的《政治经济学及赋税原理》是其主要的经济著作，他在书中提出了贸易理论和增长理论。

大卫·李嘉图提出了贸易理论中的比较成本说。认为如果一个国家两种产品的生产上成本都较高，那么这个国家在两种产品上都有绝对劣势。但即使成本都更高的国家也可能在某一种产品的生产上机会成本更低，机会成本更低被定义为比较优势。两国按照比较优势进行生产再相互交换，大家都能获得贸易的好处。

李嘉图的增长理论属于经济增长会趋于停止的悲观观点。其基本思路如下：

（1）在完全竞争市场上，代表性厂商的利润（π）最大化要素组

[①] 关于李嘉图的增长理论，参考了左大培、杨春学主笔《经济增长理论模型的内生化历程》第一章第二节，中国经济出版社2007年版。

合决策为：

$$\pi(L, K) = P_农 \cdot f(L_农, K_农) + P_工 \cdot g(L_工, K_工) - wL_农 - YK_农 - wL_工 - YK_工$$

可知，在利润最大化时，农业劳动投入（$L_农$）的边际收益等于农业劳动的边际产量乘以农产品价格（$P_农$），而工业劳动投入（$L_工$）的边际收益等于工业劳动的边际产量乘以工业品价格（$P_工$），而劳动投入的边际成本是工资（w），最优要素组合时有 $MP_{L农} \cdot P_农 = MP_{L工} \cdot P_工 = w$。由于土地数量不变，随着农业劳动投入的增长，因此，农业劳动的边际产量会递减，从而要保持上述等式，农产品的相对价格会不断上升。

（2）维持工人基本生存的产品主要是农产品，工人对农产品的需求至少为某一个数量 Qa。当农产品相对价格不断上升时，工人阶级购买农产品的支出会上升。

（3）本来资本积累可能会同时增加资本家的利润和工人的工资，在其他情况不变时，利润与工资的比例也可能维持不变。但是，由于农产品对于工人维持基本生存的必要性，要使社会再生产得以维持，所以，整个社会都必须使工人工资的上升跟上农产品相对价格上涨的步伐。因此，资本积累的结果导致工资占比越来越高，利润率相对下降，由于利润的平均化趋势，整个社会的平均利润率相对下降。

（4）随着利润率的下降，资本家投资的动力越来越小，最后资本积累趋于停止，从而经济增长趋于停止。

（5）农产品价格的相对上升，使地主受益，地主能够获得更多的地租，最终资本积累和经济增长的成果转化为地租。

李嘉图的分析当然太片面：（1）维持工人基本生存的产品主要是农产品，这在当时可能成立，但现在就不一定了。（2）李嘉图的结论要以工人受剥削程度基本维持不变为前提。资本家不加强对工人的剥削，即实际工资率（购买的农产品数量）维持不变，在资本积累增加时，资本家才会愿意给工人支付更多的货币工资比例以应付工人所需要的必需品——农产品价格的相对上升。（3）当然李嘉图没有考虑劳动分工导致技术进步，从而使整个社会生产力不断上升，而技术水平提高使资本积累既能支付越来越高的工人工资，也能让资本家获得越来越多的利润。而且，技术水平提高有可能使农业劳动的边际产量不一定会下降，这样，农产品价格就不会相对上升，这样导致经济增长趋于停止的关键原因也就不复存在了。

（五）马尔萨斯的人口原理

马尔萨斯在1798年发表的《人口原理》著作中提出了一个令人悲观的社会经济增长图景。由于边际生产力递减，导致食物的增长只能按照几何级数增长，而人口却会按照指数级数增长，因此，食物的增长率从根本上限制了人口增长率。当人口增长率超过食物增长率时，食物不足以满足更多人口的需要，会产生贫困、战争、疾病等让人口死亡率增加从而人口增长率降低的方式来保证人口增长率与食物增长率保持一致。这就是马尔萨斯的人口陷阱理论。马尔萨斯显然没有想到由于生产技术水平的进步，至少目前来看，人类已有可能摆脱了人口陷阱，从而实现了人口与食物的同步增长。

（六）约翰·穆勒

约翰·穆勒的经济学思想处于从古典经济学向新古典经济学过渡的形态，1848年出版的《政治经济学原理》是其主要经济著作，这本书是古典经济学和功利主义学说的折中产物，成为19世纪后半期的经济学标准教材。这本著作研究了价值理论、价格理论、分配理论、经济周期理论等。约翰·穆勒反对经济周期的生产过剩学说，他认为，经济周期是由信用的扩张与收缩所引起的，解决经济危机的方法是恢复信用。穆勒继承斯密的自由放任学说，但也主张政府在必要事务上应该进行干预。

二 法国古典发展经济学

（一）布阿吉尔贝尔

布阿吉尔贝尔批判了重商主义轻视农业的思想，论述了农村经济发展对国民经济有重大意义，但他反对货币的思想无疑不利于经济发展。

（二）魁奈

魁奈认为，不同经济部门之间存在着关联，农业是国民经济的基础，只有农业创造财富。魁奈与布阿吉尔贝尔都属于重农学派，他们的理论在今天来看较为片面。

（三）杜尔哥

杜尔哥认为，"分工、货币出现、商业扩展和资本积累之间存在着一种内在联系"。①

（四）西斯蒙第

西斯蒙第1819年发表的《政治经济学新原理》是其代表作。这本书提出政治（经济）学的研究目的是使人们普遍获得自由、文化、德行和希望，完美的社会制度对穷人与富人同样有利，这实际上提出了经济社会发展的目标。西斯蒙第认为，财富必须是劳动产品，可以积累保存，必须要对人有用。劳动分工，特别是部分人专门从事脑力劳动，能够提高劳动生产率，并使机器得以出现。

（五）萨伊

萨伊1803年出版的《政治经济学概论》是其经济理论代表作。萨伊放弃了劳动价值论，提出了效用价值论。萨伊提出三要素论，认为商品的效用价值是由劳动、土地和资本三种要素共同生产的，而三种要素的报酬决定了收入分配。萨伊最著名的理论是他提出的萨伊定律，即供给会自动创造需求。

第三节　马克思主义发展经济学

一　马克思主义的发展经济学体系

在方法论上，马克思是一个整体主义者。马克思历史唯物主义理论是对人类整体发展进行系统研究，是马克思主义发展经济学的哲学基础。马克思认为，社会发展的动力不是来自社会系统外部因素比如地理环境，而是来自社会系统内部的矛盾机制。马克思系统地分析了人类社会发展过程中，生产力与生产关系、经济基础与上层建筑之间的矛盾机制。

马克思认为，生产过程是社会发展的中心，生产力与生产关系的

---

① 杨小凯：《发展经济学》，社会科学文献出版社2003年版，第1页。

相互关系决定了社会发展的特征。生产力与生产关系总和构成一个社会的生产方式，它决定了一个社会的其他方面。这一点被一些西方学者视为经济决定论。

生产关系的总和构成了一个社会的经济基础，经济基础决定上层建筑，上层建筑反作用于经济基础。经济基础大致相当于现代制度经济学所称的经济制度，而上层建筑则是除经济制度之外的其他制度。因此，马克思是对制度与经济关系论述得最为系统完善的制度经济学家。马克思认为，经济发展会促进制度的演进，而制度反过来又促进了经济的发展。他指出，资本主义制度对于生产力的促进，比前资本主义所创造的生产力总和还要多还要大。

马克思系统地研究了生产力、制度、分配、阶级斗争之间的相互关系。其核心观点是：生产力发展决定制度，制度决定权力，权力决定分配，分配决定阶级斗争，阶级斗争又决定社会制度。马克思认为，在阶级社会中，是阶级斗争而不是和平演变是社会发展的动力。

剩余劳动与剩余产品是人类社会发展的基础，马克思是第一个系统地论述了资本主义社会剩余价值的生产、实现与分配理论的人。同时，马克思经济学系统地论证了资本所有权收入的剥削性质及其导致的社会不公平。

马克思指出，原始积累是发达国家早期发展的基础。由工人的剩余劳动所生产而被资本家无偿占有的剩余价值是资本积累与经济增长的源泉和基础，资本积累是资本主义经济增长的必要条件，资本追求利润的动力在客观上导致了社会扩大再生产（经济增长）的实现。马克思的扩大再生产理论指出，经济增长在技术上的必要条件为：第一部类生产的生产资料除对两大部类所消耗的生产资料进行物质补偿外，还必须要有用于两大部类进行投资以增加生产资料的剩余；第二部类生产的消费资料除对两大部类所消耗的消费资料进行物质补偿外，还必须要有用于两大部类进行投资以增加劳动力投入的剩余。马克思的经济增长理论基本上可以被归入平衡增长一类，因为马克思强调不同部类和不同生产部门之间的产业关联与数量比例要保持平衡。

资本主义的竞争导致利润下降的压力，使资本主义疯狂地向落后国家与地区进行殖民，并因此在瓦解前资本主义社会结构，从而促进落后国家生产力进步方面具有历史进步性。马克思认为，殖民主义的发展导致了世界市场的发展。

马克思的景气循环理论指出，资本主义基本制度导致了生产相对过剩与消费相对不足，从而导致了经济危机。马克思分析了经济危机的四个阶段，即萧条、复苏、繁荣、衰退。马克思《资本论》中的经济模型是完全竞争模型，他的历史唯物主义试图对人类社会系统进行一般均衡分析。

二 其他马克思主义经济学家关于经济发展的主要观点

传统的马克思主义观点认为，资本主义从发达国家扩展到发展中国家，有助于促进欠发达国家的经济发展。但是，这一传统后来被加以修改，并成为现代发展经济学中依附学派的思想来源。

（一）发达资本主义对欠发达国家经济发展有促进作用

（1）罗莎·卢森堡[1]：以竞争资本主义为假设，主要分析商业资本在资本主义生产方式全球扩展中的作用。资本主义生产方式通过产品输出在全球范围内将所有前资本主义方式纳入自己的体系之中。在这一过程中，发达资本主义国家在全球资本主义化完成之前，可以将发达国家内部的消费不足与生产相对过剩的危机稍微延缓，但这一延缓过程只能被延缓到所有的前资本主义被纳入资本主义体系为止。在欠发达国家，商业资本最终会将资本主义扩展到生产领域，从而促进落后国家的经济发展。

（2）列宁[2]：主要分析垄断资本主义条件下发达国家对落后国家进行工业和金融资本输出以减轻国内平均利润率下降的压力。资本输出使发达国家的资本积累减慢，同时，资本输出加快了输入国的发展。因此列宁认为，发达国家资本主义的扩张对前资本主义社会具有促进作用，并且为资本主义在全球范围内的发展奠定了基础。

---

[1] 主要参考欧曼、韦格纳拉加《战后发展理论》，中国发展出版社 2000 年版，第 161 页。

[2] 同上书，第 162 页。

(二) 发达资本主义国家对发展中国家经济发展有阻碍作用

(1) 库西年[①]：封建—帝国主义联盟。马克思和列宁均认为，资本主义从发达国家向不发达国家的扩展有助于不发达国家的经济发展，但是，这一马克思主义传统在1928年共产国际第六次代表大会上第一次被库西年的文章所修改。库西年认为，发达资本主义国家的发展是以伤害和迫害落后国家为代价的，而且殖民化使西方资本主义国家迅速发展成为可能。库西年在分析帝国主义对经济不发达国家的工业化发展所形成的阻碍时，强调外国资本为寻求当地支持与传统统治阶层结成联盟，而这种"封建—帝国主义"联盟阻碍了"民族资产阶级"的出现。这表明，在发展中国家进行民族资产阶级革命对于经济发展是非常必要的。

(2) 保罗·巴伦和保罗·斯威齐[②]：发达资本主义国家通过从其殖民地转移剩余价值，在迅速促进发达国家经济发展的同时，也阻碍了其殖民地的经济发展。巴伦认为，从殖民地掠夺剩余价值对于欧洲的资本积累起了重要作用。这种掠夺不但破坏了前资本主义殖民地的发展，而且也改变了其未来发展的途径。巴伦与斯威齐指出，作为主要的资本输出者——跨国公司，将在欠发达国家榨取的剩余价值或利润汇回宗主国，从而减少了欠发达国家的投资，这在阻碍或延缓欠发达国家生产力提高的同时，使得发达国家更加富有竞争力。

第四节 新古典经济学与凯恩斯宏观经济学的经济发展研究

奥地利学派与英国数理学派共同发展了经济学的数理分析，并最终促使马歇尔创立了新古典主义微观经济学对于供求的数学分析。

[①] 主要参考欧曼、韦格纳拉加《战后发展理论》，中国发展出版社2000年版，第164页。

[②] 同上书，第165页。

门格尔提出了供求决定价格原理和主观价值论，维塞尔严格分析了边际效用和总效用函数，杰文斯发展了序数效用论，并提出了供给曲线、供给函数和需求函数。① 马歇尔则综合边际效用学派与数理学派的分析，创立了新古典主义微观经济分析，使在古典经济学中并不占有中心位置的资源配置分析成为经济分析的核心，而古典经济学所关心的经济组织结构演进，分工演进与经济发展问题由于不能被马歇尔数学化，因此逐渐被逐出了主流经济学的中心地位（杨小凯，2003）。

马歇尔的主要著作是1890年出版的《经济学原理》。在原书第八版序言中，马歇尔认为："经济学家的目标应当在于经济生物学，而不是经济力学。但是，生物学概念比力学的概念更复杂，所以，研究基础的书对力学上的类似性必须给予较大的重视，并常使用'平衡'这个名词，它含有静态的相似之意。"② 这给马歇尔的思想定下了基调。马歇尔最终还是选择了从力学借来平衡的概念来研究经济学，这构成了马歇尔思想中的局部均衡分析。马歇尔还采取了数学中连续函数的类比，将经济发展看成是一个连续的过程。正是使用连续性的数学概念，无法分析像分工组织结构发生跳跃性变化这样的非连续变化，这使得马歇尔最终无法将经济组织结构演变的古典经济学思想数学化。

与马歇尔的局部均衡分析不同，瓦尔拉斯发展了不同市场之间相互作用的一般均衡分析，但其最终证明则是由阿罗与德布鲁完成的。新古典经济学主要采用完全竞争市场假设，主张自由贸易，反对国家干预，认为市场的自动出清会解决资源配置问题与经济发展问题。张伯伦与罗宾逊发展了垄断竞争与寡头竞争结构理论，完善了微观经济学中的产业组织理论。③

20世纪30年代，资本主义世界经济大危机使自由市场能够有效地协调分工与资源配置的功能受到质疑，凯恩斯提出，大萧条是由于

---

① 参见姚开健《西方经济学说史》，人民出版社1994年版，第99—125页。
② 马歇尔：《经济学原理》，廉运杰译，华夏出版社2005年版，原书第八版序言。
③ 可参见任何一本经济学说史教科书。

有效需求不足引起的，劳动力市场不能通过自由竞争而完全出清，自由市场不可能实现充分就业。凯恩斯在此基础上建立了以有效需求决定国民收入为特征的现代宏观经济学。宏观经济学主张政府进行干预，以减轻自由市场所导致的经济波动与经济危机，并促进稳定物价、充分就业与经济增长。凯恩斯的国家干预主义思路为第二次世界大战以后发达资本主义国家从战争破坏中实现经济恢复起到了重大的作用，凯恩斯也因此被称为战后繁荣之父。

尽管凯恩斯在《就业、利息和货币通论》一书中专注的问题是经济的、短期的、周期的波动，但他仍然在同时期或以后的其他的著作中涉及长期经济增长问题。比如，凯恩斯认为，人口增长增加了有效需求，从而有助于经济增长。

发达国家通过凯恩斯主义实现的经济恢复对第二次世界大战后许多政治上独立的发展中国家起到了示范作用。于是，发展中国家也纷纷仿效发达国家的凯恩斯主义干预政策，企图通过国家干预与政府主导实现发展中国家的经济发展。这使发展经济学得以产生，并形成了发展经济学的正统学派。

第五节　现代西方发展经济学的产生与发展

第二次世界大战以后，许多殖民地国家取得政治独立，但政治独立后的发展中国家在经济上却十分贫穷落后。于是许多经济学家开始关注发展中国家如何取得经济发展的问题。这就产生了一门新兴的经济学分支发展经济学，专门用于处理发展中国家的经济发展问题。

发展经济学的发展大致经过了以下几个阶段：
一　20世纪40—60年代的发展经济学
苏联计划经济的短期成功、凯恩斯的国家干预主义及其动态版本哈罗德—多马增长模型使得经济学理论领域出现了一种"二元结构"，即自由主义、个人主义的新古典微观经济学和整体主义、国家干预主义的凯恩斯宏观经济学。这种区分与市场体系在资源配置中的作用是否完美相关。新古典微观经济学认为，市场机制能自动实现供求均衡和资源的最优配置，而宏观经济学则认为，市场机制无法自动实现供求均衡和资源的最优配置。新古典微观经济学推崇自由竞争和市场导向，而凯恩斯宏观经济学则推崇政府干预。经济学的这种二元区分直到今天一直成为基本常态。而一些经济学家看到了发达国家相对完善的市场体系与发展中国家较为落后的市场体系，于是他们把经济学领域的二元区分与发达国家和发展中国家的区分联系起来，区分出两种形态的经济学：一是与发达国家完善市场体系相关的发达国家经济学；二是与发展中国家不完善市场相关的发展中国家经济学，即发展经济学，这一阶段的发展理论称为结构主义理论。

自古典经济学以来，经济学有一个基本结论，即资本积累有助于分工演进和提高生产力。结构主义的总体思想是：发达国家市场体系完善，主要依赖于市场价格机制配置资源，特别是利用市场价格机制增加储蓄和资本积累，从而不断提高生产力，在市场机制的驱动下经济结构自然演变，而研究市场机制的新古典主流经济学与此相适应；但发展中国家市场体系不完善，其经济发展不能指望市场价格机制的自动调节，特别是不能指望市场机制自动实现储蓄增加和资本积累，因而需要借助于国家干预或者政府计划来实现储蓄增加和资本积累，促进生产力的提高和经济结构的重大改进，以快速实现工业化，因而以市场价格机制作为理论核心的新古典主流经济学并不适合于发展中国家，专门研究发展中国家经济发展的经济学分支有存在必要。除由政府干预来增加储蓄和实现资本积累之外，结构主义还认为，发展中国家产业结构落后，需要从发达国家进口很多工业产品，而工业品自给对于国家经济发展至关重要，因此，需要发展中国家逐渐建立起生产那些进口产品的产业，此即所谓的进口替代工业化战略；而发展中国家的这些进口替代产业作为幼稚产业无法与发达国家进行竞争，因而需要得到国家保护。

结构主义发展理论可以大致分为四个方面：第一方面主要关注资本积累与工业化问题，包括罗森斯坦—罗丹的大推进工业化理论、纳克斯的贫困恶性循环理论与平衡增长理论、赫希曼的不平衡增长理论；第二方面关注发展中国家的农业现代化与农村经济发展问题，以中国经济学家张培刚为代表；第三方面关注发展中国家内部的二元经济结构问题，以刘易斯、拉尼斯—费、乔根森为代表；第四方面关注发达国家与发展中国家的二元结构问题，以普雷比什的拉美结构主义者为代表。①

二 20 世纪七八十年代初期的发展经济学

这一时期那些采取结构主义发展理论指导的发展中国家，以国家干预为主导，接受外援增加资本积累以提高生产力，实行进口替代工业化战略和贸易保护政策以求快速实现本国经济结构的转变，但结果不仅没有达到结构主义理论的预期目标，反而导致腐败丛生，经济结构人为扭曲，经济发展简直无以为继，拉美陷阱就是在这样的背景下逐渐出现的。与此形成鲜明对比的是，有些发展中国家虽然也强调国家干预，但却不采取结构主义所建议的进口替代工业化战略和贸易保护政策，反而立足自身开放市场，并按照自身劳动力等资源优势参与国际市场分工，最后形成像日本和"亚洲四小龙"这样的发展奇迹，实现经济起飞并最终步入发达国家行列。这种鲜明的对比，实际上意味着结构主义发展理论的全面失败。

发达国家在 20 世纪 70 年代也出现了主张国家干预的凯恩斯主义所无法解决的滞胀，这使货币主义、供给主义、理性预期主义、新制度主义等新自由主义经济学派开始了对凯恩斯主义的批判。面对结构主义发展政策在发展中国家的失败和凯恩斯主义在发达国家的受挫，发展经济学中出现了两种对立的反应：一是借用新自由主义思想对结构主义发展理论进行修正；二是以马克思主义为基础发展了依附理论和激进主义来解释发展中国家发展战略的失败。

新自由主义思想对发展经济学的修正表现在：一是许多发展经济学家放弃了以前主张进行国家强力计划干预的主张，并检讨了进口替代和贸易保护政策，开始强调市场机制的作用和开放市场、引进外资的重

---

① 主要参考欧曼、韦格纳拉加《战后发展理论》目录与第一章和第二章，中国发展出版社 2000 年版。

要性。二是从国家人为干预重点发展工业转向开始重视农业、农村的发展。三是发展目标不再局限于经济增长，还强调解决贫困和失业问题。

依附理论和激进主义认为，发展中国家的贫困是由于发达国家与发展中国家的中心—外围结构所导致的，发达资本主义国家利用自己的经济科技优势将发展中国家变为自己的原料产地，使发展中国家经济结构单一，从而使发展中国家在发达国家所主导的国际政治经济体系中处于依附地位。同时，发达国家通过降低发展中国家的初级产品价格，抬高发达国家的工业品价格，在国际贸易中实行不公平交换来剥削发展中国家。

三 20世纪80年代中期以后的发展经济学

面对结构主义经济发展政策的全面失败，从20世纪80年代开始，特别是1990年"华盛顿共识"以后，新古典发展经济学逐渐全面取代结构主义成为发展经济学中的主流，这甚至影响到了发展中经济学的独立地位。两个最富于权威性的国际金融机构——世界银行和国际货币基金组织也逐渐抛弃结构主义思路转向新古典主义。

张培刚总结了80年代中期以后发展经济理论的多元化趋势[①]：

（1）在理论研究方面，以结构研究为主转向以组织和政策研究为主。

（2）从一般研究转向不同类型研究。分类的依据有三种：一是根据地区；二是根据发展业绩；三是根据发展条件。库兹涅茨、巴格瓦蒂、拉尼斯、费景汉、巴拉萨等做了大量贡献。

（3）重新强调非经济因素的分析。由于新制度主义的兴起，对发展中国家的制度分析成为发展研究领域的亮点。

（4）从全球角度考虑发展问题。

（5）不同学派之间出现了交融发展的趋势。

（6）对发展含义有了更为深入的认识。森提出了评价发展的新方法。联合国开发计划署提出人类发展概念，主张发展的核心问题是人的发展。

---

① 引自张培刚主编《发展经济学教程》，经济科学出版社2001年版，第18—19页。

第六节 新兴古典发展经济学对主流经济学的综合

20世纪80年代中期以后，经济学与发展经济学都出现了众多理论流派之间相互竞争的状况。现代西方经济学领域出现了十几个流派，如后凯恩斯主流学派（萨缪尔森）、新剑桥学派（罗宾逊）、后凯恩斯主义非均衡分析学派（克洛尔）、希克斯学派、货币主义（弗里德曼）、供给学派（拉弗）、理性预期学派（卢卡斯）、弗莱堡学派、哈耶克主义、新制度主义、公共选择学派、瑞典学派、新制度学派、激进主义学派等①，发展经济学领域也出现了结构主义、新古典主义、新制度主义、激进主义共存的局面。

自20世纪60年代以来，博弈论、信息经济学、新增长理论、新贸易理论、内生专业化理论、金融经济学、行为经济学、实验经济学、交易费用经济学、产权经济学、契约经济学、公共选择经济学等产生与发展，都对作为主流经济学的新古典经济学的一些假定做了修改，以便更好地适于现实世界。这些不同的经济学分支，缺乏一个统一的主流经济学分析框架作为它们统一的方法基础。面对这一状况，杨小凯建立了一个新的经济学分析框架，这个框架被杨小凯命名为新兴古典经济学。

新兴古典经济学整合了主流经济学的各个分支，并试图把微观经济学、宏观经济学、发展经济学、国际经济学、城市经济学、增长理论、产业组织理论、博弈论、产权经济学、交易成本经济学、制度经济学、契约经济学、组织经济学、管理经济学、层级理论、新企业理论、货币理论、保险理论、网络与可靠性理论等经济学分支组织在一个统一分析框架之内，使不同经济学分支有一个共用的主流经济学分析方法。

---

① 参见蒋自强等《当代西方经济学流派》之目录，复旦大学出版社1996年版。

杨小凯的新兴古典经济学的一个特点是，通过用超边际分析把古典经济学中的分工和交易费用思想组织在一个严密的数学框架中，重新恢复了发展经济学在经济学中的中心地位。在杨小凯那里，发展经济学与经济学原理不再分离而是融为一体，因此可以说，杨小凯的发展经济学成为目前最完整的发展经济学理论体系。

如果说亚当·斯密实现了古典经济学的集大成并把古典经济学思想体系化，马歇尔将边际分析与数理学派相结合而创立了新古典经济学，萨缪尔森将新古典微观经济学与凯恩斯宏观经济学相结合而成为新古典综合派，成为20世纪后半期主流经济学的标准范式，那么杨小凯则把目前经济学中存在的各种有关递增报酬、专业分工、制度与交易费用、新贸易理论、新增长理论等研究集大成而成为新的主流经济学。新兴古典经济学是自亚当·斯密以来经济学的第四次集大成。杨小凯在他的《经济学原理》中文版中称他的经济学是自马歇尔《经济学原理》与萨缪尔森《经济学》原理之后的第三代经济学原理。并称他的经济学类似于天文学中的日心说革命，把他的新兴古典分析框架与新古典分析框架的关系比作日心说与地心说的关系。

笔者认为，杨小凯的理论成就单个地讲超过了许多经济学诺贝尔奖得主，成为世界经济学发展中的新的高峰。虽然杨小凯的理论目前在美国还远远没有达到主流经济学地位，但是，其分析框架的严格性与体系的庞大和包容性，笔者相信终将会成为21世纪主流经济学的标准范式。

本书将在后面较为详细地介绍新兴古典经济学的基本理论。

第七节　信息社会经济学的经济发展理论

四川大学袁葵荪通过对西方经济学范式的深层思考，发现西方经济学实际上是只适合于静态的物质社会的经济学范式，在迅速变化的信息社会并不适合。袁葵荪通过把历史发展划分为物质社会和信息社会两个阶段，并通过对这两个不同历史阶段的本质特点进行精确的分析叙述，确认了目前主流经济学的均衡与最优化分析框架只适合于静态漫长的物质社会，因而其所得出的理论结论与政策建议也不适合于现代信息社会。他通过把经济发展定义为知识增长，把发展过程看成是一个知识增长与知识传播过程，提出了独特的发展经济学体系。

从信息社会经济学的视角考察许多经济现象与发展问题，将得出与通常的主流经济学非常不一致的结论，并且由于信息社会经济学反对使用数学，因此其很难被主流经济学所接受，这些原因都导致了信息社会经济学理论难以被国内外经济学界所接受。同时，信息社会经济学的理论体系还有待于进一步完善，对于许多经济现象还没有提出精细的解释，这在经济学发展进入到精细化、数量化的今天，无疑是不合时宜的。

但是，信息社会经济学对于西方经济学的批判极其深刻，以及其富于创新、独特的思想路线仍然使得其理论极有发展潜力和富有启发性，对于我们全面认识经济发展提供了不可多得的思想线索。因此，本书仍然将其作为比较研究的重要对象。本书第五章将详细介绍信息社会经济学的发展理论。

第三章 主流发展经济学理论简述

第一节 西方发展经济学理论体系的特点

西方发展经济学的特点是,自发展经济学作为一门经济学分支产生以来,先后出现了结构主义、改革主义、新古典主义、激进主义、新制度主义[①]等理论流派,而不同理论流派之间相互争论,难以形成一个统一的理论体系。从国内外主流发展经济学教材的体系可以看出,目前西方发展经济学距走向统一还十分遥远。

西方发展经济学之所以出现这种分支林立,难以有一个理论体系来统一各种发展理论的状况,主要是因为西方发展经济学没有能够对发展的本质与规律有清楚的认识,以及其理论框架的局限性。

无论是国家干预主义还是自由主义的西方发展经济学流派,其理论框架都具有以下特点[②]:(1)新古典主义的企业与厂商外生二分法;(2)使用供求均衡的边际分析,内点解是常态,角点解是例外;(3)采用规模经济而不是分工经济概念;(4)技术决定论与储蓄或投资决定论;(5)在效率概念上采用资源配置效率而不是组织效率,即使是新制度主义仍然是使用混乱的效率概念;(6)采用局部均衡分析与非均衡分析框架。

在对发展问题的研究上,除经济学领域有发展经济学分支专门处

[①] 关于这几种流派的名称及归类,可参见任何一本发展经济学教材。
[②] 参考了杨小凯《发展经济学》,社会科学文献出版社2003年版,第8页。

理外，西方现代化理论虽然其渊源在于研究发达国家的进步过程与规律，但是，其理论体系却对发展中国家的经济发展研究影响很大，因此，本书在介绍西方发展经济学之后，对西方现代化理论也进行介绍。

第二节 结构主义理论概述[①]

结构主义是发展经济学的正统学派，是现代发展经济学的先驱。结构主义遵循古典经济学和新古典经济学的基本思想，认为资本积累能够促进生产力，在增长理论上信奉投资决定论和储蓄决定论。结构主义之所以被称为结构主义，在于结构主义理论认为，经济发展过程是经济结构转变的过程，特别是从以农业为主的经济结构逐渐转变到以工业为主的经济结构，在这个过程中，工业部门获得扩张，农业部门劳动生产率可能上升也可能不上升。而工业扩张需要资本积累和劳动力供给，因此结构主义的讨论大多集中在如何实现工业化所需要的资本积累、如何实现农业现代化和农村剩余劳动力向工业部门转变三个问题上。

有两类结构主义者：一类是以新古典经济学作为分析工具的结构主义者，这类学者主要是发达国家的经济学家。另一类结构主义者是发展中国家的经济学家，主要以拉美经济学家普雷比什和辛格为代表，他们以中心—外围关系来分析发达国家与发展中国家的关系。

以新古典经济学为基础的结构主义理论分为三个阶段[②]：

第一阶段：偏重于讨论资本积累与工业化，忽视了农村的发展对于整个国民经济发展的重要意义，以为只要工业部门得到了发展，发展问题就解决了。这一阶段讨论的中心问题是工业部门增长的方式，即工业部门平衡增长（纳克斯）还是不平衡增长（赫希曼），才能够

[①] 本节主要参考了欧曼、韦格纳拉加《战后发展理论》一书对结构主义的介绍，中国发展出版社2000年版。

[②] 主要参考欧曼、韦格纳拉加《战后发展理论》目录与第一章和第二章，中国发展出版社2000年版。原书并没有提出三个阶段的说法，本书则把它概括为三个阶段的说法。

尽快地促进整个工业化的发展。

第二阶段：自刘易斯提出二元经济模型开始，结构主义者考虑经济发展中的二元经济现象，讨论工业化过程中工业与农业的关系，但是，其重点仍然是工业，农业的作用主要是为工业化提供剩余劳动力与资本积累。

第三阶段：偏重于讨论农村发展，通过土地改革与农业现代化实现农村发展是讨论的两个中心问题。一些发展经济学认为，农业是发展中国家最基础的部门，也是最薄弱的部门，因此农村发展了，整个国民经济就发展了。

结构主义的基本理论特征在于：结构主义认为，发达国家的经济是同质的，新古典经济学理论适合于所有经济领域，但发展中国家市场体系不完善，不同经济部门，特别是农业与工业部门在发展水平上存在极大的差距（二元结构），因此以经济均质化为前提的新古典经济学不适用，以二元结构为特征的发展中国家必须有专门的结构主义经济学来进行理论解释。新古典主义所主张的通过市场均衡自发实现经济增长与发展的过程在发展中国家难以实现，因此，国家政府应该通过一定的发展政策促进资本积累和劳动力转移，以加速发展中国家的工业化进程，实现经济结构转型。重视政府干预以促进经济结构的转变，是结构主义的政策特征。

一 发展阶段理论与双缺口模型

罗斯托提出经济发展顺次经过传统社会、为起飞创造前提、起飞、成熟、高额群众消费和追求生活质量六个阶段，而经济发展的关键在于进入起飞阶段，即经济加速增长，这是经济从不发达进入发达的转折点。

这时发展被理解为以增长为中心，实现了经济加速增长，也就实现了发展。为了解释经济增长的原因，哈罗德与多马以凯恩斯的宏观经济理论为基础提出了第一个经济增长模型，它强调了资本主义经济在稳定增长与充分就业条件下的收入、储蓄、投资及产出的平衡关系。后来，索洛模型也表明提高储蓄与投资率对于经济增长的重要性。多哈模型与索洛模型所得出的储蓄决定论和投资决定论，为发经济学家论证储蓄与投资的重要性奠定了理论基础。

发展中国家国内资本的缺乏使得发展中国家在 20 世纪 50 年代发展速度趋缓，这促使人们研究如何通过国际经济关系获得发展所需要的资本问题。于是美国经济学家钱纳里提出双缺口模型用于分析外汇增长对于投资增长的重要性。所谓双缺口模型，就是宏观经济的总量平衡模型。

$$C + I + G + X = C + S + T + M \Rightarrow S - I = X - M$$

其中，假设政府收支平衡，即预算平衡（G = T）。上式左边为储蓄缺口，右边为外汇缺口。在发展中国家发展早期，储蓄不足以用于所需要的投资，这时需要出口增长来为国内投资提供资金，或者压缩进口。外部援助对于发展中国家工业化提供部分资金也成为发展经济学家与世界银行等国际援助组织讨论的中心话题。

二 产业部门之间的关系[①]

罗森斯坦—罗丹关注工业部门之间的关系，认为产业投资决策是相互依赖的，而且由于欠发达国家市场化的局限性以及投资获取规模经济的竞争压力，在欠发达国家的投资项目对单个投资者常具有很大的风险，因此需要实行工业部门整体联动的"大推进"发展战略。由于私人投资的分散性，应采取政府计划来协调和鼓励同时投资于几项互补性的产业，这不但能够增加国民产出，同时国内市场的规模也能得到扩大。大推进理论的基本思想既是"唯工业化论"又是"唯资本论"。

纳克斯于 1953 年在《不发达国家的资本形成问题》一书中提出贫困的恶性循环理论。他假定生产力的决定因素是资本，发展中国家存在两个与资本不足相关的恶性循环：在供给方面，低收入→储蓄能力低→资本形成不足→低生产率→低收入；在需求方面，低收入→低购买力→消费市场需求不足→投资引诱不足→低生产率→低收入资本

---

① 本节主要参考欧曼、韦格纳拉加《战后发展理论》对这几个理论的处理线索，但同时参考了其他发展经济学教材对相关理论的解释。《战后发展理论》一书对于结构主义的介绍提出了一个较好的线索。

缺乏是造成两个恶性循环的关键，因而资本形成在消除经济停滞、促进经济增长中起着决定性作用。要打破这两个恶性循环的关键是增加资本。① 对此，纳克斯提出的解决办法是在所有产业领域进行同步协调的投资，以达到市场规模整体扩大的目的，这就是纳克斯的平衡增长战略。

纳克斯用杜森贝里所提出的相对消费假说和示范效应理论，说明虽然发展中国家与发达国家在收入水平上差距很大，但发展中国家的消费者常常仿效富国的消费水平②，从而导致发展中国家储蓄倾向低，投资不足，从而很难摆脱上面的两个恶性循环。

与纳克斯的平衡增长相对立，赫希曼、罗斯托、佩鲁等倡导不平衡增长战略，即发展中国家各经济部门和地区按一定的优先顺序或不同速度发展的一种发展战略。

赫希曼反对全面投资、各部门均衡增长的"平衡发展"战略，认为大量项目难以同时建成，建成后生产也缺乏效率。因此，应集中力量优先发展一部分工业，以此为动力逐渐扩大对其他工业的投资，带动整个国民经济的发展。在不平衡发展中，应实行生产专业化，鼓励出口，依靠市场机制进行调节，重视供给方面的问题。赫希曼考察了工业网络中的前向关联与后向关联效应，认为发展中国家的一个问题是产业关联脆弱，因而有限的资金应该投资在那些有着强关联效应的产业上。他认为，最佳候选者是那些在社会生产链条中处于中间位置的产业，这些产业的产出是其他产业的投入，其投入是其他产业的产出。③ 因而通过对这些强关联产业部门的投资，就能够带动前向与后向产业，从而带动整个工业化。

如果说纳克斯的平衡增长将农业也包括在内的话，那么赫希曼的不平衡增长则认为，投资主要是在工业部门。同时，平衡增长的协调通过私人市场与政府都可以，但是，不平衡增长则主要通过政府有偏

---

① 参考了谭崇台主编《发展经济学辞典》，山西经济出版社2002年版，第284页。
② 参考了欧曼、韦格纳拉加《战后发展理论》，中国发展出版社2000年版，第15页。
③ 同上书，第17页。

向性的投资来实现。

法国经济学家佩鲁将不平衡增长的思想加以发挥，与工业部门的地理分布结合起来，将工业部门之间不平衡增长的理论推广到地区之间的不平衡增长，从而提出了"增长极"理论。由于不同工业部门的不平衡增长，导致一些重点工业部门在某些地区和大城市集聚，形成发展极。发展极的本质是重点行业在地理上集聚而成为重点地区，通过产业关联作用形成发展极对于周边地区的正外部效应，其本质是重点行业的发展带动相关产业的发展。发展极有两个作用：一是吸引周围的人口向发展极集中，形成大中型城市的聚焦经济效应，其本质是大城市的基础设施能够降低不同行业之间的平均交易费用，从而促进专业化与分工的发展；二是使大城市通过较高的专业化与分工所形成的高生产技术和高资本积累向周边地区扩散，从而促进周边地区的发展。

三 二元经济理论

早期荷兰学者伯克曾根据当时荷属东印度群岛的情况，提出"社会二元主义"的概念。[①] 二元主义概念很快地被结合在早期发展经济学中，最具有代表性的是刘易斯的无限剩余劳动供给二元结构模式。二元结构意味着在一地区内处于优势地位的人群、部门、国家同处于劣势地位的人群、部门、国家共存，如城市的现代生产方式同乡村的传统生产方式共存；富裕的、受过高等教育的上层人士同贫穷的、不识字的群氓共存；国际经济中强大的、富裕的工业国家与弱小的、贫困的农业国家并存。二元经济理论有两类：一是不同经济部门之间的二元经济；二是不同地区之间的二元。前者以刘易斯—费景汉—拉尼斯模型为代表，后者以缪尔达尔模型为代表。

（一）刘易斯—费—拉尼斯模型

刘易斯在 1954 年《劳动无限供给下的经济发展》一文中提出"剩余劳动无限供给条件下的二元经济"模型。刘易斯模型假定：

[①] 参见欧曼、韦格纳拉加《战后发展理论》，中国发展出版社 2000 年版，第 28 页。另见谭崇台主编《发展经济学辞典》，山西经济出版社 2002 年版，第 51 页。

(1) 遵循古典经济学传统假定，在一些发展中国家，农村存在大量伪装性失业，劳动收入处于糊口水平，无技术劳动力存在无限供给，只要有资本，从无技术劳动力培训出有技术劳动力很容易；(2) 发展中国家的经济大致可以分为工业部门与农业部门两大部门，工业部门生产力高，劳动者已充分就业，工资高于糊口水平，而农业部门生产力低，收入只够糊口。工业部门利用剩余进行扩张，增加对劳动力的需求；由于工资的差异，农村过剩劳动力存在转向城市工业部门的自然动力。只要农村存在过剩劳动力，农村人口流向工业部门时的工资就不会上升得太高（这一点类似于马克思），这为工业部门源源不断地提供廉价劳动力，使工业部门剩余越来越多，从而能够转化为投资，投资又导致工业部门扩张。这样，就形成一个良性循环，工业部门扩张过程直到农村剩余劳动力消失为止，这时工业与农业部分工资将趋于相等。这一过程是收敛的，工农业生产力差距趋于消失，经济趋于同质化，工业化逐渐实现。[1]

1964 年，费·约翰（John C. H. Fei）和古斯塔夫·拉尼斯（Gustav Ranis）指出，刘易斯模型有两个缺点："一是没有足够重视农业在工业增长中的重要性，二是没有注意到农业由于劳动生产率的提高而出现剩余产品应该是农业劳动力向工业部门流动的先决条件。"[2] 他们认为，随着农业生产力的发展，农业也会出现剩余，这一方面使得农村劳动力出现剩余，另一方面也能够使得农业给工业发展提供剩余产品，从而发展了刘易斯模型。后人将其合称为刘易斯—费—拉尼斯模型。

费—拉尼斯模型将农村剩余劳动力转移分为三个阶段，如图 3-1 所示。

图 3-1 中横坐标表示工业部门劳动力数量，但纵坐标表示农业劳动农业产出的平均产量和边际产量。直线段 BYD 表示农业劳动力

---

[1] 参见刘易斯提出二元经济的原文，W. Arthur Lewis, "Economic Development with Unlimited Supplies of Labour", *The Manchester School*, Vol. 22, Issue 2, May 1954, pp. 139–191。

[2] 引自谭崇台主编《发展经济学辞典》，山西经济出版社 2002 年版，第 151—152 页。

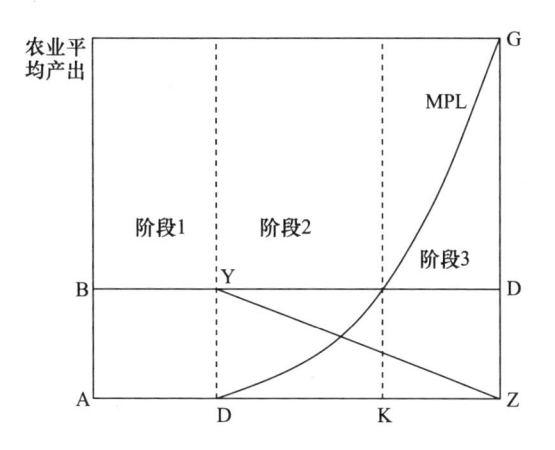

图 3-1　费—拉尼斯模型的三阶段示意

资料来源：维基百科英文版，"Fei - Ranis model of economic growth"，https：//en.wikipedia.org/wiki/Fei%E2%80%93Ranis_model_of_economic_growth。

的不变制度工资（Constant Instutional Wage，CIW），这是由习惯和道德文化确定的实际工资水平，对于模型而言是一个不变的外生常数。折线 BYZ 表示农业劳动力的平均产量 APL。农业劳动力的边际生产力用 ADG，其中在 AD 阶段边际生产力为 0。

费—拉尼斯认为，农村劳动力转移分为三个阶段：第一阶段，农村劳动力 AD 段转移到工业部门，此段农业劳动的边际生产力为 0，即图中的 AD 阶段，当然，边际生产力 AD < BY 平均产量。这时农村劳动力向工业部门转移，不会引起农业劳动力平均产量下降，因为这部分转移的劳动力完全是剩余劳动力，这一阶段实际上相当于刘易斯模型。第二阶段转移的劳动力是 DK，这时转移的农业劳动力的边际产量开始上升，但仍然低于不变制度工资，这一阶段会引起农业平均产量下降。乔根森认为，这一阶段要以工农业交易条件不变和人口增长精确地等于农业产出增长为前提。[①] 第三阶段转移的劳动力是 KZ，这时转移的农业劳动力边际生产力高于不变制度工资。

---

① Dale W. Jorgensen, "Surplus Agricultural Labour and the Development of a Dual Economy", *Oxford Economic Papers*, Vol. 19, Issue 3, Nov. 1967, p. 293.

（二）乔根森模型

乔根森在1967年发表了《农业剩余劳动力和二元经济发展》[①]一文，建立了一种新古典二元经济模型。乔根森在此文中比较了描述二元经济的古典方法（刘易斯—费—拉尼斯）和新古典方法（乔根森）。两者的主要区别有三点：一是对于劳动力供给的假设；二是对于农业技术的假设；三是对于农业劳动力工资的假设。对于第一点，古典方法假定存在农业剩余劳动力，而新古典方法假定并不存在农村剩余劳动力。对于第二点，古典方法假定在存在农村剩余劳动力时，农业边际生产力为零，而新古典方法假定农业生产边际生产力始终为正。对于第三点，古典方法假设存在一个不变的制度性工资，而新古典方法假定农业劳动力工资始终是变化的，等于工业部门收入的一个比例。乔根森还假定农业与工业部门存在外生技术进步。

乔根森模型的基本结论是：（1）在古典方法中，农业劳动力总是下降，而乔根森模型中农业劳动力可能下降、不变或上升；（2）一开始并没有工业部门，当且仅当农业部门出现剩余之后，工业部门开始出现并持续增长；（3）工业部门产出与资本的比例渐进趋于常数；（4）工业部门就业量比产出和资本增长得更慢，从而工业部门劳动生产力上升；（5）在整个发展过程中，工业部门产出增长率和就业增长率递减。

（三）地区二元经济结构理论

1974年，与哈耶克共同分享经济学诺贝尔奖的瑞典经济学家缪尔达尔提出了"地区之间循环积累二元经济理论"。其基本思想是：发展中国家一开始可能各地比较均衡地落后，但某些地区由于与发达国家进行经济交流而先发展起来，从而先发展地区在生产技术、人均收入和利润率等方面领先落后地区，从而导致落后地区的技术人才和资本会逐渐流向先发展地区，从而使先发展地区越来越集中优势资源发展越来越快，而落后地区由于失去优势资源发展越来越慢，从而导致

[①] Dale W. Jorgensen, "Surplus Agricultural Labour and the Development of a Dual Economy", *Oxford Economic Papers*, Vol. 19, Issue 3, Nov. 1967, pp. 288–312.

先发展地区与落后地区的差距越来越大。

缪尔达尔的循环积累因果关系本质上是一种正反馈循环，在基本结论上不同于佩鲁的增长极理论。增长极理论的基本结论是发展极能够带动周边地区发展，或者说发达地区对落后地区存在正的外部效应，而循环积累因果理论的基本结论则是说发达地区对落后地区存在负的外部效应。真实情况可能是发达地区对于落后地区既存在正的外部效应也存在负的外部效应，到底以哪一种效应为主可能与不同的发展阶段相关。

四　土地改革与农业现代化[①]

二元经济模型的一个重要缺陷是将农村描绘成由无组织的、糊口型小片土地组成的单一的、毫无色彩的一个实体。与此相反，在20世纪50年代早期出现过一种思想，研究农业土地所有权和使用权的不同形式。

一些研究指出，在发展中国家，土地使用权存在着多样性——商业化的所有权、所有者占用、封建的佃户—地主体制。土地改革的倡导者沃里纳重点研究了大庄园制度，并定义了与大庄园有关的三种土地使用权和经济组织：（1）南欧和拉丁美洲的庄园制，其特征是由受薪官员管理，由劳动者、定居者、分成制佃户耕作；（2）由外资公司拥有的种植园，它采用密集型耕种；（3）亚洲的分成租佃制度，土地所有者将土地分成小块以分成合同的方式租给耕种人。研究指出，拉丁美洲的大庄园缺乏效率，因而受到批评。贝利和克莱因（1979）认为，将大农地再分割能够同时促进生产率上升和平等两个目标。中国台湾、韩国和埃及被当作土地再分配改革带来生产率上升、产量提高和收入分配改善的例证。

约翰斯顿和梅勒关注农业现代化，将技术更新作为农业现代化不可缺少的一部分。库兹涅茨指出，农业对经济发展在生产贡献、市场贡献、要素贡献等方面具有重要意义。舒尔茨否定了传统的认为农民

[①] 参见欧曼、韦格纳拉加《战后发展理论》，中国发展出版社2000年版，第35—47页。

行为无效率的观点,他指出,虽然农民贫穷,但有效率,经过长期的不断摸索,农民已经发现了用必要的技术有效率地配置他们有限的资源。他们也是精打细算的人,知道资源与生产技术的不同组合会引起成本与收益的不同组合。

20世纪60年代,许多发展中国家进行了绿色革命,它的成功在发展经济学理论界和实践中都有深远的影响。绿色革命支持者如约翰斯顿、梅勒、拉坦等认为,新技术不仅可以促进农业发展,而且也是推动社会、政治进步的重要工具。但格里芬、斯皮茨、克利佛等却认为,虽然农业技术可以增加产出,但却是以农民社会发生剧变为代价的,那些有土地和资本优势的农民最先接受新种子,而且获利也最多。因此,这些学者更加强调土地改革政策以及其他方面的服务,这才是农业现代化必要的先决条件。

五 政策主张的特点

杨小凯指出了结构主义发展经济学政策主张的特点[①]:

(1) 认为政府应该是家长式慈善计划的制订者,国有企业应该在发展中居于主导地位;

(2) 国家制订具体而全面的发展计划目标;

(3) 认为对幼稚工业和工业化必须实行贸易保护和全面的产业政策,实行进口替代工业化战略;

(4) 实行歧视农民农业的价格政策和其他一些干预政策;

(5) 对私有企业制度、市场以及相关的国际贸易持不信任态度;

(6) 对发展中国家出口增长持悲观态度。

六 拉美结构主义者

欧曼和韦格纳拉加在《战后发展理论》一书中介绍了拉美结构主义者,这里对于拉美结构主义的介绍主要基于他们的观点。[②]

拉美结构主义者以普雷比什和辛格为代表,他们的观点以及一些马

---

① 杨小凯:《发展经济学》,社会科学文献出版社2003年版,第8页。
② 参考了欧曼、韦格纳拉加《战后发展理论》,中国发展出版社2000年版,第105页。

克思主义者的观点都对激进主义发展经济学家有启发。但是，拉美结构主义者、马克思主义者与激进主义发展经济学家的观点都不相同。

拉美结构主义者不同于马克思主义发展理论，他们并不认为，资本主义必须同其内在的腐朽作斗争；但他们认为，国家有必要积极干预以缓解社会矛盾。拉美结构主义者也不同于激进主义与依附学派：激进主义和依附学派提出边缘国家对中心国家存在着依附，中心国家对边缘国家存在着剥削；而拉美结构主义者仅是从现象上指出中心与外围的差别，中心国家是均匀的发达经济体，而边缘国家或发展中国家的内部经济结构不均匀同质，存在发达工业部门与落后农业部门、发达地区与落后地区的结构性差别，但边缘的落后并非是由中心的发达所造成的。

第三节 新结构主义发展理论概述

林毅夫（2012）等提出了新结构主义发展经济学理论。其基本思想如下：

新结构主义与旧结构主义发展经济学理论都基于发展中国家与发达国家的经济结构差异。林毅夫认为，发展中国家与发达国家的经济结构并非刚性差别；相反，经济结构从低水平到高水平的发展是一个连续的变化过程。

林毅夫认为，经济结构（其核心是产业结构）是禀赋条件的函数，随着禀赋特征的变化，经济结构也会发生变化；反过来，禀赋条件相似（同），则经济结构也相似（同）。发展中国家与发达国家的禀赋特征不同，因此其经济结构也不相同。处于不同发展阶段的国家，其禀赋结构不同，从而其经济结构不同。经济禀赋特征会随着时间推移而变化，从而经济结构也会发生变化。不同国家有不同的禀赋条件，一个国家应该利用自己禀赋方面的比较优势来发展经济，形成与自己禀赋条件相适应的最优产业结构。而政府则可以基于对禀赋结构比较优势的认识，通过协调活动促进禀赋结构的升级换代（比如改进基础设施），促进产业创新和降低信息风险，从而更快地实现产业升级和产业多样化。旧结构主义发展经济学在提出发展中国家的政府干预政策时，没有按照发展中国家要素禀赋的比较优势来安排产业发展政策，结果导致了市场扭曲，最后其发展政策归于失败。

林毅夫将经济发展的禀赋条件分为两部分：一是要素禀赋，包括土地、资本、劳动力；二是基础设施，包括硬件基础设施和软件基础设施。硬件基础设施包括调整公路、机场、港口、电网、通信网络（含互联网），软件基础设施包括制度、价值体系、社会资本等。林毅夫对于禀赋概念的定义与通常的禀赋含义不同，通常的禀赋是一个人或一个社会无法改变的特征，但林毅夫所定义的禀赋，大多数则是社会和个人选择的结果。

根据禀赋比较优势理论，林毅夫认为，政府政策主要在以下两个方面：(1) 促进禀赋升级，特别是提供物质性基础设施；(2) 根据本国比较优势来促进产业发展、贸易发展、人力资本发展、金融发展的政策。

第四节 激进主义发展理论概述

激进主义包括依附理论和马克思主义理论两个学派。它们的共同点是强调资本主义发达国家与发展中国家的不平等交换、前者对后者剥削、后者对前者的依附，强调发展中国家的不发达不是一种自然现象，而是资本主义全球体系的一部分。依附学派与马克思主义理论的区别在于，依附学派认为，资本主义损害了发展中国家的发展；而正统的马克思主义则认为，资本主义有助于发展中国家瓦解前资本主义生产方式，从而促进发展中国家的发展。

一 理论渊源与理论特征

激进主义理论有马克思主义传统理论和拉美结构主义者两个渊源。

马克思主义传统理论认为，资本主义在全球的扩展，有利于瓦解前资本主义社会结构，能够促进欠发达国家的经济发展。库西年与保罗·斯威齐偏离马克思主义传统理论，认为发达国家对欠发达国家的殖民，阻碍了欠发达国家的发展，这成为激进主义的理论渊源之一。

激进主义的第二个理论渊源是普雷比什的"中心—外围"模型和缪尔达尔的"回波效应"模型。

激进主义理论有如下特点①：

（1）对新古典经济学的批评比结构主义更为尖锐、更为彻底。认为新古典经济学脱离历史、脱离实际。

（2）超越了结构主义者单纯从不平等力量，去观察发达国家与发展中国家的关系（比如缪尔达尔的回波效应模型和普雷比什的中心—外围模型），进一步从发达国家与发展中国家的历史与现状去认识发达国家对发展中国家的支配—依附关系。

二 依附理论

依附理论最完整的体系是世界体系论，其主要代表是美国学者沃勒斯坦。但是，他的理论在发展经济学中被论及甚少。因此，在发展经济学中，依附理论主要是以拉美依附论者为代表。

帕尔马等把拉美依附论区分为三个主要的流派。② 第一流派，起源于拉美经济委员会内部，以塞尔索·福塔多和奥斯瓦尔多·桑克尔为代表，重点关注边缘地区资本主义发展的内外部障碍尤其是市场约束等问题。第二流派，以安德莱·冈德尔·弗兰克、特奥多尼奥·多斯·桑多斯为代表，他们基本否定了拉美资本主义发展的可能性，他们认为是资本主义导致了拉美地区"不发达的发展"，社会主义革命是边缘地区发展的必要条件。第三流派，以福南多·里奇·卡多索和恩佐·法勒多为代表，他们承认资本主义发展的可能性，分析集中在拉美依附的具体形式上，强调边缘地区的发展所具有的隶属形式。第三流派更接近马克思主义的思想。除拉美依附论者外，其他地区也存在依附论者，如客居法国的希腊经济学家阿吉里·伊曼纽尔，1969年曾出版《不平等交换》一书，非洲的依附论者包括萨米尔·阿明等。

---

① 参见张培刚主编《发展经济学教程》，经济科学出版社2001年版，第99—100页。
② 依附论三个主要流派的思想引自欧曼、韦格纳拉加《战后发展理论》，中国发展出版社2000年版，第123—134页。本书对原书内容进行了概括。

（1）第一流派：福塔多认为，工人的消费支出与投资之间相互促进的关系在边缘地区并不存在。发展中国家的消费具有向发达国家攀比的倾向，工业增长逐渐加剧了发展中国家的收入集中化，把发展中国家大部分人口边缘化。桑克尔区分了四种依附机制：一是因保留传统社会结构而出现传统农业的停滞，由于粮食进口越来越多以及出口增长缓慢而致贸易失衡；二是出口商品持续高度集中；三是进口替代工业化进程对外国技术与外国资本日益依赖，包括外国所有权的高比例及工业化的外汇成本越来越高；四是公共部门的扩张性财政政策造成预算赤字不断增加，从而诱发外债稳步增加。① 桑克尔他们反对在拉美进行社会主义革命，认为只有发展民族经济，实行一种把大众包括在发展进程中的并与拉美文化、传统、制度与历史相一致的战略。他们都认为，跨国公司是造成依附和不发达的重要因素，并把世界经济的中心定义为包括发展中国家的现代部门，把边缘定义为包括工业化国家的一些部门和发展中国家那些停滞和边缘的部门。这一派是比较平和的依附论者。

（2）第二流派：不发达的发展。这是最激进的依附学派，思想源于1957年保罗·巴兰所著的《增长的政治经济学》。弗兰克在1967年《拉美资本主义与不发达：智利与巴西的历史研究》一书中，试图从全球资本主义扩张角度探索边缘地区的不发达，这在拉美始于16世纪西班牙的殖民扩张。国际、国家和国内各层次上单一的资本主义结构造成剥削性"都市—卫星城"关系等级链，外国投资援助和贸易起着榨取剩余价值的渠道作用，区域一体化只能起到强化榨取过程的作用，除非现在的国内或国际的都市—卫星城结构被推翻。在拉美没有封建的、半封建或其他前资本主义生产方式，因而没有支持资产阶级革命的基础。弗兰克认为，在资本主义制度下，卫星国不可能摆脱"不发达的发展"，唯一的政治出路是必要的社会革命。桑多斯不同意弗兰克将外部剥削作为不发达原因的观点，他认为，不发达起源于某些被依附性的国际关系所规定的内部结构。

---

① 欧曼、韦格纳拉加：《战后发展理论》，中国发展出版社2000年版，第125页。

（3）第三流派：卡多索和法勒多。他们否定了停滞主义的观点，否定了建立任何普遍的依附理论的可能性，这似乎更加接近正统马克思主义的观点。他们主要关注边缘经济中资本主义所采取的具体形式的多样性。他们认为，外部控制实质上是一种内部现象，外部控制是通过一些内部集团和阶层实现的。这些内部集团和阶层同外部控制者有着共同的利益和价值取向。这类似于毛泽东的买办资本家理论与库西年的"封建—帝国主义联盟"理论。

三 激进主义的政策主张[①]

激进主义认为，在中心与外围不平等的交换关系中，中心国家从外围国家取得了大量剩余，从而得到了不断发展，而外围国家则由于剩余的源源流出，以致不能跳出持久贫困的陷阱。发达与不发达只不过是世界资本主义体系的两个互相影响、互为因果的侧面。

（1）他们一般不同意以普雷比什为代表的中心—外围论者（拉美结构主义者）的说法，中心与外围的差异主要是中心拥有发达的制造工业，因此，只要外围进行工业化，中心与外围差距将逐渐消失。依附论者认为，外围工业化的结果将是经济上依附性和附属化的加深。要使依附状况改变，就必须改变内部生产结构，改变制度和国际经济秩序。

（2）许多激进主义者主张，除非把整个世界改造成为国际社会主义体系，否则外围就不可能有真正的发展。

（3）外围地区实行地区经济一体化，实行"南南合作"。

（4）有人主张一种和国际关系脱钩的政策，走自力更生道路。

第五节 新古典主义发展理论概述

一 理论基础与理论特征

新古典主义发展的理论渊源是马歇尔的新古典经济思想。承袭马歇尔思想的新古典主义经济学家把马歇尔的经济发展观分解为三个方面：

[①] 参见张培刚《发展经济学教程》，经济科学出版社2001年版，第105—107页。

（1）经济发展是一个渐进的、连续的过程，从而政策效果依靠边际调节；

（2）经济发展是一个和谐的、累积的过程，它的进行依靠自动的均衡机制；

（3）经济发展的前景是令人乐观的，通过扩散效应和涓流效应，增长会自然而然地带来良好的发展，并把经济增长的利益普及社会所有阶层。

由此出发，新古典主义发展经济学家认为：经济发展过程是一个渐进的、连续的、和谐的过程，而且其前景是值得乐观的；经济发展所产生的利益会自动地、逐步地浸润到社会全体；经济的进展是通过边际调节来实现的，均衡状态是稳定的；价格机制是一切调节的原动力，从而也是经济发展的重要机制，因此，用静态的局部均衡方法就足以分析经济发展问题；发展经济学家注意的中心点应当是个人作为决策者所表现的刺激—反应机制，个人如何为利益所驱使，又如何为成本所约束的条件下，在替代物之间做出选择以获取最大的福利；这种刺激—反应机制是无处不在的，国民经济各个部门都在这种机制中运行而无任何自然的差异。解释发达国家经济行为的原理，同样可以用来解释发展中国家的经济行为，因此，并不存在一种只能适用于发展中国家的特殊经济学，新古典经济学是放之四海而皆准的"单一经济学"。[1]

二　新古典主义发展理论的政策主张[2]

新古典主义认为，价格决定是经济发展的核心问题，但发展中国家的价格扭曲，成为制约经济发展的最大障碍。因此，矫正价格，就成为发展中国家经济发展的关键。为此，新古典主义发展理论的政策主张有以下基本观点：

（1）保护个人利益和私有产权。早期发展经济学认为，发展中国家的穷人的行为是非理性的。舒尔茨认为，发展中国家与发达国家，

---

[1] 引自谭崇台主编《发展经济学辞典》，山西经济出版社2002年版，第434页。
[2] 参考了张培刚《发展经济学教程》，经济科学出版社2001年版，第95—98页。

人的行为并无二致。只要保护好个人利益和私有产权，市场这只"看不见的手"就会自动调节人们之间的交易行为。

（2）反对国家干预，倡导自由竞争以便形成灵活的价格机制。

（3）实行经济自由化，包括贸易自由化与金融自由化。拉尔主张彻底的自由贸易，麦金龙和肖主张以金融自由化代替金融抑制，以金融深化代替金融浅化。

第六节　新制度主义发展经济学

20世纪80年代以后，由于经济学领域新自由主义的兴起以及发展经济学领域新古典主义的复兴，许多国家逐渐放弃结构主义所倡导的国家主导型发展模式和进口替代型发展政策，重视灵活的价格机制和对外开放在经济发展中的作用，其中一部分国家和地区因此而取得了显著的发展绩效。但新古典主义将制度因素视为既定的外生变量，只是注重矫正价格，没有分析形成灵活价格机制的制度基础。自20世纪60年代以来，经过20多年的发展，以科斯、诺斯、威廉姆森为代表的新制度经济学理论逐渐受到重视并被引入到发展领域，用于分析发展中国家的制度约束与经济发展的关系。

新制度经济学产生于科斯1937年的论文《企业的性质》和1959年的论文《社会成本问题》。经过半个多世纪的发展，新制度经济学在产权经济学、交易成本经济学、契约经济学、企业理论、组织经济学、公共选择经济学、寻租经济学、法经济学、宪政经济学、新经济史学、过渡经济学或转轨经济学等方面取得了很大的进展，这些理论都对发展经济学产生了重要影响。

一　新制度主义经济发展理论的特点

由于在新制度主义理论产生和发展的时代，甚至即使到今天，主流经济学能够提供的思想资源仍然主要是新古典经济学的经济人假设、求内点解的边际分析、资源配置效率等概念方法，因此，新制度经济学在术语的使用上，仍然带有极强的新古典经济学的痕迹，这使新制度主义经济发展理论带有以下特点：

（1）新制度经济发展理论仍然使用新古典经济学的基本分析工具——边际分析。即使科斯等在其文章中多次提到在分析组织结构的选择时应该使用总成本收益分析而不是边际分析，但限于理论和历史的局限性，科斯等新制度经济学家在其著作中仍然使用了边际分析的概念工具，比如科斯在论述企业的边界时，使用了这样的说法，"企业将倾向于扩张直到在企业内部组织一笔额外交易的成本，等于通过公开市场上完成同一笔交易的成本或在另一个企业中组织同样交易的成本为止"①，这里的"额外"一词相当于"边际"。盛洪有一本书，其书名直接叫作《在传统的边际上创新》。

（2）方法论的个体主义，关注个体自利行为和集体行为的相互影响。把政府也看成自利个人的集合，反对抽象地把政府当成一个慈善的行为主体。

（3）新制度经济学代表作家修正了理性假定，将完全理性修正为有限理性。

（4）重视分析制度环境对于经济发展的重要影响，这是把制度作为外生变量。

（5）重视分析制度变迁的动力机制，通过各利益集团的相互作用推动制度变迁，此时是把制度作为内生变量。

二 新制度主义发展理论的主要内容

新制度主义发展理论的基本思路是，制度影响人的决策和行为，而人的决策和行为最终影响到经济发展绩效。因此，要促进经济发展，关键是要建立合理的社会制度环境。新制度经济学逐渐形成了十几个分支，其发展思想大致总结如下：

（1）发展中国家灵活的价格机制固然重要，但是，形成灵活价格机制的制度环境更为重要。在发展中国家，与其说应该矫正价格，不如说应该矫正制度。只有制度环境完善了，才能使市场机制顺利运行。

---

① 科斯：《企业的性质》，参见盛洪主编《制度经济学》上册，北京大学出版社2003年版，第108页。

（2）一个成功的国家在于设计出一套合理的产权制度。私有产权制度对于西方世界的兴起至关重要，发展中国家同样应该重视保护私人产权，以激励个人和企业有效使用资源。每个人为自己的利益工作比为别人或公共利益工作更为努力，因此，产权激励是最重要的激励方式。发展中国家应该减少国有企业的数量，逐渐形成一个以私营经济为主体的所有制结构。

（3）发展中国家或者没有建立起宪政民主体制，或者即使在形式上建立起了宪政民主体制，但是，由于文化传统、宗教信仰、种族关系等因素的影响，使宪政民主体制无法有效运作，导致发展中国家存在大量的权力"寻租"行为，其核心是国家机会主义，从而导致严重的腐败，使公共资源和国外援助不能有效使用。因此，发展中国家必须建立健全宪政民主制度和全方位的监督制度，宪政转轨比市场转轨更为重要。

（4）发展中国家的政府效率通常很低，导致极高的交易费用，阻碍了市场的正常运行。因此，发展中国家需要建立起高效、廉洁和服务型政府，以为经济社会发展提供更好的公共产品和服务。

（5）在宪政转轨和自由市场的基础上，由个体的最优自利决策相互作用形成的各种契约结构、企业组织和产业结构能够提高经济效率。相反，由政府干预所形成的组织结构和产业结构通常都导致资源浪费。

（6）制度变迁理论与新经济史学认为，经济发展过程是一个动态的过程，长期经济发展的主要源泉，正是新古典经济学家假定不变的那些参数，如政治制度、产权制度和专利制度，经济发展过程中的制度变迁比技术变迁更为重要。

第七节 西方现代化理论概述

现代化理论是以人类社会从前现代社会到现代社会的发展演变为研究对象，是从经济学、社会学、历史学、文化学、人类学、心理学等各个方面对产生于公元 1500 年前后的（太阳系地球人类社会）现代化过程进行整体研究。由于目前全球还有相当广阔的第三世界国家没有实现现代化，因此，现代化理论也关注落后国家如何实现现代化的问题。

一　现代化的含义

"现代"（modern）一词有两个含义：一是历史尺度；二是价值尺度。①

现代作为一个历史分期术语，在西方史学中，可以指公元 1500 年之后的资本主义时代，但也有人指称资本主义进入帝国主义时代以后的历史。因此，"现代"这一术语所指有很大的弹性。为了区分，离我们现在很近的时代称为当代。但当代也没有确切的时间起止。在中国史学中，现代所指时期一般要短于西方史，西方史中的 modern history 一般被译为近代史。

"现代"一词除有历史分期的含义外，还有"时新的、时髦的"的意思，它作为一种价值表征，指区别于中世纪的新时代精神与特征。②

"现代化"这个术语兴起于 20 世纪 60 年代，但是，其思想渊源却在 17 世纪。17—18 世纪，英国经验主义哲学家洛克阐述了进步观念，法国思想家孔多塞将洛克的上述思想进一步发展，认为人类精神的进步就是理性不断获取新的力量，挣脱束缚它的锁链——偏见、迷信等非理性的东西。自文艺复兴与启蒙运动以来，许多思想家确信人类有光明未来，这样一种进步思想成为后来的进化与现代化思想的发源。③

罗荣渠在他的《现代化新论》④一书中归纳了现代化的四种解释：

---

① 参见罗荣渠《现代化新论——世界与中国的现代化进程》，北京大学出版社 1993 年版，第 5 页。
② 以上两段参见罗荣渠《现代化新论——世界与中国的现代化进程》，北京大学出版社 1993 年版，第 3—4 页。
③ 黄长义：《西方现代化思想的渊源与流变》，《理论月刊》1996 年第 8 期。
④ 罗荣渠：《现代化新论——世界与中国的现代化进程》，北京大学出版社 1993 年版，第 9 页。

（1）现代化是指近代资本主义兴起后的特定国际关系格局下，经济上落后国家通过大搞技术革命，在经济和技术上赶上世界先进水平的历史过程。

（2）现代化实质上就是工业化，更确切地说，是经济落后国家实现工业化的进程。这种观点与第一种的实质内容并无区别，只是前者的特殊之点在于它的政治立论。

（3）现代化是自科学革命以来人类急剧变动过程的统称。按照这种观点，人类社会在现阶段发生的史无前例的变化，不仅限于工业领域或经济领域，同时也发生在知识增长、政治发展、社会动员、心理适应等各个方面。换言之，现代化可以看作是自科学革命以来，由于人类知识史无前例地增长而使人类得以控制其环境，各种传统制度适应于因知识增长而发生的各种功能性变化。

（4）现代化主要是一种心理态度、价值观和生活方式的改变过程，换句话说，现代化可以看作是代表我们这个历史时代的一种"文明的形式"。这主要是从社会学、文化人类学、心理学的角度考察现代化的。

一般而言，广义现代化是指18世纪工业革命以来，人类从传统文明向现代文明转变的历史过程及深刻变化，它包括从传统经济向现代经济、传统社会向现代社会、传统政治向现代政治等的转变；狭义现代化指发展中国家追赶发达工业国家先进水平的过程及其变化。20世纪60年代，美欧发达国家已进入发达工业社会。所以，当时所指的现代化经济就是工业经济，现代社会就是工业社会，现代文明就是工业文明。

二 现代化理论的主要观点

现代化理论关于发展的核心观点是，发展中国家自身的经济、政治和文化状况是决定其能否实现发展的主要因素。现代化理论将传统社会与现代社会区分为两个截然不同的社会阶段，前者以农村生活方式为主，宗教和贵族势力居于统治地位，社会等级结构森严；后者则以城市生活方式为主，城市生活富有活力、灵活性和创新精神，能够适应各种变革。现代化理论认为，传统文化是发展面临的根本障碍，因为它阻碍着经济发展所需要的社会变革。发展中国家要想获得发展，就必须摆脱传统文化的束缚。

三 现代化的六大流派简介

由上述现代化的含义可以看出，西方现代化理论实际上是对西方发展经济学、西方社会发展学、人类发展学、文化学等各种研究发展进步学科的一种综合，以全面研究落后国家赶上先进国家的过程与规律，并提出一些政策建议。周毅等学者提出，目前西方现代化理论存在六大流派。[①]

（一）结构学派

代表人物有帕森斯、列维和穆尔等。这一学派主要是关心现代社会与前现代社会的结构比较，至于为什么会有这些结构差别，以及从前现代社会向现代社会结构转变的动力机制，则不是他们关心的重点。

他们认为，现代社会与前现代社会相比，在分工合作的程度与方式上，人们之间更多的是采取市场与科层制这样一种非人格化的制度进行合作，现代社会关系非人格化程度提高，人们之间的联系更多的是感情中立的；个人更加自主、更加自由，人们之间更多地通过契约进行非人格化的合作，家庭规模与家庭功能缩小，人们更加不受权威的支配；现代化社会的社会关系是合理主义、普遍主义、功能有限与感情中立，非现代化社会则是传统的、个别的、功能无限与具有感情色彩的；现代化社会的国家权力是集权但不是专制；非现代化社会的国家权力如同封建制度一样，即便在权力比较分散的情况下，其性质仍然是专制的；从经济结构上讲，现代社会是以工业化为主的社会，而前现代社会是以农业为主的社会。

（二）过程学派

代表人物有罗斯托等。关注现代化的过程而不是现代化的结果，是过程学派现代化理论的主要特点。现代化是从农业社会向工业社会

[①] 参考周毅《现代化理论的六大学派及其特点》，《当代世界与社会主义》2003 年第 2 期。

转变的过程，罗斯托认为，这个转变过程分为传统社会、为起飞做准备、起飞、成熟、高额大众消费和追求高质量生活六个阶段；布莱克在《比较现代化》一书中，把现代化进程分成准备时期、转变时期、高级现代化时期与国际一体化时期四个阶段。

他们关注现代化过程中的发展阶段与转变规律，但是，为什么会经过这些发展阶段，其内在机理是什么，却缺乏相关的理论论证。

(三) 行为学派

这派代表人物是英克尔斯和麦克勒兰德等。他们认为，现代化过程不仅是一个政治、经济结构转变的过程，也是一个文化心理转变的过程。如果没有价值观念、心理素质与行为特征等方面从传统向现代的转变，人们是难以适应现代化的变化的，现代化也不可能实现。

英克尔斯认为，在任何社会与任何时代，人都是现代化进程中最基本的因素。他认为，现代人具有如下心理特征：他是参与型公民，并有丰富的知识；他对个人效能抱有充分信心；他在受到传统势力影响时，特别是在处理个人事务上做出决策时，有高度的独立性与自主性；他愿意接受新经验与新思想，是头脑开放的人。

麦克勒兰德认为，一个国家的经济发展与该国对其国民从小进行的成就感教育有关。他提出了成就动力值概念，即通过计算儿童和小学生读物与童话故事中有关进取和以获得成就为欲望的主题的出现频率而得出的。他认为，成就动力值与一个社会的企业家的数量与质量成正比。对青少年的成就感教育越成功的社会，越能够培养出企业家精神，从而这个社会越能够发展与现代化。

(四) 实证学派

一些理论家通过数理统计模型、案例研究、实际观察等手段，力图掌握各国现代化的真实过程，并在事实的基础上进行理论总结。如库兹涅茨的经济增长理论、亨廷顿的政治秩序论、格申克隆的工业化模式和发展经济学中的大量实证研究。严格地讲，这不能说是一个学派，而是一种研究方法。库兹涅茨因对现代化的实证研究而获得1971年诺贝尔经济学奖。

（五）综合学派

现代化过程是一个全面而综合的过程，它涉及人类社会的政治、经济、文化心理等各个方面，单从某一个学科方面对其进行研究，总难以得其全貌。

在全面性程度与研究的可操作性程度方面有一个权衡折中，要想对现代化过程进行全面研究，其难度必然是很大的。因此，关键在于各门学科通力合作并改进研究方法。布莱克的比较现代化研究方法，布伦纳和布鲁尔则采用了定性与定量相结合的多参量分析法，成为对现代化进行综合研究的范例。

（六）未来学派

不仅对发展中国家如何实现现代化变成发达国家进行研究，而且研究人类未来将是什么样的，研究发达国家未来将如何发展。这一学派通常被称为未来学家。从某种意义上讲，未来学是历史学与现代化理论的延伸。未来学家提出了后现代化、后现代社会、后工业社会等思想，其代表人物是贝尔和托夫勒等。

第八节　发展经济学理论体系的发展
——可持续发展经济学

可能持续发展的概念是针对传统工业化道路导致发展中国家生态环境日益恶化的背景之下提出来的。从根本上讲，人类社会在现阶段如果都过上发达国家那样高消费的生活方式，地球能否提供足够的自然资源是一个值得研究的大问题。目前，发展中国家人口多，但人均资源使用量反而比发达国家少很多。如果发展中国家在追赶发达国家的过程中，仍然按照发达国家走过的传统工业化道路进行发展，当发展中国家的人均资源使用量也达到发达国家的人均资源使用量时，则地球可能被过度开发，导致生态环境遭受破坏，不仅损害当代人类的整体福利，更损害了下一代的生存基础。

1992年联合国召开了环境与发展会议，会议提出了可持续发展的概念，获得了各国政府的普遍认可。中国政府于 1994 年 3 月颁布了《中国 21 世纪议程》，从此开启了国内理论界从各种不同角度对可持续发展的研究热潮，自 1996 年贾华强出版《可持续发展经济学导论》以来，国内出版了数十本可持续发展经济学相关的著作和发表了数以千计与可持续发展相关的论文。

但可持续发展的理论基础还极不完善，许多命题还处于猜测与现象描述阶段，缺乏数理经济模型从理论上进行精确的讨论，离融入主流经济学还十分遥远。如果说杨小凯建立的新兴古典经济学使得发展经济学重新成为主流经济学的核心，那么经济学需要分析框架的革命以使得可持续发展经济学与主流经济学融为一体，并成为主流经济学的核心。

关于可持续发展的含义，目前争论极大，主要思想可概括如下：可持续发展意味着必须要妥善解决经济发展与环境破坏、当代人福利与后代人福利、经济增长效率与分配公平等之间的两难冲突，需要在这些两难冲突之间进行恰当的权衡折中而不是只顾经济发展不顾环境代价，只顾当代人福利不顾后代人福利，只顾经济增长效率而不顾分配公平。

第四章 新兴古典发展经济学理论体系

第一节 新兴古典经济学分析框架的特点

一 新兴古典经济学与新古典经济学的共同分析框架

均衡分析是主流经济学所采用的分析方法,其典型形态是四层次分析框架。杨小凯第一次清楚地阐述了主流经济学的四层次分析框架。[①]

第一个层次,经济学家把一些人做决策前的经济环境用一些数学函数来描述,例如,用效用函数描述人的嗜好和欲求,用生产函数描述生产条件,用预算约束描述制度环境,或用对策论中的游戏规则描述经济制度。

第二层次,经济学家用数学中的最优决策理论分析人的最优自利行为。这个层次的分析结果一般被称为决策的比较静态分析,即当环境变化时,最优决策会如何作反应的分析。这种分析用自然及制度环境解释人的自利行为。

第三层次,经济学家用均衡概念分析不同人的自利行为交互作用产生的结局。这个层次的分析结果一般被称为均衡的比较静态分析,即对环境变化时,自利行为交互作用所产生的结局会如何变化的分析。这种分析用自然及制度环境解释不同人自利行为交互作用的后果。

---

① 杨小凯:《发展经济学》中文版,社会科学文献出版社2003年版,第5页。

在第二、第三层次的分析中如果考虑时间因素，则分别会有动态决策和动态均衡的比较动态分析。第一、第二、第三层次的分析被称为实证分析。不问好坏，不作价值判断。第四个层次是与价值判断有关的福利分析（或称规范分析）。这个层次，经济学家会提出什么是对全社会最好的经济状况这类问题。他们对第三层次所分析的自利行为交互作用产生的后果进行福利分析，看这后果是否对全社会有利。

经济学分析的四层次框架与各种分析方法是通过数学组织起来的，数学提高了问题争论和解决的效率，并且结果唯一，这样，不同教师和学生在解同一个问题时，都能得到唯一的结果，教师便于教，学生便于学，更便于经济学知识在不同代际经济学家中的积累。

二 新兴古典经济学与新古典经济学的分析框架的区别

马歇尔用以内点解为基础的古典数学规划方法（边际分析）研究相对价格、相对生产消费数量的决定，对亚当·斯密的思想中关于资源配置的一部分数学化，被称为新古典经济学。今天高等院校经济学课程的微观部分基本上就是马歇尔新古典经济学的主要内容。20世纪80年代以来，以罗森、贝克、杨小凯、博兰、黄有光为代表的经济学家，用非线性规划或线性规划、控制论等以角点解为基础的数学方法（被称为超边际分析）研究在马歇尔的《经济学原理》中不能数学化的专业化、分工与经济组织结构的问题，杨小凯将其称为新兴古典经济学。

新兴古典经济学与新古典经济学的分析框架的差别有[①]：

（1）新兴古典经济学框架用专业化经济而新古典经济学框架用规模经济概念表征生产条件。关于规模经济与专业化经济的区别：设有两个人1与2受雇于两个企业X与Y有两种方式：一是两个各自把其一半的时间受雇于两个企业，另一种方式是每个人分别全职受雇于一个企业。很明显，从投入规模上看，这两种方式下，两个企业都有相同规模，因此应该具有相同的劳动生产率。这与直观结论不相符。第一方式下没有专业化经济，而第二种方式下有专业化经济，所以，只有用专业化经济这个概念才能合理地区分上述两种雇用方式。而规模

[①] 参见杨小凯《发展经济学》，社会科学文献出版社2003年版，第12页。

经济无法对上述两种明显的有生产效率差别的情况进行区分,因而可知规模经济这个概念的局限性。生产规模的大小决定了生产力的高低,远不如专业化决定生产力让人更为相信。

(2) 新兴古典框架中没有纯消费者与企业的绝对分离,而新古典框架却以此分离为基础。因此,在新古典经济学框架中不能通过个人的最优决策解释企业为什么会出现,而在新兴古典框架中,企业是通过个人最优自利决策相互作用内生地出现的。在新古典框架中,不能解释从自给自足到局部分工再到全部分工的发展演变,由于经济从一开始就外生地存在消费者与企业二分,因此,经济一开始就外生地存在着分工;而且国内贸易与国际贸易的原理不一致,国内贸易是由于消费者与企业二分而外生地给定的,但是,在研究国际贸易时,每个国家都是生产—消费者,因此需要解释国际贸易为什么会出现。

(3) 新兴古典框中交易费用对经济组织的拓扑性质有极其重要的意义,而新古典框架中交易费用没有这种意义。在新古典框架中,不关心经济组织的拓扑结构是如何随着交易费用的降低而趋于复杂的,因此不能解释为什么企业会出现,企业制度如何演变。以科斯与张五常为代表的新制度经济学力图弥补新古典经济学的这一不足,但是,新制度经济学理论仍然是采用新古典的分析框架,采用边际分析的方法来解释企业的边界,因此,新制度经济学仍然没有建立起一个统一的分析框架来处理各种经济问题。

(4) 新兴古典框架中每个人的最优决策永远是角点解,而新古典框架中最优决策常态是内点解,角点解只是例外。角点解指至少有一个决策变量的最优值取其上界或下界,而内点解指所有决策变量的最优值都不取其上界与下界,而是处于上界与下界之间。

新古典经济学与新兴古典经济学上述分析框架的差别,造成其解释能力的差别。新古典经济学不能解释许多贸易与发展现象,所以凯恩斯才专门发明了宏观经济学来解释新古典经济学所不能解释的失业、景气循环等宏观经济现象,在宏观经济学不能解决许多发展现象时,又产生了一门发展经济学来专门解释发展现象。杨小凯把各个经济学分支林立、相互可能矛盾的现象类比成哥白尼之前托勒密的地心说分析框架下发展的各种互相冲突的天文学理论，这些理论中的每一个都可以勉强解释某个现象，但这些理论不但互相孤立或矛盾，而且与地心说这个核心理论互相孤立或矛盾。而日心说发表后，人们发现，在日心说框架内，所有地心说都不能解释的星象很容易解释，那些在地心说框架内发展的众多互相孤立或矛盾的用来解释某些个别现象的理论都成为不必要的了。

新兴古典经济学与新古典经济学关系非常类似日心说与地心说的关系，新兴古典经济学相对于新古典经济学而言，是整个分析框架结构的创新，而不仅仅是对个别理论的发展。新兴古典经济学认为，经济学就是经济学，不应该有微观经济学、宏观经济学、发展经济学之分。经济学原理应该能够同时解释微观、宏观与发展现象。

三　新古典经济学分析框架

为了更好地理解新兴古典经济学，有必要先明确新古典经济学分析框架的实质，通过比较，能够加深对新兴古典经济学创新之处的理解。

图4-1是新古典分析框架的示意。

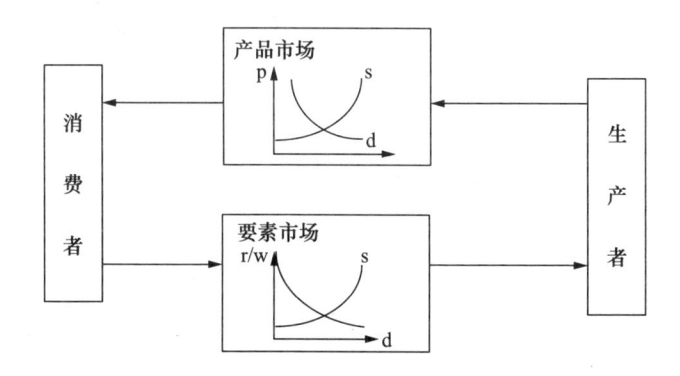

图4-1　新古典分析框架示意

新古典经济学的故事情节大致如下：整个经济社会分为消费者与生产者（或厂商）两部分，消费者自利决策是使其效用最大，而生产者自利决策是使其利润最大。两大类经济主体的最优自利决策在两个市场——产品市场和要素市场——上相互权衡折中，决定了均衡的价格与数量。消费者的效用最大化行为决定了产品市场的需求曲线和要素市场（劳动、资本市场）的供给曲线。生产者的利润最大化行为决定了产品市场的供给曲线和要素市场的需求曲线。消费者行为与生产者行为交互作用，在产品市场上由生产者行为决定的产品供给曲线（向右上倾斜）与由消费者行为决定的产品需求曲线（向右下倾斜）相交，其交点确定了产品市场的均衡价格与产量。消费者行为与生产者行为交互作用，在要素市场上由生产者行为决定的要素需求曲线（向右下倾斜）与由消费者行为决定的要素供给曲线（向右上倾斜）相交，其交点确定了要素市场的均衡价格与数量。

四 新兴古典经济学分析框架

图 4-2 是新兴古典经济学分析框架的特点示意。①

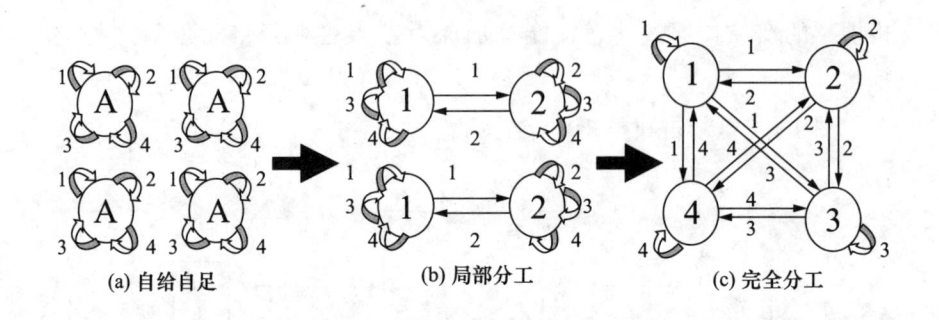

图 4-2 新兴古典分析框架示意

图 4-2（a）表示自给自足，每个人生产四种产品，专业化水平很低，因而劳动生产率低，每个人不相互往来，没有市场，因而也没有交易费用。其坏处是专业化经济不能被利用，由于每个人从事的活动太多，不利于经验的积累，生产效率低下；其好处是不需要支付交易费用，不同人相互分散，在经济上依赖程度低。

---

① 杨小凯：《发展经济学》，社会科学文献出版社 2003 年版，第 11 页。

图 4-2（b）表示局部分工，每个人只生产三种产品，专业化水平有所提高。这时市场出现，有两种商品市场；贸易出现，每个人买卖两种产品。有两个互不来往的社区，人们之间相互依赖的程度提高。

图 4-2（c）表示完全分工，每个人完全专业化，所有产品卷入分工，四个人形成一个统一的市场，只有一个社区，人们之间相互依赖程度很高。生产集中度上升，每种产品只由一个人生产。

当交易效率很低（或交易费用很高）时，分工所带来的生产效率提高的好处不足以弥补交易费用，所以，这时最终的全部均衡是自给自足。随着交易效率的改进，人们权衡折中分工经济的好处与交易费用的坏处的空间扩大，因而选择局部分工。当交易效率进一步改进时，完全分工就会是全部均衡。完全分工的交易次数超过局部分工的交易次数，因而总的交易费用会高于局部分工的总交易费用。但由于完全分工时专业化水平很高，经验的积累很快，因而生产力高。当生产力提高的好处超过交易费用时，完全分工就可能发生。

可见，交易效率决定了分工水平与经济组织结构。交易效率越高，均衡的分工水平越高。随着交易效率不断之外生改进，劳动分工演进就会发生。

所有人事前都相同时，专业化经济是实现分工的必要条件。专业化经济指一个人对于一种产品的平均与边际生产率随着其生产这一产品的专业化程度（用劳动份额表示）的提高而上升。

分工演进的顺利进行是以市场机制的运行为前提的，因此，杨小凯认为，市场机制最重要的作用不是搜寻最优的资源配置方式，而是搜寻最优的分工组织结构。

新兴古典经济学模型中，每一个结构对应于一个角点解，其决策与均衡分析相当于新古典决策与一般均衡分析：消费—生产者的效用最大化决策是边际分析，决策的比较静态分析是用偏好参数、技术参数、禀赋、相对价格、相对专家人数解释供给与需求（或相对生产消费数量）、效用水平或真实收入；每个角点均衡的比较静态分析用偏好参数、技术参数、禀赋参数解释相对价格、相对生产消费数量、相对专家人数、效用水平或真实收入。

而通过比较不同结构的间接效用函数，从而使得交易效率参数从较低到较高发生转变时，全部均衡结构也从自给自足结构非连续地跳到分工结构，这种分析称为超边际分析。边际分析的核心是用相对价格为解释相对专家人数与相对生产、消费数量；而超边际分析的核心是用交易效率条件的变化来解释分工组织结构的变化。

五 新兴古典经济学对经济的解释思路

新兴古典经济学的核心是用交易效率系数来解释分工组织结构的变化，但是，交易效率系数本身在新兴古典模型中却是外生参数，它由制度环境决定。同时，分工组织结构的变化意味着一系列经济增长与发展现象。因此，我们把新兴古典经济学的解释思路总结如下：

用外生的制度环境来解释交易效率条件（体现在交易效率系数上面），制度环境的改进使得交易效率提高；而用交易条件或交易效率来解释分工组织结构，交易效率越高，均衡的分工水平越高；随着交易效率不断改进，在自由市场机制作用下，劳动分工演进就会发生；而分工组织结构的变化伴随着下面一系列经济增长与发展现象，这些经济增长与经济发展现象在新兴古典经济学那里，都只是分工组织结构演进的不同侧面，是分工演进的伴生或共生现象。

劳动分工演进中的共生现象包括：随着交易效率的提高，最优分工水平会上升，自给自足率下降；从而：（1）生产力水平上升，技术水平上升，专业化水平上升，人均真实收入（效用）上升，人均消费量上升；（2）市场出现，市场种类数增加，市场需求与供给增加，市场容量增加，分工网络规模扩大、贸易品种类数增加，贸易额增加，每人贸易量上升，贸易化或商品化程度上升，职业模式多样化程度提高、生产集中度上升，市场一体化程度上升，社区个数减少或每个社区人数增加，人与人之间依赖程度增加；（3）产品种类数增加，中间产品种类数增加，生产的迂回链条长度增加；（4）经济组织的拓扑结构会发生变化,专业化商人会出现,贸易结构多样化程度会增加,交易分层结构会出现,工业化发展,城市出现,城市化程度上升,有效率的产权结构会出现,企业会出现,企业制度会越来越复杂,协调失灵的风险增加,保险业产生;(5)有效率的景气循环和失业会出现,货币会出现,货币制度趋于复杂,经济会出现增长,经济不断发展;(6)总的交易费用增加,内生交易费用增加,市场会确定最优产权模糊化程度、最优竞争程度、最优预算软约束程度等。

按照新兴古典经济学的解释思路,制度环境的改进,对于经济发展而言,是最为重要的,这个结论与新制度经济学的结论是一样的。因此,杨小凯的理论加上新制度经济学理论,就能够为经济发展提供一个完整的解释系统。这也是为什么杨小凯十分重视制度经济学的原因,并且杨小凯在他的《发展经济学》最后一章专门论述了宪政转轨对于经济转轨的重要性,宪政转轨是经济转轨的前提条件,就是由于宪政转轨能够有效地避免国家机会主义行为所带来的低交易效率。

除交易效率对于均衡分工水平的决定作用外,新兴古典模型也表明,相对人口大小、相对口味(嗜好)、相对生产率、相对禀赋和交易效率在提高均衡的分工水平和生产率水平方面具有替代性。但是,用相对人口、相对嗜好、相对禀赋等方面的变化来解释均衡的分工水平与生产率没有用交易效率来解释更能阐明经济发展过程中制度的主导作用。

六 新兴古典经济学与新古典经济学解释能力的比较

由于新古典框架外生假定消费者与企业二分,以及采用规模经济而非专业化经济的概念,因此它不能分析分工组织结构演进等发展现象。表4-1从各个方面对比了新兴古典经济学与新古典经济学的解释能力。

新古典经济学能够解释的现象,新兴古典经济学都能够解释,而且比新古典经济学解释得更好;但许多新兴古典经济学能够解释的结构变化与发展现象,新古典经济学却不能解释。

表 4-1　新兴古典经济学与新古典经济学内生化程度对比

分工演进过程中的伴随现象	新兴古典经济学能够内生化解释的现象	新古典经济学能够内生化解释的现象
经济的拓扑结构多样化演进	市场出现、贸易出现、专业化商人与商业出现、市场分工结构趋于复杂、企业出现、企业制度趋于复杂、合约结构趋于复杂、产权结构趋于复杂、市场交易的分层结构出现并趋于复杂、工业化及工业化程度上升、城市化及城市化程度上升、最优的竞争结构与竞争程度确定	D—S 最优竞争结构与竞争程度
结构演进中的整数特征	贸易种类数、生产迂回链条长度（中间环节数）、社区个数、平均每个社区人数≈贸易依存度或人与人之间依存程度、平均每种产品生产人数、市场一体化程度、生产集中度	产品种类数、消费品种类数（D—S）和中间产品种类数（罗默）
结构演进中的数量指标	人均贸易量、人均贸易额、总贸易额、市场容量、商品化程度＝贸易化程度、贸易依存度、自给自足率	国民总收入、人均真实收入、人均消费水平、人均储蓄率、市场需求与市场供给
结构演进中的生产率与技术	专业化水平、专业人力资本积累、内生比较利益程度＝卖者劳动生产率减买者劳动生产率、熟能生巧的知识积累	生产技术水平、劳动生产率、边干边学、人均资本增长率、实物资本积累率、人力资本增长率
结构演进中的制度与交易费用	协调失灵的风险增加、内生交易费用增加、外生交易费用增加、总交易费用增加、最优的产权模糊程度、最优的预算软约束程度、有效率的产权结构	保险业出现、保险制度趋于复杂
结构演进的宏观现象	有效率的景气循环与失业、货币出现与货币制度趋于复杂、经济发展的趋同与趋异同时并存、银行业出现、金融市场金融制度趋于复杂	景气循环、失业、货币、经济增长、单独预测趋同或趋异

注：笔者根据杨小凯《经济学原理》和《经济学》的内容整理而成。

第二节 新兴古典发展经济学对经济发展的分析层次

新兴古典经济学原理与发展经济学是融合在一起的，在新兴古典经济学里面是不需要专门的发展经济学来解释经济发展现象的。但是，杨小凯仍然在经济学原理之外，专门出版了《发展经济学》教材，下面是杨小凯在他的《发展经济学》教材里面列出的新兴古典发展经济学的五层次分析框架。[1]

第一层次：地理政治格局。

第二层次：意识形态、行为准则、道德规范、政治法律制度。

第三层次：商业制度、工业组织和商业实践的演进。

第四层次：分工和相关经济结构的演进。

第五层次：总合生产力和福利。

其中，第一层次影响或决定第二层次，依次到第五层次。反过来，第五层次又影响意识形态、行为准则和制度的演进，即第五层次又影响第二层次。

根据上述分析，西欧的地理政治格局有利于西欧最早实现现代资本主义制度。中世纪，欧洲宗教与世俗权力的竞争使得绝对的专制主义受到抑制。欧洲大陆多方临海，很容易在海上逃避专制主义压迫；存在多民族、多语言，没有一个民族像中国汉族那样占绝大多数从而能够轻易在文化与军事上取得主导地位，这使得欧洲很难进行一场统一战争，即使统一了也不像亚洲大陆那样容易维持统一。长达一千多年的中世纪，使欧洲有一个共同的文化背景——基督教文化，这又使欧洲不同国家与民族之间容易移民与进行贸易。欧洲自由移民的传统使得欧洲能够有效地避免像东亚大陆一样的人头税。追溯到古希腊时代，爱琴海地区的地理环境与地邦政治竞争，产生了民主政治传统，

---

[1] 杨小凯：《发展经济学》，社会科学文献出版社2003年版，第3页。

这对欧洲的文艺复兴与启蒙运动产生了深远影响。

总之，欧洲的地理政治格局使得欧洲能够最早产生现代宪政与民主制度，政府不得不对宪政规则进行可信的承诺，这成为扼制政府机制主义行为和减少交易成本的重要条件，从而产生出一些有利于商业与经济发展的政治法律制度与意识形态、道德观念。韦伯的《新教伦理与资本主义精神》表明，欧洲的新教伦理远远没有像中国的儒家伦理那样对于资本主义的产生与发展起到阻碍作用。这些上层建筑最终没有成为阻碍资本主义的桎梏，而是有效地保护了欧洲资本主义发展。

有利的政治法律制度如保护知识产权的专利制度等促进了商业经济发展，这促进了分工的演进与经济组织结构的创新，从而提高了生产力，这些经济发展成就反过来又促进了人们寻找更有效的政治法律与经济制度，从而更进一步地促进经济发展，这就进入一种良性的循环。在亚洲与拉美，由于存在严重的国家机会主义行为，产权得不到有效保护，打击了人民的创造积极性，使这些社会的交易效率极低，因此阻碍了分工的演进，使得这些地区长期不能实现现代化。

第三节 新兴古典发展经济学理论概述

杨小凯的《发展经济学》分为五个部分：第一部分是发展经济学的微观机制，叙述了外生比较优势、内生比较优势、规模经济、贸易对于专业化分工与经济发展的动力作用。第二部分叙述了企业制度、内生交易费用与经济发展的关系。第三部分分析了城市化、工业化实际上是分工演进的两个表现形式。第四部分分析了由分工引起的经济发展的动态机制，其中新兴古典增长模型能够同时解释趋同与趋异两种现象，社会组织试验与知识增长相互促进是经济发展过程中一个重要方面。第五部分叙述了发展的宏观方面，把投资与储蓄统一起来分析，它们是促进分工发展的工具；货币是分工演进到一定时候，物物交易双向吻合不能实现时，进一步协调分工的工具；景气循环与失业可能是市场的成功而不是市场的失败，因为有效率的景气循环与失业使得经验得以积累，能够产生更高的生产力。最后，杨小凯分析了宪政转轨对经济转轨的重要意义，没有宪政秩序的建立，经济转轨是很难成功的。

下面按照杨小凯《发展经济学》的顺序把其主要观点概述如下：

一 发展的微观机制

杨小凯在其发展经济学中总结了外生比较优势、内生比较优势和规模经济对于分工演进与经济发展的驱动。

（一）事前差别与事后差别

事前差别是指在决策前就存在的差别，这种差别是人们都能够看到的差别。

有两种事前差别：一是国与国、人与人相比较的事前差别；二是同一人对不同物品的相对嗜好、同一国对不同产品的生产技术差别等。

前一种事前差别通常被新古典经济学用来解释分工与贸易。也即不同人（国家）对于不同商品的相对嗜好、对于不同产品的生产技术、对于不同禀赋的相对丰裕度是不同的，这种不同发生在人与人之间或者国与国之间。新兴古典经济学不太注重这种事前的差别。这种事前差别称为外生比较优势。

而后一差别除被新古典经济学和新古典管理经济学所运用外，通常也被新兴古典经济学用来解释贸易结构。这种事前差别意味着，即使所有人事前完全相同，但是，所有人对不同商品的相对嗜好不同，对于不同产品的生产技术不同。这种不同发生在人或国家对不同的商品对象之间，而不是发生在人与人之间。这种事前差别不被称为外生比较优势。

事后差别是决策并达到均衡以后形成的差别。新兴古典经济学模型的核心思想即是证明，事前即使完全相同的个人，在事后也可能存在着差别。这种事后差别又称为内生差别，是模型能够解释的内生变量。

(二) 外生比较优势对于分工演进与经济发展的含义

外生比较优势有两种，禀赋相同而生产技术不同（生产函数不同）所引起的外生比较优势称为外生技术比较优势；生产技术相同，由于资源禀赋不同而引起的比较优势称为外生禀赋比较优势。外生技术比较优势与外生禀赋比较优势之间有一定的替代性。

1. 外生技术比较优势

正统的李嘉图外生技术比较优势国际贸易理论认为，即使一国在生产两种产品上都没有技术优势，但是，如果其在某一种产品的生产上具有相对比较优势（或者说其技术差距较小），那么各国专业化生产具有比较优势的产品并相互贸易，就能够比自给自足要好。

但是，外生技术比较优势所形成的分工经济，同分工所引起的交易费用之间的坏处之间的权衡折中，意味着并不是说只要存在外生技术比较优势就一定存在国际贸易。杨小凯通过在李嘉图的外生技术比较优势模型中加入交易费用，能够把外生技术比较优势引起的分工经济的好处与分工引起的交易费用的坏处进行权衡折中，从而能够解释从自给自足到局部分工再到完全分工的国际贸易的结构转变。而李嘉图与新古典的外生技术比较优势模型则由于没有考虑交易费用，只能得出只要外生技术比较优势存在就必然存在国际贸易的结论，因而不能解释从自给自足到局部分工再到完全分工的结构转变。

杨小凯证明[1]，一般均衡由两个国家的相对生产力、相对偏好、相对人口规模以及交易效率水平决定。在其他参数给定时，交易效率的提高将使一般均衡从自给自足跳到局部分工，然后跳到完全分工。如果给定交易条件、相对人口规模和对两种商品的相对偏好，则比较优势的程度越大，均衡的分工水平越高。在交易条件给定的情况下，相对人口规模较之相对偏好及相对生产力越是平衡，均衡的分工水平就可能越高。随着均衡的分工水平提高，作为社会整体的均衡的总合生产力就会提高。在向高水平的分工演进的过程中，一国即使贸易条件恶化，它也可能从贸易中得到更多的好处。

---

[1] 杨小凯：《发展经济学》，社会科学文献出版社 2003 年版，第 41 页。

用人均真实收入（效用）来进行不同分工模式的福利比较，同用人均 GNP 进行福利比较不一致。基于人均 GNP 概念的发展，绩效分析可能出现误导。人均 GNP 的计算的误导有两个原因[1]：一是人均 GNP 不计算或低估自给服务。相对一个低分工水平的国家的福利而言，它可能会高估一个分工水平很高的国家的福利，低分工水平国家的自给服务水平往往很高。二是交易成本对人均真实收入有负效应。但交易成本和提高交易效率服务的部门的收入则被算作人均 GNP 的一部分。人均 GNP 高估了一个高分工水平的国家的福利，因为高分工水平同高交易成本水平相关。用工资率表示的福利分析相对于人均 GNP 而言，更接近用人均真实收入表示的福利。

2. 外生禀赋比较优势

（1）杨小凯对 H—O 模型的改进。正统的 H—O（赫克歇尔—俄林）模型，假设两个国家生产两种产品，生产技术相同，但是，其生产不同商品的要素密集型不同，两国的要素相对丰裕度不同，且不同国家分别在不同商品上面拥有要素密集型及密集要素上相对充裕；结论是：两个国家都出口其充裕要素密集型产品，相互发生贸易比不贸易要好。

但是，外生禀赋比较优势所形成的分工经济，同分工所引起的交易费用之间的坏处之间的权衡折中，意味着并不是说只要存在外生禀赋比较优势就一定存在国际贸易。杨小凯通过在 H—O 外生禀赋比较优势模型中加入交易费用，能够把外生禀赋比较优势引起的分工经济的好处与分工引起的交易费用的坏处进行权衡折中，从而能够解释从自给自足到局部分工再到完全分工的国际贸易的结构转变。而 H—O 的外生禀赋比较优势模型由于没有考虑交易费用，也没有考虑各种贸易结构的可能性（只是考虑了两个国家都生产两种商品这一内点解情形），只能得出只要外生禀赋比较优势存在就必然存在国际贸易的结论，因而不能解释从自给自足到局部分工再到完全分工的结构转变。H—O 使用第三类局部均衡分析，而杨小凯则使用分工经济与交易费

---

[1] 杨小凯：《发展经济学》，社会科学文献出版社 2003 年版，第 43 页。

用的一般均衡分析，本书后面将系统论述一般均衡分析的层次比较。

杨小凯证明①，如果任一国的交易效率足够低，并且（或者）比较禀赋优势很小，则自给自足会出现在均衡中。如果两个国家的交易效率稍有改进，并且（或者）比较优势程度稍有提高，均衡就会转到每个国家生产两种商品的低分工状态，此时每个国家会出口其充裕要素的密集型产品。如果一个国家的交易效率进一步地改进，并且（或者）比较优势程度进一步提高，则均衡就会转到一种二元结构上：在此结构下，交易效率或者比较优势提高的国家会完全专业化生产其充裕要素的密集型产品，且得到大部分的贸易好处，而另外一个国家则生产两种商品。随着两个国家的交易效率的进一步提高，并且（或者）比较优势程度也得到足够程度提高，则均衡就跳到一个高的分工水平，此时，每个国家只生产其充裕要素的密集型商品，贸易好处由两个国家分享。这种分工以及贸易依存度的演变，使得均衡的总合生产力得到提高。

（2）杨小凯对SS定理与要素价格均等化定理的修正。萨缪尔森定理是在正统H—O定理的基础上，得出在要素禀赋优势引起的国际贸易中，如果资本密集型商品的价格提高，则资本的价格会以更大的比例提高，而同时劳动价格会以更大的比例下降；或者，如果劳动密集型商品的价格提高，则劳动的价格会以更大的比例提高，资本价格会以更大的比例下降。由于一个国家具有比较优势的商品的价格随着国际贸易的开放而提高，因此SS定理的一个必然推论就是，国际贸易对一国充裕要素有好处，但对其稀缺要素则有损害，从而关税对一国的稀缺要素有利。萨缪尔森证明的要素价格均等化定理也是在H—O定理的基础上，认为国际贸易会使得贸易国之间的要素价格均等，即使要素在跨国之间不能自由流动也是这样。

杨小凯证明，SS定理与要素价格均等化定理都只是基于扩展的H—O模型中的一个内点结构②，是第三种类型的局部均衡分析。杨

---

① 杨小凯：《发展经济学》，社会科学文献出版社2003年版，第55页。
② 同上。

小凯的模型表明，SS定理忽视了关税和交易成本可能会使贸易结构发生非连续性转变的超边际效果，从而SS定理的结论在涉及不同贸易结构的转变时可能不成立。SS定理只是一个结构（角点均衡）中的边际分析之结果。关于要素价格均等化定理，杨小凯的模型表明，要素价格受到交易费用、角点解、技术变化、全要素生产率等各种因素影响，国际贸易中的两国要素价格均等化只是十分偶然的事情，也就是说，要素价格均等只是特例而不是常态。因此，要素价格均等化定理基本没有实用价值。

3. 外生技术比较优势与外生禀赋优势之间的替代性

各种外生比较优势在形成分工经济从而引起专业化生产与贸易方面有替代性。在考虑到这些替代性以后，再来看比较成本说与要素禀赋说，其正确性就更加受到怀疑了。在外生技术比较优势与要素禀赋优势同时存在的情况下，仍然是两个国家两种产品的模型，这时即使一个国家在某一种产品的生产上具有外生技术比较优势，但如果其在另一种产品上的外生要素密集型优势方面要超过它在这种产品上面的外生技术比较优势，那么在关于贸易产品结构的讨论中，断言这个国家将出口具有外生技术比较优势的命题是错误的。其实，外生技术比较优势与外生禀赋优势之间具有一定替代性，这种替代性意味着它们只是综合比较优势的一个方面，因此，在关于贸易结构的讨论中，不能仅仅根据外生技术优势或者外生禀赋密集型优势单一原则来判断某一国家将出口什么样的产品。

这只是就外生比较优势而言，如果再考虑到其他因素比如内生比较优势、规模经济，甚至政治、文化等，光是通过比较某种单一的外生比较优势来确定贸易的原因与结构就把问题过于简单化了。

（三）专业化经济引起的分工经济与内生比较优势

1. 专业化经济引起的分工经济与经济发展

新古典经济学，通常把外生比较优势视为贸易与分工的动力。斯密认为，人们之间生产率的差别与其说是分工与贸易的原因，还不如说是分工的结果。新兴古典发展经济学遵循这一思想，证明了即使所有个人事前完全相同，但是，只要生产中存在着专业化经济，那么不同个人通过分工，每个人专于一种产品的生产，就能够大大提高劳动生产率，从而能够在相同时间里面生产更多的产品，然后相互之间再进行交换，如果由此所获得的好处大于交换所带来的交易费用的坏处，人们将选择专业化生产与分工结构，从而就会发生一系列经济增长与经济发展现象。在新兴古典经济学里面，专业化经济是产生分工经济的关键，市场通过对分工所能够实现的分工经济的好处与所带来的交易费用的坏处之间进行权衡折中，能够搜寻最优的分工组织结构与最优的资源配置方式。交易效率的提高使得人们能够更多地实现专业化经济所带来的分工经济的好处，因此，交易效率的决定因素就成为新兴古典经济学关心的核心之一。

分工演进的发生是通过市场制度来进行的，市场制度最重要的功能是搜寻最优的分工组织结构而不是配置资源。

2. 贸易模式[①]

如果交易效率既不太高也不太低，在均衡时不是所有的商品都被卷入贸易，哪些商品将更可能较早被卷入贸易的分析，属于贸易模式的讨论。新兴古典经济学证明，那些有较显著专业化经济或较高的交易效率或消费者更为偏好的商品更有可能被先卷入贸易。从而我们在实践中观察到的不同历史发展阶段，不同种类的商品相继先后被卷入贸易，就可以得到一个解释。

（四）规模经济引起的经济发展

1. 五类规模效应

新古典经济学经济增长与经济发展模型通常显示规模效应，并用规模经济来解释经济发展。杨小凯总结了五类规模效应。[②]

第Ⅰ类规模效应是指人均真实收入、人均消费或人均收入的增长率随着人口规模或增长率的增加而上升。第Ⅱ类规模效应是指生产率或增长的表现与企业的平均规模正相关。第Ⅲ类规模效应是指收入在工业部门中的份额工业企业的平均规模之间正相关，或同城市化程度

[①] 杨小凯：《发展经济学》，社会科学文献出版社2003年版，第83页。
[②] 同上书，第318—319、414页。

和企业的平均规模之间也是正相关。第Ⅳ类规模效应是指人均收入的增长率随着投资率或储蓄率的增长而增加。第Ⅴ类规模效应是指人均收入的增长率随着研究与发展部门的增长规模增加而增加。

2. D—S模型：规模经济与消费多样化之间的两难冲突

迪克西特—斯蒂格利茨（D—S）模型用规模经济与多样化消费之间的两难冲突来内生消费品种类数。消费品越多，由于消费多样化偏好，使得社会福利水平越高；由于生产存在着无止境的规模经济，因此每种产品的生产规模越大越好，但是每种产品的生产规模越大意味着产品种类数越来越小，因而不利于福利。市场会权衡产品种类数多与少的两难冲突，从而确定一个最优的消费品种类数和最优的消费数量。比较静态分析显示，当人口规模增加时，社会权衡规模经济与多样化消费两难冲突的余地将扩大，从而能够提高人均真实收入与消费种类数。这显示出第一类规模效应，即人口增长推动经济发展。

这与索洛模型显示的人口增长不利于经济增长与经济发展的结论相悖。而经验研究则显示出人口增长与经济发展正相关与负相关两方面的证据都存在。

杨小凯用交易成本扩展了D—S模型，从而能够在规模经济、多样化消费、交易成本之间产生两难冲突。并且证明随着交易效率的提高，人均真实收入与消费品种类数会上升。

3. 规模经济解释工业化中的中间产品种类数演进

埃塞尔模型[①]中有两种最终消费品，其中一种是可以只用劳动生产的农业品，另一种是必须要有中间品投入的工业品。而中间投入在工业品的生产上具有互补经济，而每一种中间产品的生产上有无止境的规模经济。两种最终消费品是竞争性的，而中间品是垄断竞争性的。在人口与资源禀赋一定时，由于中间投入品的规模经济，因此，通过增加中间投入品的规模，就能够提高中间品的生产力，但这会减少中间品的种类；进而由于工业消费品的生产既与每种中间投入品的数量正相关，又与中间投入品的种类正相关。因此，中间投入品的规

---

① 参见杨小凯《发展经济学》，社会科学文献出版社2003年版，第96—100页。

模经济与其工业品的互补经济上就会存在着两难冲突，市场会权衡折中这种两难冲突，决定最优的中间投入品种类数与各种商品的数量与相对价格。当人口规模增加时，规模经济与互补经济之间两难冲突权衡折中的余地就会增加，从而能够提高生产力与人均真实收入，这显示出第一类规模效应。同时，人口规模增加，会使得均衡的工业品的均衡劳动价格下降，均衡的工业品的全要素生产率和投资品的劳动生产率提高，均衡的工农业相对产出水平提高表明人口规模增加有利于工业化。

杨小凯通过在埃塞尔模型中加入交易成本，改进了埃塞尔模型，使在埃塞尔模型中除存在中间品的规模经济与互补经济之间的两难冲突外，还存在着规模经济与交易成本之间的两难冲突，从而使模型更具现实性。并且证明，随着交易效率的提高，人均真实收入会增加，中间品种类数会增加。如果把中间品种类数解释成工业化的一个方面，因此，有交易成本的埃塞尔模型就能够解释随着交易效率的提高，工业化水平会提高。

4. 大推进工业化

墨菲、谢勒夫、维西尼（MSV）模型[①]用规模经济来解释大推进工业化。每种商品有两种生产方式：一种是不变规模报酬的传统技术，另一种是有固定成本的无止境规模经济的现代技术。由于不变规模报酬的特性，使得相对价格信息由传统技术生产的零利润条件决定，从而有无止境规模经济的现代生产部门的价格信息不能传递给消费者。因此存在两个均衡：一是所有商品都用传统技术生产，没有工业化；二是所有商品都用现代技术生产，全部实现工业化。实现第二个均衡的全部工业化需要相当苛刻的条件，因为每个生产部门在决策是否采用现代技术时，是通过预期其他部门是否会采用现代技术生产来进行的，如果每个部门都预期其他部门会用现代技术生产，则它就会用现代技术生产。因为只有所有部门同时进行现代技术生产，现代部门才能由于相互提供市场而生存下来。因此，每个工业部门的决策

---

① 参见杨小凯《发展经济学》，社会科学文献出版社 2003 年版，第 100—103 页。

依赖于其他所有工业部门的决策，其他工业部门愿意采用现代技术生产的数量决策了某一部门的现代技术决策，因而这种网络效应必然要能够同时协调。

当人口规模扩大时，能够克服价格的扭曲与误传，解决所有工业部门同时开工的协调困难。从而从所有部门都采用传统技术生产到都采用现代技术生产，能够突然一下子进行，这就是大推进工业化。因此，人口规模扩大有利于大推进工业化。

罗森斯坦—罗丹与 MSV 模型建议，为了避免市场对于所有工业部门的产业关联网络同时进行现代技术生产的大推进工业化协调失败的风险，政府需要进行协调。但政府的协调并不是必需的，如果人口规模达到相当规模，能够解决价格信息误导的问题，则市场同样可以协调大推进工业化。因此，政府的责任不在于直接同时投资进行大推进工业化，而是保证自由结社，以使市场协调能够顺利进行。

（五）综合比较优势、贸易结构、二元经济与经济发展

外生比较优势、专业化经济导致的内生比较优势、规模经济等单个因素都能够解释经济发展，这些解释经济发展的因素相互之间具有替代性。通过对上面各种动力机制的综合，杨小凯用更为一般的模型显示了各种因素在经济发展与贸易结构中的替代作用。因此，在更为一般的模型里面，各种经济发展的微观机制可以同时起作用。而传统的新古典模型与斯密模型都只是从某一方面解释贸易原因、贸易结构与经济发展。

在这种更为一般的视角下，传统的贸易理论显得相当单薄，颇有盲人摸象之感。杨小凯证明，外生比较优势、规模经济、专业化经济与内生比较优势都能够促进贸易与分工，而在贸易商品的决定上面，各种因素同时作用所确定的净相对优势决定了一个国家出口哪种商品。比如说，一个国家在一种产品的生产上具有外生比较劣势，但是，如果其专业化经济与规模经济的比较优势超过生产技术上的比较劣势，那么这个国家仍然可能出口具有外生技术比较劣势的商品。因此，每个国家应该生产并出口其具有综合比较优势的产品，这种综合比较优势（向国成，2005）是外生比较优势与内生比较优势的综合。

人们之间只有充分利用各自的综合比较优势，再通过贸易与市场，才能够实现优势互补与专业化带来的高效率，从而享受发展带来的好处。

杨小凯同时证明，在从自给自足到完全分工的发展转型期，那些交易效率低的国家与商品可能被排除在分工之外，从而会出现各种二元经济结构，比如一个国家自给自足与另一个国家完全分工的二元结构，或者一个国家内部商业部门与自给自足部门的二元经济结构。在这个过程中，不同国家之间的收入差距可能拉大，但是，随着交易效率的提高而进入完全分工以后，收入差距将消失。

（六）贸易条件、收入分配与贸易政策

杨小凯等的模型表明，在从自给自足到完全分工的发展转型期，贸易条件的恶化可能与人均收入提高同时存在，收入差距拉大与人均收入提高同时存在。

在更为复杂的模型里面，杨小凯证明，收入分配、贸易条件与分工演进和人均收入提高不具有简单的正向或负向单调关系；收入分配也不具有库兹涅茨所提出的收入差距先拉大再缩小的倒"U"形关系，而可能随着分工水平提高，先拉大，后缩小，再拉大，再缩小的锯齿状关系，而当实现完全分工，收入差距将趋于消失；贸易条件也不是先恶化再公平，而是也可能存在着锯齿状关系。这就表明，在经济发展过程中的收入分配差距与贸易条件与经济发展过程不仅不存在简单的线性关系，甚至也不存在倒"U"形的平滑关系。[1] 因为收入差距与贸易条件的波动可能与分工演进、生产力提高、人均真实收入提高的过程相对并存。相对贫困是发展中很正常的现象，绝对贫困是很少的事情。因此，不能够用贸易条件的恶化或者收入差距的拉大来否定自由贸易与市场经济带给发展的好处。只要人均真实收入在提高，即使贸易条件恶化与收入差距拉大，也是值得的。

在内生贸易政策的模型中，杨小凯证明[2]，在没有关税时，在局

---

[1] 杨小凯：《发展经济学》，社会科学文献出版社2003年版，第212页。
[2] 同上书，第44—47页。

部分工结构中，交易效率低的国家没有贸易好处，交易效率高的国家获得全部贸易好处；而在有关税时，交易效率低的国家可能通过关税提高自己的收入份额，从而获得大部分贸易好处。即在转型期，低交易效率的国家通过关税来提高分享贸易好处的份额，而交易效率高的国家则可能实行单边自由贸易政策，两者同时并存。但是，随着交易效率的提高，双方可以通过关税谈判最终采取自由贸易政策。这解释了国际贸易政策的演变。

（七）经济发展的微观机制与条件

新兴古典发展经济学无疑证明了，外生比较优势、规模经济专业化经济引起的内生比较优势等成为经济发展的动力机制，而交易效率则成为经济发展的条件。市场经济的自由运行能够减少交易费用提高交易效率，从而促进经济发展。

在经济发展过程中，除存在专业化经济、规模经济、外生比较优势等有利于分工合作与经济发展的因素之外，也存在着不利于经济发展的因素，比如交易成本、多样化消费对生产力的消极影响等，因此，在经济发展过程中存在着各种因素之间的两难冲突，而市场会对这些两难冲突权衡折中，以形成一个有效的分工水平、消费结构等。如果由政府来协调这些复杂的两难冲突，将由于信息成本的激增而使得协调不可能进行，因此，由市场来协调这些两难冲突比由政府来协调更有效率。但是，严格来讲，新兴古典经济学并没有真正在一般均衡分析中把政府协调的巨大信息费用内生化，从而没有能够建立起包括私人市场与政府在内的更高层次的一般均衡分析，更加清楚地界定私人市场与政府的作用界限。本书将在后面会详细评论这些缺陷。

杨小凯的模型向我们展示，国家之间、个人之间的分工合作，并分享分工合作带来的剩余收益，是经济发展的关键。而要充分开发并实现国与国之间、人与人之间的各种分工合作的潜力，就需要人们之间的分工合作能够无阻碍地自由进行。如果通过人为的手段阻碍国家之间、个人之间自由分工合作的实现，就可能使得国家之间、个人之间本来存在的分工合作的好处不能实现，造成经济发展过程中的内生交易费用，形成一种非常令人遗憾的结局。

改进运输技术、通信技术、政治法律制度，减少贸易壁垒，从而提高交易效率，充分促进国家之间、个人之间各种可能的分工合作，实现分工合作带来的利益，是经济发展的必由之路。

二 企业制度与经济发展

（一）企业的特征

目前，经济学界对于什么是企业并无一致公认的定义与表述。杨小凯认为企业制度是基于分工的一种交易结构，它满足如下三个条件[①]：一是同企业相关的两类贸易伙伴有两类：雇主与雇员，他们具有不对称的剩余控制权。雇主具有对雇员的剩余控制权，雇主可以对雇员发号施令。二是雇主具有剩余索取权，雇用合约不写明雇主收入多少，而只设定雇员收入多少。三是这个企业生产的产品必须在市场上用于出售。这使企业与雇用保姆相区别。

对企业特点的上述描述只适合于典型的资本主义企业。由于公有制企业不存在私人所有者，因此，一般社会主义经济理论教材认为，它不存在劳动雇佣关系。有人批评公有制企业不具有剩余索取权因而没有效率。合伙企业也可能不存在劳动雇佣关系。[②]

（二）间接定价理论与企业制度对经济发展的意义

杨小凯证明[③]，如果交易效率很低，则分工与企业不会出现，自给自足是一般均衡。如果交易效率很高，分工是一般均衡。在分工均衡中，如果劳动交易效率高于中间商品的交易效率，则分工会通过企业制度和劳动市场协调，否则分工通过中间商品和最终商品市场来组织。当企业在一般均衡中出现时，如果生产中间商品的劳动的交易效率高于生产最终产品的劳动的交易效率，则生产最终产品的专家是企业所有者。反之，如果生产最终产品的劳动的交易效率高于生产中间产品的劳动的交易效率，则生产中间产品的专家是企业所有者。企业

---

① 参见杨小凯《发展经济学》，社会科学文献出版社 2003 年版，第 171 页。
② 但是也可以只把符合上述三个条件的经济组织称为企业，对于不符合上述三个条件的经济组织不称为企业。这取决于企业的定义，企业定义涉及企业的性质。由于本书并非专门研究企业理论，因此不涉及企业理论的诸多争论。
③ 杨小凯：《发展经济学》，社会科学文献出版社 2003 年版，第 161 页。

制度能够把交易效率最低的活动卷入分工，同时又避免对该活动投入和产出的直接定价和交易。雇主的剩余收益就是他的贡献的间接价格。

企业制度对于经济发展的意义就在于它能够把交易效率低、定价困难的活动卷入分工，从而能够促进分工的发展，并能提高总合生产力。

（三）事前生产函数与事后生产函数

内生企业制度的模型可以显示事前生产函数与事后生产函数的不同。事前生产函数指在决策之前的生产函数。而事后生产函数指在均衡形成后，稳定状态的生产函数。罗森第一个发现了事前生产函数与事后生产函数的区别。

（四）分工经济、企业经济与科斯定理

分工经济定义为分工所带来的总合生产力超过自给自足的部分，而企业经济定义为有企业的分工结构中其总合生产力超过没有企业结构的分工结构的部分。按照定义，分工经济是企业经济存在的必要条件但不是充分条件。这首先由科斯提出，科斯批评了分工产生企业的理论。张五常提出了企业经济存在的另一个必要条件，中间商品的交易效率低于生产中间商品劳动的交易效率。科斯认为，企业是用企业内的行政管理代替市场；张五常认为，企业是要素市场代替中间产品市场，企业是一系列市场合约的连接，而不是用非市场代替市场制度。

科斯定理声称，如果交易成本为零，则所有权结构对于市场效率没有影响，但如果交易成本存在，则市场会选择一种所有权结构以使分工的净好处最大化。

杨小凯的间接定价理论修正了科斯关于交易成本的思想。科斯认为，企业制度可以降低交易成本。间接定价理论显示，企业制度促进分工时，总交易成本会提高，但是，总交易成本提高的坏处不超过企业经济的好处，因而企业仍然会出现。

（五）企业规模无关论

企业规模无关论与新古典经济学所揭示的第二类规模效应是相矛

盾的。第二类规模效应指出，生产力等增长表现与企业平均规模正相关。

企业规模无关论是说，如果分工在企业内部发展，则平均企业规模和生产力会同时提高；如果分工在企业之间发展，则平均规模会下降，而生产力和分工水平则会提高。科斯、张五常、斯蒂格勒等主张厂商规模无关论，而杨小凯则通过新兴古典模型把厂商规模无关论的思想形式化了。

三 城市化、工业化与城乡二元结构

（一）两类城市聚集经济效果[①]

为什么会出现城市，杨小凯分析了两类城市聚集经济效果以解释城市的好处。第一类聚集经济效果与制造业集中居住有关。农业生产是土地密集型的，而工业制造业不是土地密集型的。因此，工业品制造业专家就可以通过集中居住而节省相互之间的交易费用。城市可被说成是居住集中地。

第二类聚集经济效果与交易的地理集中以节省交易成本有关。即使人们不居住在城市，但是也可以来到城市进行交易，因此城市可以被说成是交易集中地。

由于居住集中地与交易集中地的含义不同，因此两类聚集经济效果也不同。

（二）专业化与生产力差别而人均收入相等的城乡二元经济

杨小凯用两种方法解释了城市的出现。

1. 第一种方法与第一类聚集经济效果有关

城市发展的动力与最终消费品的土地使用特性有关。并不是每一种最终消费品都是土地密集型产品。设有粮食、服装、家具、化妆品制造等产品。在交易效率比较低下时，只有自给自足，没有分工，也没有城市。随着交易效率的提高，出现了服装制造业与农业之间的局部分工，而家具、化妆品所有人都生产。这时每个服装业者住在农民附近，以降价交易成本，这时候不需要城市。随着交易效率的进一步

[①] 参考杨小凯《发展经济学》，社会科学文献出版社2003年版，第267—268页。

提高，家具与化妆品也卷入到分工中，由于服装、家具与化妆品生产不需要土地，为了节省交易费用，可以集中在一起，这时候就出现了城市。城市制造业之间的交易成本比农民与城市居民之间的交易成本系数要小得多。由于农业和工业生产中土地密集程度的不同，这种交易效率的差别，就成为城市从分工中出现的动力。

在经济从低分工水平向完全分工过渡的转型阶段，用生产力和商业化收入差别表示城乡二元经济结构，但是不同地区之间以及不同职业之间的自由流动，会使城乡之间人均真实收入均等化，即使人均商业收入不均等。因此，杨小凯对二元经济的理解就与传统经济学对二元经济的理解不同。由于交易效率的进一步提高，城乡差别将消失，即是说城乡居民的专业化水平、生产力、商业化收入会消失，而不是说他们的居住地理环境消失。

2. 第二种方法与第二类聚集经济效果有关

这种方法利用分工的正网络效应与一个特定分工网络所要求的交易在地理上的集中之间的交互作用的一般均衡含义来解释城市化。由于分工的正网络效应，一个特定分工网络所要求的交易在地理上的集中，就可以通过降低每个人的总旅行距离来节省交易成本。因此，城市化可以通过将一个大的交易网络集中在城市里来降低交易费用，从而促进分工的发展。

3. 内生城乡地价差别

城市具有聚集经济效果的好处，但是，这种节省交易成本的好处与人口集中居住导致的人均土地使用量下降而引起的居住空间狭小拥挤所引起的负效用之间的坏处有一个两难冲突。城市规模越大，其地价水平越高，其生活质量也由于生活成本上升而下降。总之，因此在城市化聚集经济效果的好处与地价上升、拥挤导致的坏处之间有一个两难冲突。杨小凯模型化解了这种两难冲突。他证明，交易效率的提高会产生如下共生现象：城市与农村的相对土地价格提高，分工网络扩大，每个人以及整个社会的贸易品数目提高，在城市生产的贸易品数目无论绝对数目还是相对农村生产的贸易品数目都提高，城市居民对农村居民的相对比率提高，每个人的专业化水平提高，市场一体化程度上升,人均真实收入上升。

(三)工业化的特征与三类迂回经济效果

工业化的特征有:分工演进、每个人的专业化水平增加、商业化程度增加、贸易依存度增加、新产品和新技术从分工演进中出现、经济结构的分散程度增加、内生比较优势程度增加、市场一体化程度及生产集中程度同时上升、企业制度和劳动市场在分工演进中出现并发展、迂回生产效果的增加。

杨小凯定义了三种类型的迂回经济效果。A 型迂回经济效果:下游产品的全要素生产率随着投入生产下游产品的上游产品的数量增加而增加;B 型迂回经济效果:下游产品的全要素生产力随着上游产品的种类增加而增加,因为下游产品的生产中投入的多样化经济或不同投入品之间有互补经济;C 型迂回经济效果:最终产品的全要素生产力随着迂回生产链的链条个数增加或说迂回生产链的长度增加而增加。

(四)专业化经济与迂回生产经济两难冲突折中的工业化模型

杨小凯通过把迂回经济效果与专业化经济之间的两难冲突模型化来解释工业化。假设每个人能够生产所有产品,每个人在每种产品的生产中具有专业化经济,最终消费品能够进行迂回生产,而且在迂回生产中又存在迂回经济效果。由于其劳动时间禀赋有限,为了利用迂回经济效果,最好是在投入品数量、投入品种类、迂回链条长度三方面都得到提高,但是,这样做会降低每种产品的专业化水平。在交易效率很低时,专业化分工的好处不足以弥补交易费用的坏处,这时没有分工,因而每个人自给自足,从而由于其资源禀赋的限制,导致专业经济与迂回生产经济都不能很好地利用。当交易效率提高时,迂回生产链条中的不同环节之间可能出现分工,从而就能够使得专业化经济与迂回经济之间权衡折中的余地增加,从而增加生产力与人均真实收入,生产组织结构也出现多样化,同时由于更多的人专业化生产工业品,工业部门的收入份额会上升。而农业部门通过从工业部门中进口更多工业品从而提高其生产力与收入。

四 内生交易费用、产权与保险经济学

杨小凯改进了新古典的委托—代理模型、产权经济学与保险经济学模型,通过把新兴古典分析框架和博弈论、委托—代理模型、产权模型、保险模型结合起来,把张五常等关于内外生交易费用权衡折中确定最优委托—代理相机合同、产权模糊程度、外部性程度的思想形式化。

杨小凯的模型表明,要想对各种内外生交易费用权衡折中从而达到最优,是一件很困难的事情。内生交易费用过大,会严重影响经济发展。但是,要避免这些内生交易费用,则需要很高的外生交易费用。一种合理的用于协调各种内外生交易费用的机制就是必需的。

(一) 内生交易费用的定义

广义的内生交易费用是指一切要在决策的交互作用发生后才能看到的事后交易费用。狭义的内生交易费用是指交易中人们争夺分工合作的好处,每人都希望自己分得更多,而不惜减少别人从分工合作得到的好处,这种机会主义行为使分工合作的好处不能被充分利用或资源分配产生背离帕累托最优的歪曲。人们常谈到的欺蒙拐骗所造成的社会福利损失就是一种典型的内生交易费用。[1]

内生交易费用是人们为争夺分工合作好处协调失败所造成的与帕累托最优的理想结局之间的差距。机会主义对策行为所引起的协调失败造成的损失都可视为内生交易费用。所以,内生交易费用的范围非常广泛。

常见的机会主义对策行为引起的内生交易费用模型有垄断、外部性、公共财产或公用品、"寻租"(寻租经济学)、制度缺失(新制度经济学与宪政经济学)、信息不对称与信息不完全(信息经济学或合同理论)、资产专用性导致的套牢或敲竹杠(威廉姆森的交易成本经济学)等。

(二) 杨小凯对委托—代理模型的改进

哈特批评说,委托—代理模型中的相机合同不是一个劳动合同,

---

[1] 杨小凯:《发展经济学》,社会科学文献出版社2003年版,第192页。

因而委托—代理理论不是企业理论。杨小凯批评说,委托—代理模型不能解释企业为什么以及如何出现,或者为什么经济发展需要不对称的剩余收益权与剩余控制权;在传统的委托—代理模型中,雇主与雇员的不对称关系不是内生的;委托—代理模型中,委托人没有对代理人的努力水平的剩余控制权。因此,杨小凯同意哈特的观点,认为委托—代理模型不是企业理论模型。

杨小凯通过把外生的风险引入新兴古典分析框架中,把分工经济、外生交易成本、由道德风险引起的内生交易成本、在避免交易风险方面的高努力水平所带来的利益以及高努力水平的成本之间存在的各种两难冲突进行了模型化。得出,如果外生交易成本系数很大,则自给自足是均衡,此时委托—代理关系和市场不存在;如果外生交易成本系数很小,委托—代理关系会因分工而出现。

如果努力成本不显著,则避免道德风险是值得的。这时相机合同就可以用于消除道德风险引起的内生交易成本,杨小凯的模型中,内生交易费用并不像委托—代理局部均衡模型所预测的那样严重。

(三)产权模糊程度的内生

杨小凯考察了专业化经济产生的分工经济、较大分工网络的交易风险或者说分工网络协调可靠性之间的两难冲突并使之模型化。随着分工水平的上升,分工网络扩大,专业化经济与分工经济的好处利用越来越多,但是,随着分工网络的扩大,交易协调失灵的风险也越来越大。在交易效率提高时,分工经济与交易协调失败的风险之间的权衡折中的余地增大,从而能够使分工网络扩大与交易协调失败的风险同时增加。

如果每个交易协调失败的风险能够通过投入资源而减少,那么风险就变成了一个内生决策变量。分工协调失败的风险可通过把资源用于设定和行使合同条款而减少,而详细设定合同条款需要外生交易费用。如果把分工协调失败的风险所引起的福利损失当作内生交易费用,那么在内外生交易费用之间就有一个权衡折中的问题。从而最优的结果,并不是外生交易费用最低(产权最模糊),也不是内生交易费用最低(产权最明确),而是有一个最优的折中点。市场会折中各种两难冲突,从而形成一个最优的产权模糊程度。

当制度环境决定的外生交易效率系数增加时,用于界定产权的外生交易费用与产权界定不清而导致的内生交易费用可能同时降低,并且分工网络扩大,人均真实收入与生产力上升。

(四) 保险与经济发展

完全保险能够减少交易中的不确定性,从而能够提高分工网络的协调可靠性,同时又使道德风险引起的内生交易费用很高,完全保险导致软预算约束,从而使得产权没有精确界定,因此有损于激励提供。因此,一个恰当的保险程度或者说一个不完全保险可以用来在风险分担与激励提供之间产生一个权衡折中,它有可能减少由道德风险引起的内生交易费用和促进经济发展。杨小凯在新兴古典框架下对这些复杂的两难冲突进行了形式化处理。

(五) 其他扭曲

市场制度的自由运行是其实现搜寻最优的分工组织结构与资源配置方式之功能的关键,因此,通过分析阻碍市场自由运行的因素,能够得出哪些因素对经济发展造成扭曲。

新兴古典经济学分析了税收、对不同职业自由进入和自由定价的操纵等对经济发展造成的扭曲。其结论如下[1]:对交易征收的税鼓励个人配置太多的资源用于自给自足生产和消费,不鼓励从市场上购买商品进行消费。税收通过扭曲自给自足商品与贸易商品之间的相对价格,从而导致配置无效率,这种配置无效率可能导致分工组织结构的无效率。分工组织结构的无效率,是指能够实现帕累托改进的分工组织结构不能实现。

新兴古典经济学模型证明,由政府或者某种垄断力量操纵不同专家的相对人数与操纵价格,能够带来配置效率与组织效率的降低。而且,操纵不同专家人数的权力对配置效率与组织效率的影响比操纵价格的权力所带来的影响更严重。因为人为操纵不同专家人数,阻碍对某行业的自由进入,就会使这一行业的收入偏高,由于自由定价本身

---

[1] 杨小凯:《发展经济学》,社会科学文献出版社2003年版,第81页。

受制于供求双方力量的对比与平衡，因此，操纵专家人数相当于操纵了供给，就会使不能自由进入的行业的供给减少，从而产生扭曲。而新古典经济学一般把这种扭曲说成是配置的扭曲，而新兴古典经济学则证明，这种扭曲更严重的是分工组织结构的扭曲，使有利的分工组织结构不能实现。由于总合生产力、人均总收入、经济结构与一系列经济发展现象主要与分工结构有关，分工组织结构决定了一个经济的资源配置的效率潜力，因此，分工组织结构扭曲的后果比配置扭曲的后果要严重得多。

新兴古典模型同时证明，如果社会对不同商品的相对嗜好不同，具有嗜好多样性，那么也将引起组织效率与配置效率的冲突，为了维持嗜好的差别，不得不以牺牲高水平的分工和与之相关的高生产率为代价。但是，这同样说明，如果单纯为了追求高分工水平与高生产率而不顾人们对不同商品的嗜好的多样性差别，则同样不利于社会福利的提高。就像在"文化大革命"中，实现统一的公社食堂，取消人们的个人爱好，导致社会福利损失。

五 交易分层、社会组织试验、知识增长

在市场机制的协调下，分工演进中可能出现各种分层结构，这些分层结构有以下三种分类：一是按照分层是在企业内进行还是在企业之间进行，可以分为企业内的管理分层与市场上不同产业之间和贸易的分层。二是根据分层是顶层权威进行的还是通过自由契约而形成的，可以分为集权的分层与分权的分层。三是根据层次与网络结构分为单向的分层与分层网络。

杨小凯发展了分层理论，他的模型证明，随着交易效率的提高，分工网络会形成复杂的网络分层结构，包括产业之间的层次网络结构，企业内部的管理层次结构，批发、零售网络层次结构，城市网络层次结构等。

复杂的分层网络，是社会组织试验的一部分。由于人们之间通过分工合作能够带来剩余收益，而且不同的分工合作组织方式对于经济发展效率有显著影响，但是，人们在一开始并没有何种分工组织结构是有效率的知识，因此，社会会通过一定机制来试验各种分工合作的

组织结构形式，从而获得有关组织效率的知识。社会组织试验与社会知识增长可能有一种良性循环作用，但是，这种良性循环需要社会自由地试验各种不同的分工合作的组织结构形式，如果政府或者其他力量阻碍了社会自由地试验各种组织结构的功能发挥，那么可能导致无效组织形式。

在社会组织试验中存在着风险，有些无效组织形式在社会组织试验中也可能出现，但是，这时应该有一种淘汰无效组织形式的良好机制，从而这种无效的组织试验能够增加人类关于组织的知识。因此，从无效的组织试验能够增加人类关于组织的知识而言，它对于人类整个发展从长期来看仍然是有利的。社会组织试验与知识增长之间的这种复杂关系提醒我们，市场机制与自由的社会机制可能是产生有效分工组织形式并淘汰无效组织形式的制度基础。

六 分工的内生演进与经济增长

杨小凯与博兰建立了一个动态一般均衡模型来解释在专业化分工基础上的经济增长，并同时解释趋同与趋异现象。

杨小凯—博兰模型（YB模型）是新兴古典动态一般均衡模型，他们的模型讲述的是这样的故事，在每一时点上，在个人的最优专业化水平决策中存在着两方面的两难冲突：一是当前时期选择更高的专业化可以有利于在将来时期得到更高的生产能力，然而，由于存在多样化消费的偏好，更高的专业化会伴随着从其他人那里购买到更多不同的产品，但这种贸易的高水平会招致更高的交易成本，因此，个人需要在专业化的好处与交易成本的坏处之间进行权衡折中。二是当前时期选择更高的专业化虽然可以有利于在将来时期得到更高的生产能力，但专业化会支付更高的交易成本，从而使得当前的消费水平下降，因此，个人还需要在当前消费与未来更高的消费之间做出权衡。当前，实行专业化所支付的交易费用可以看作是对将来高生产力水平的自我投资或隐性投资。

他们的模型得出如图4-3至图4-6所示的经济增长模式。[①] 用

[①] 这些图引自杨小凯《发展经济学》，社会科学文献出版社2003年版，第345页。

a 表示专业化经济程度大小，k 表示交易效率大小，n 表示每人贸易品数量，在本模型中代表了分工水平，u 是人均效用水平，代表真实收入。

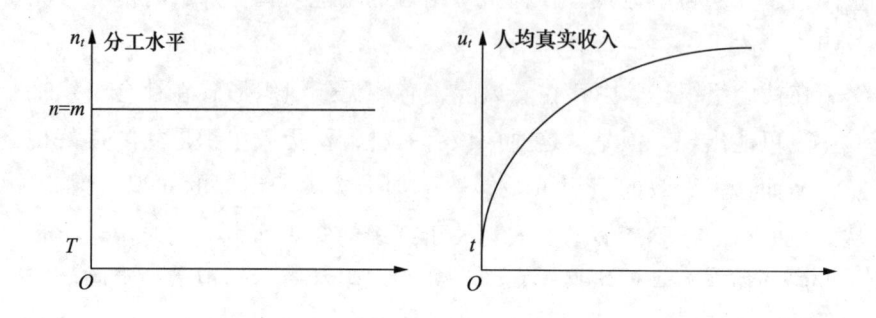

图 4-3 a>3 且 k 足够大

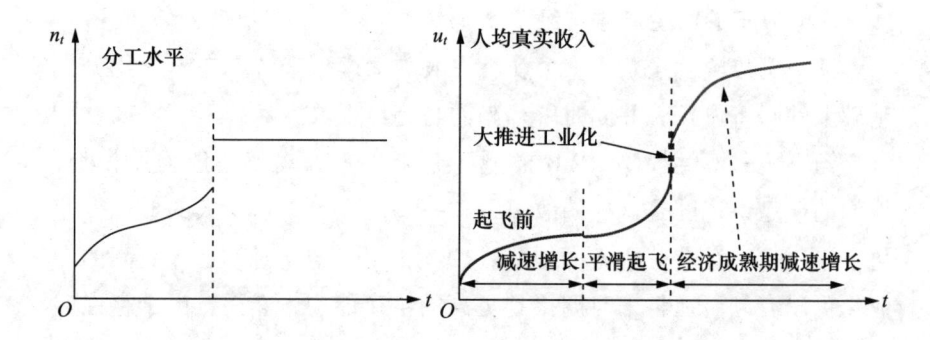

图 4-4 2<a<3 且 k 足够大，会发生经济起飞与大推进工业化

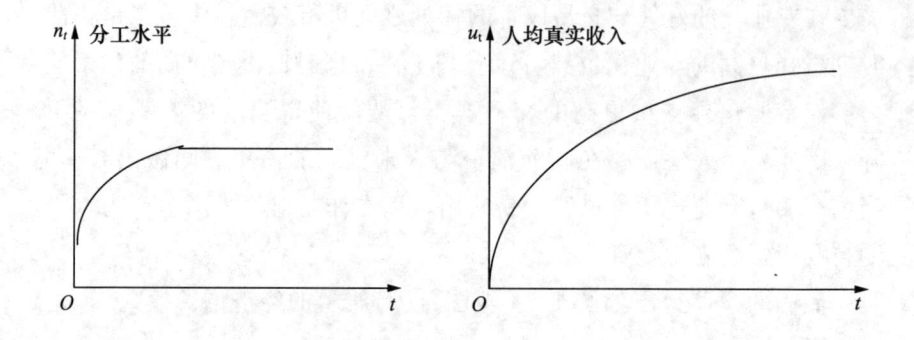

图 4-5 1<a<2 且 k 不很小，平滑增长，不发生起飞和大跃进

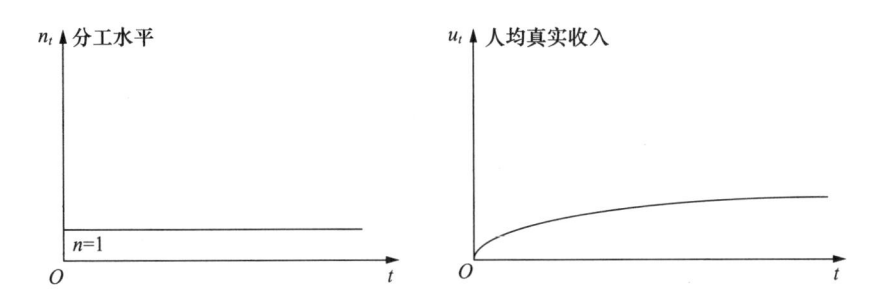

图 4-6 a<1 或 k→0 永远自给自足

YB 模型能够预见经济增长过程中的经济起飞与大推进工业化等与现实非常吻合的现象，而这些都是新古典模型所无能为力的。更为关键的是，YB 模型的典型结论如图 4-4 所示，预见代表人均真实收入的曲线开始是下凹的，然后是下凸的，最后又是凹的。因此可以看到，不同的国家可以在不同的时间点进入起飞阶段。当早些进入起飞阶段的国家开始加速增长时，后进者还处于减速增长的传统阶段。这时它们的人均真实收入会趋异，而当后进者也进入了起飞阶段后，这时先进者已经进入了成熟期减速增长。这时不同国家之间会趋同。YB 模型把趋异与趋同看成是不同国家在经济发展子模式转换时间上的差别，这称为序贯趋同与趋异，如图 4-7 所示。[①] 以英国与德国的发展过程为例，上面的线代表英国，其大约在 1680 年开始进入起飞阶段，19 世纪早期发生大推进工业化，19 世纪中期以后进入经济成熟期减速增长阶段。德国在 19 世纪中叶才开始经济起飞，到 1870 年左右发生大推进工业化，到 19 世纪末 20 世纪初已经成为超过英国的第二号强国。在英国先经济起飞后，英德之间的差距加大，这是趋异，而在德国经济起飞后，英德之间差距缩小，这是趋同。

从 YB 模型的结论可以看出，后进国家要赶上先进国家，关键在于进入经济起飞阶段。为了使得落后国家早日赶上发达国家，落后国家要想办法使自己的经济尽早进入到经济起飞阶段。为使经济进入分

---

① 引自杨小凯《发展经济学》，社会科学文献出版社 2003 年版，第 351 页。

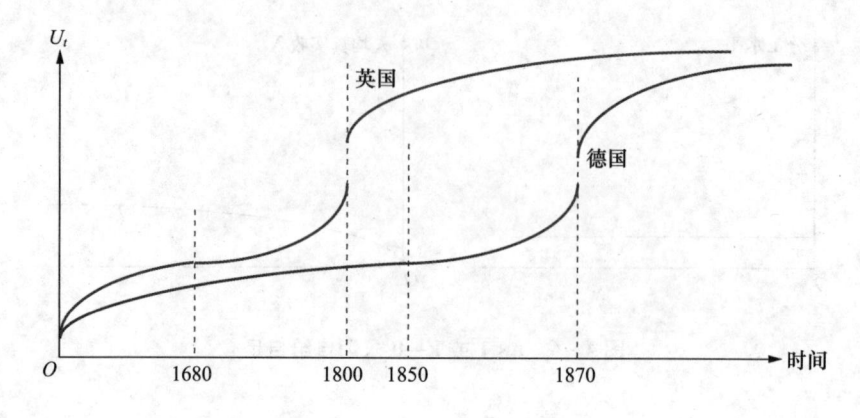

图 4-7　序贯趋异与趋同

工加速演进的经济起飞阶段，就要提高社会经济的交易效率。只有交易效率提高了，才能促使分工加速演进，才能使经验积累与分工演进相互推动，良性循环，从而实现经济的起飞。

而要提高社会经济的交易效率，就需要大力改进落后国家的制度环境。一般来说，一个国家的政治制度、经济制度、法律制度、交通运输、通信技术等决定了这个国家的交易效率。

改进交易效率的核心是实现政治民主化，让经济有一个自由的充分的发展空间，一定要限制政府的国家机会主义行为，限制政府的不法行为。政府一定要在宪法与法律的框架下行政，而不是实行人治。在政治民主化的基础上，要有健全有效的监督机制。公民、新闻媒体要有言论自由，以便能对政府的不法行为进行有效的监督。

七　发展宏观经济学

新兴古典经济学分析框架中不再有宏观经济学与微观经济学之分，而是用一个统一的分析框架来处理宏观与微观问题。在一个角点均衡中的决策与均衡分析，以及导致的资源配置，是微观经济分析；而参数变化，一般均衡在不同角点均衡之间发生非连续跳跃，是宏观经济分析，它表明经济结构演进与经济增长，而且这种经济增长可能由于结构的变化而是非连续的。

（一）投资与储蓄

杨小凯将古典经济中关于资本是用来提高迂回生产过程分工水平

的工具的思想模型化。他证明，投资不一定能够提高生产力，投资只有当它能够用来提高迂回生产过程中的分工水平时，它才有助于提高生产力。

随着分工的演进，投资回报率可能会提高，但是，当分工演进的潜力将耗尽时，投资回报率将趋于下降。

（二）货币与分工

博兰与杨小凯的货币模型证明，专业化与分工对于货币出现并不是充分的，但却是必要的。货币可以通过促进一个长的迂回生产链条中的高水平分工来促进生产力的进步，而如果没有货币，则这种有利于经济发展的分工就不可能出现。货币是促进降低交易成本，促进分工发展的工具，因此，货币对于经济发展具有重要意义。

（三）景气循环与失业

杨小凯对于景气循环与失业的态度是乐观的。不同于传统观点，将景气循环与失业视作市场的失败；相反，他将景气循环与失业视作市场的成功。他的模型证明，在交易效率提高时，有景气循环和失业的分工组织结构与动力机制比非周期性的经济动力机制更有效率。

第五章 信息社会经济学的经济发展理论体系

第一节 信息社会经济学的基本出发点

我国经济学者袁葵荪创立的信息社会经济学,开创了一种新的经济学研究范式。这种经济学分析范式完全不同于西方经济学,并通过对西方经济学的彻底批判而刻意把自己与西方经济学区分开来。信息社会经济学的主要特色在于对经济发展的历史阶段——物质社会与信息社会的区分上,物质社会的主要特点是静态均衡、知识涌现速度不快,而信息社会的主要特点是社会迅速变化不可能有均衡存在、知识涌现速度很快。信息社会经济学通过严格区分物质社会与信息社会的特点,并通过对西方主流经济学,主要是新古典经济学的深入批判,把西方主流经济学界定为物质社会经济学,即认为西方主流经济学研究方法和主要内容所适合的对象存在于物质社会,在信息社会并不适用。信息社会经济学的这些特点,使它在经济发展的研究上,具有独立存在的价值和意义。其对西方主流经济学的批判精神,对于经济学理论的发展具有极大的启发性。本章所介绍的信息社会经济学内容,如非特别注明均表示笔者自己的理解,有些地方可能与袁葵荪的意思不完全一样。如有冲突,一切以袁葵荪[①]的表述为准。

[①] 在本书初稿(2007年四川大学硕士学位论文)刚完成时,袁葵荪的发展经济学讲义还未出版,本书写作完全依赖于上课的笔记和袁葵荪的讲义。2009年5月,袁葵荪出版了《经济发展的基本模式——经济学的现代基础》,同年11月出版了《经济学理论的批判与重建》一书。这两本书系统地表述了袁葵荪的信息社会经济学思想。但本章内容仍然保持2007年硕士学位论文原样,未做修改。

一 社会经济发展历史的阶段区分——物质社会与信息社会

信息社会经济学对物质社会与信息社会的区分,其一般化标准是生产力发展速度或者说知识涌现速度。物质社会以工业革命前的社会,特别是文艺复兴之前的社会,而信息社会是指工业革命以后的社会。袁葵荪在他的发展经济学讲义中叙述了物质社会与信息区分的三个特点,即变化性、可预期性与信息的重要性。[①] 本书在此基础上进行了扩展,结合袁葵荪与笔者的论述,物质社会与信息社会具有以下区别。

（一）交往范围差别

社会发展过程是一个人类不同层次的交往不断扩大的过程。在物质社会与信息存在着人类不同层次交往范围的差别。

交易费用的比较：在物质社会,单位交易费用很大,人们之间交往困难,从而交往的程度与范围有限,社会分工不发达；而在信息社会,单位交易费用变小,所以交往的范围是全球性的,专业化与分工水平不断提高。但是,由于专业化与分工水平提高,从而社会交往的次数呈平方上升,导致社会为此而付出的总交易费用增加。总交易费用不仅在绝对量上增加,而且社会总产出所占比例也在增加。交易费用这一变化,对应于知识传播费用,就是在物质社会,知识传播的单位费用很高,从而知识传播范围有限。而在信息社会,知识传播的单位费用下降,但是,用于知识传播的总费用却增加。由于交易费用的不同,物质社会的市场范围是地区性的,而信息社会的市场范围是全球性的。

（二）知识涌现速度的差别

知识涌现包括知识增长和知识传播两个方面。

物质社会知识涌现速度不快,而信息社会知识涌现速度较快。要理解这一点,我们必须求助于知识增长与知识传播机制在这两个社会发展阶段有什么不同的特点。

[①] 参见袁葵荪《科学技术的发展与经济学》,《四川大学学报》（哲学社会科学版）1993 年第 2 期。关于物质社会与信息社会的区别,袁葵荪列出了变化性、可预期性和信息的重要性三个方面,笔者把它扩充为八个方面。

在物质社会，与资本主义相关的制度环境没有产生，资本主义没有出现，人类所积累的知识量不多，交易效率很低，分工与专业化不发达，知识创新主要靠个人兴趣的非职业化创新者提供。这使得知识涌现速度不快。由于各个文明单元相对独立地发展，虽然也通过知识分享来获得知识，但这种分享是地区性的，知识来源主要是地区性的和内源性的。所谓知识分享地区性，指的是一个国家不可能比较世界所有国家的社会规范与技术知识，而是寻求最优的知识来学习模仿。

在信息社会，资本主义的经济动机促使人们不断寻求创新，不断开发新市场，这导致了交易效率的最初进步；而交易效率的提高，导致了分工与专业化水平不断提高，职业化的知识创新者出现，大大提高了知识生产创新的效率。知识涌现速度较快。由于这时所有国家在全球化背景下发展，因此，知识主要通过攀比竞争的知识增长与知识传播机制获得，知识来源主要是全球性的和外源性的。所谓知识分享全球性，是指一个国家可以比较世界所有国家的社会规范与技术知识，寻求最优的知识来学习模仿。

知识涌现速度的差别导致了与物质社会相比，个人在信息社会所拥有的知识量从绝对量上要多得多，而从相对量上要少得多。原因在于，在物质社会，由于分工不发达，新知识产生效率低下，个人几乎拥有全社会的绝大部分知识，但总量较小。在信息社会，由于专业化与分工，不同人可以生产不同的知识，从而使得社会的知识量激增，由于学习知识比创新知识要容易得多，所以在信息社会，个人能够学习其他许多人所创新的知识，从而个人所掌握的知识量在绝对量上比物质社会要多得多，但个人不可能掌握其他所有人所创新的知识，因而在相对量上则要少得多。

在物质社会，知识传播是地区性充分性的；在信息社会，知识传播是全球性不充分性的。所谓地区性充分性，是指在交通运输等传播技术条件所允许的传播半径之内是充分传播的，而在这个半径之外，由于缺乏交往而没有传播。在信息社会，知识传播是全球性的，因为在电报电话电视技术互联网技术的发展之下，全球被联结成为一个通信体系；但很难是充分的，因为新知识产生太快，知识太多，来不及充分扩散到全球每一个角落。甚至许多知识信息在传播过程中，根本就没有人接收，比如在广告媒体研究中发现，只有15%的信息到达了受众。我们甚至一样可以用绝对与相对来理解它，即是信息社会与物质社会相比，在知识传播的绝对范围上更大，但是，在相对范围上却更小。知识传播范围有地理范围与人群范围两个尺度。信息社会，知识传播范围在绝对人群尺度上较物质社会更大，但是，在相对人群范围尺度上却更小。

社会规范作为一种知识形态，具有类似的特征。在物质社会，在地区性范围内得到充分传播的社会规范知识具有最佳性，因而称为地区性最佳性。在信息社会，虽然不同国家的社会规范与物质社会相比绝对方面可能都有进步，但是与全球最先进的制度相比，则不再具有最佳性，因而称为全球性非最佳性。由于社会规范在不断变化，所以从全球范围来看，不存在最优的社会规范。

（三）经济中的变化性

物质社会与信息社会相比，基本上可以视为一种静态的社会存在。在物质社会，虽然其生产力与知识状态也发生了一些变化，但是，这些变化与信息社会相比，显得那么微不足道。经济发展是非持续的均衡发展过程。知识涌现速度不快，所以经过长期的"试错"调整，社会基本上处于一种资源配置的均衡状态，偶尔的变化偏离均衡状态时，也会由于社会的结构惯性导致社会又回到均衡状态的压力。经过长期的"试错"调整，资源已经自动地达到最优配置。社会生产根据较为固定的目标，按照一种几乎固定的模式循环往复地进行，新产品很少出现，没有大规模的城市化，没有工业化。没有资本主义因而也没有失业，贸易基本上是短程的地区性贸易，即使有区域性国际贸易，也没有形成统一的世界市场，甚至在较大的国家里面，全国性的大市场也没有形成。由于贸易在较小范围内发展，风险还不是很大，没有保险业。货币主要是金属铸币，银行业不发达，很少有纸币和其他信用货币。

在信息社会，由于知识涌现速度较快，社会面貌日新月异，各种经济事物处于持续的变化之中。社会发展是一个持续非均衡过程。社会发展是一个试错调整的过程，很难定义什么是均衡，当然也不可能达到静态的均衡状态了。新技术随时在产生，新资源的创造取代既定资源的配置成为经济的主题。资源稀缺性不再是一个既定的经济前提，社会可以通过对资源利用方式的改进，来相对地减少资源的稀缺性。社会生产很难有固定的模式，不再按照固定的目标来进行。新机器新产品随时出现，出现了大规模城市化与工业化，甚至信息化。贸易发展为全球性的世界贸易，世界市场形成，全球逐渐成为一个统一的世界市场，长程贸易十分普遍。贸易的风险也在增加，保险业成为必要。货币主要成为纸币等信用货币，甚至出现了电子货币。银行业发达，各种金融市场成为资源配置与新资源创造的有力促进器。

（四）可预期性

在物质社会，经过长期的知识传播和"试错"调整，经济状态几乎达到最优，长期不变，人们可以预期社会经济很难发生什么大变化。新知识很少出现，人们可以预期新知识也不会出现，因而人们可以按照目前的状态大致推测未来是什么状态。

在信息社会，由于知识涌现速度较快，社会面貌日新月异，社会文化也快速地嬗变，人们不可能预期到未来会发生什么变化。人们对未来情况不能准确地预测，而唯一准确的预测就是变化。持续的知识涌现与社会变化成为常态。

（五）知识与信息的重要性

在物质社会，由于知识存量很少，经过长期的知识传播和试错调整，人们已经学习到有关社会生产的几乎全部知识，大部分生产知识已经成为文化习惯的组成部分。因而人们很难感觉到知识与信息的重要性。由于生产按照一种几乎固定的模式循环往复地进行，人们利用已有的知识就能够应付一切。

在信息社会，由于知识持续增长，新知识很难充分传播，虽然个人与物质社会相比，在知识的绝对量上增长了，但是，个人所能掌握的知识与社会的知识存量相比，在相对量上则大大地减少了，人们不再可能掌握到有关社会生产的一切知识。这时人们只有主动学习掌握知识，才能避免被社会抛弃的危险。只有主动掌握知识，才能更好地参与到社会分工体系中去。

（六）分化特征

在物质社会，虽然也存在着先进国家（地区）与落后国家（地区）之分，但是，这种先进与落后之间的区别：一是在程度上远不如信息社会发达国家与发展中国家的差别；二是性质上也不一样。在物质社会，先进与落后国家都没有出现经济起飞，它们的差别不可能很大。另外，由于在物质社会，全球性交往还没有形成，因此，这种差别比较就是地区性的。由于没有出现资本主义，这种差别不是资本力量导致的，而主要是自然因素所导致的。由于新知识很少涌现，不同国家知识增长与知识传播的效率差别不大，经过足够长时间的知识传播过程，相互交往的地区基本上趋于一致。

在信息社会，发达国家与发展中国家的差别是全球性的，程度上是巨大的。西方资本主义国家的经济先起飞，而很多发展中国家的经济还没有出现起飞。因此，这种差别是由经济起飞和没有起飞所导致的，这与物质社会所有国家经济都没有实现起飞时的差距是不一样的。而且由于发达国家在知识增长与知识传播的效率方面更高，因而发达国家之间的知识差距消除很快，而发达国家与发展中国家之间的知识差距消除起来就很慢。

在物质社会时，由于交往的限制，落后国家可能不知道先进国家的存在，因此也没有发展自己的动力。一种没有被认识到的差距，是不会被当成差距的。不同国家与文明相对独立的发展，使差距是地区性的，发达与不发达的矛盾不可能凸显成为全球性问题。在信息社会，由于全球化，所有国家都已经相互了解了，没有与世隔绝的国家，因而落后国家有改变现状的愿望和动力。发展中国家的发展问题于是凸显为一种全球性问题。

可以看到，发展中国家在影响知识增长与知识传播效率的因素方面，还带有物质社会遗留下来的痕迹。在信息社会出现了一种分化，发达国家在信息社会具有领导地位，而发展中国家则由于带有物质的痕迹而处于从属地位。信息社会本质上是西方资本主义文明的产物，所以，信息社会的全球化体系是按照资本主义发达国家的利益构造起来的。信息社会的本质更多的是全球化而不是知识涌现速度较快,因为发展中国家的知识涌现速度并不快。但是,发展中国家却也卷入了全球性分工体系中。所以,如果离开了全球化只是从知识涌现速度较快去区分物质社会与信息社会,肯定是不科学的。全球化和知识涌现速度不快构成了发展中国家的特征,而全球化与知识涌现速度较快则构成了发达国家的特征。

(七) 制度与文化

在物质社会,由于生产力长期没有质的突破,交易效率极为低下,社会交往与攀比竞争具有地区性,竞争的舞台较为狭小,这使得地区统治者和人民没有积极性去改变现状,从而使整个社会长期处于一两种文化与制度的统治之下,即使出现阶级斗争与革命事件,社会总体的文化性质也没有根本变化。在西方,有漫长的中世纪基督教的黑暗统治;在东方,有漫长的专制主义黑暗统治就是明证。

在信息社会,由于知识涌现速度很快,各种信息知识传播范围大大扩展,攀比竞争具有全球性,不同文化、不同国家、不同民族之间的激烈竞争使整个社会很难再保持一种封闭的文化制度,专制主义也不可能长期存在。专制主义可能导致不好的经济发展绩效,而这会给专制主义统治的合法性带来极大的危机。

(八) 资本主义时代

物质社会是前资本主义时代,而信息社会是资本主义时代。

二 经济理论研究对象的历史性与经济理论的历史性[①]

经济理论以社会经济发展作为研究对象,对应于社会发展的历史阶段性,经济学理论也需要有历史阶段的区别。由于未来的不确定性,很难想象存在适合于一切历史阶段的一般经济理论。信息社会经济学主要从物质社会与信息社会的区分来判断经济学的性质与特点。

(一) 经济学的意义在于物质社会与信息社会不同

物质社会的静态均衡性质,使得在物质社会基本上没有发展的要

---

① 参见袁葵荪《科学技术的发展与经济学》,《四川大学学报》(哲学社会科学版) 1993 年第 2 期。

求，因此，在物质社会背景下，实际上不存在产生经济学的必要性。经过长期的"试错"调整，人们已经熟悉社会已有的知识与生产方法，在物质社会技术条件下最优的生产方式早已被摸索出来并广为人知，因此社会基本上已按最优的生产方式进行生产，以研究最优生产方式和经济发展为目的的经济学没有存在的必要。

在信息社会，由于知识涌现速度很快，生产方式变化很剧烈，竞争全球化，如果停留于原有的传统生产方式之上，那么将难以取得参与全球化分工合作的好处。快速的变化导致已经没有什么固定不变的最优生产方式，社会发展的目标与手段也迅速变化，对生产技术和各种新的经济发展进行研究以尽量对社会有所理解，不至于在经济生活中过于盲目，成为经济理论持续发展的动力。

（二）物质社会经济学与信息社会经济学研究对象不同

在物质社会，基本上已达到最优均衡状态，偶尔偏离，很容易经过简单调整就可以恢复到最优状态，不需要经过大的组织结构的变化，因此在物质社会，人们对于资源配置的关心主要集中在边际调整上或者说是微调上。对于资源配置对增长与发展的意义没有意识。由于知识落后，人们不知道如何提高资源的利用效率，生产力低下，社会总产品较少，人们主要关心分配问题，关心按照什么标准来进行分配才更加公平合理。因此，价值理论及在此基础上的公平分配理论是物质社会经济学的主要议题。

在信息社会，知识涌现速度很快，具有无限的发展可能性，资源稀缺性可以通过分工组织结构的改进、管理制度的革新、生产技术的提高来相对减少，只要人们不是过多地关注收入与消费的相对数量而是关注其享受的绝对数量，那么分配问题将不再成为经济学考虑的中心议题。这时候，经济学考虑的中心问题是如何通过更快的分工演进、结构更新、管理变革来发展更高的生产力，从而提高人均实际收入和实际消费量。社会更多关注增量发展而导致的绝对生活水平的提高。这种绝对生活水平的提高即使与收入差距的拉大相伴，只要人们不是在消费上进行炫耀性攀比，那么以绝对生活水平提高为条件的收入差距拉大也可以为人们所接受。而且人们会预测，生产力的迅速提高可能会逐渐减少收入差距，或者由于自己生产能力的增加也拥有超过别人消费的极大可能性。因此，在信息社会，发展是经济学理论关注的中心问题，效率与激励问题成为比剥削与分配更为重要的问题。

在信息社会，最主要的研究集中在如何在迅速变化的社会中识别各种既有两难冲突的新特点和新的两难冲突，并通过较为艺术的手法来处理各种两难冲突。许多因素之间两难冲突的权衡折中不可能达到很精确，迅速变化使得社会来不及对各种因素之间的两难冲突进行精确的权衡折中，从而最优化将不是常态而是特例。只要保持知识不断增长的势头，忽略一些两难冲突所导致的内生交易费用（效率损失）是值得的。对各种因素之间的两难冲突进行权衡折中是需要时间和成本的，因此，必须容忍不同因素之间的两难冲突达不到最优化权衡折中而造成较大的内生交易费用，这种内生交易费用可能会通过发展而消失。

（三）经济学的分析方法将有重大改变

第一，物质社会以均衡分析为特点，而信息社会以非均衡分析为特点。在物质社会，由于长期的"试错"调整，社会各种力量之间的两难冲突能够进行很好的协调并形成某种均衡态势，因此，物质社会经济学，经济分析方法主要是均衡分析方法，其技术实质是，通过最优自利决策之间的相互作用、相互影响，在均衡存在的条件下，通过设立联立方程组，解出相互关联的各个经济变量。市场出清条件与效用均等条件通常用来建立均衡方程组。市场出清条件表明了市场上供给与需求双方力量的平衡，而效用均等条件则表明了在自由择业条件下人们真实收入趋于相等。在物质社会，人们的最优自利决策之间经过长期的相互作用，均衡是一定可以达到的。

在信息社会，由于知识涌现速度很快，导致社会各种因素变化都很快，因此社会经济发展中各种因素之间的两难冲突很难形成均衡，均衡分析方法很难有用武之地。这时候信息社会经济学主要是非均衡分析方法，其原因在于：一方面，由于社会迅速变化，原有因素之间的两难冲突还没有达到均衡，早已出现各种新的社会因素与新的不同因素之间的两难冲突；另一方面，人类社会系统过于复杂，不同因素之间的相互影响过于复杂，人们很难认识清楚全部地球环境与人类社会因素之间的相互作用、相互影响的机制，其所谓一般均衡分析也只是极为局部的，这种情况下，均衡分析也不再适合。

第二，物质社会信息知识的地位远没有信息社会重要，因为在物质社会，知识涌现速度很慢，既有知识经过长时期的知识传播，社会的大部分知识已经渗透每个人的大脑，因此人们几乎感受不到知识与信息的重要性。相反，在信息社会，由于知识涌现速度很快，新产生的知识随时可能影响到人们的生活状况，因此人们必须有意识地关注信息与知识，并增进其对自身意义的理解。

第三，物质社会，定量分析占主导地位；在信息社会，很难进行定量的数量分析。其原因在于，定量分析适合于存在稳定数量关系的场合，这刚好适于物质社会。在物质社会，各经济事物之间的关系较为稳定，因此很容易抓住其数量与结构特征，并采用严格的数学方法来描述与分析其相互关系。但是，在信息社会，一方面，知识涌现速度很快，社会难以形成稳定的社会关系；另一方面，不断有新的社会关系出现，因此很难用一定的函数关系把迅速变化的社会关系表达出来。比如生产函数，描述的是稳定的投入产出关系，但是，当技术进步很快时，我们与其说生产函数不断地变化，还不如说根本不存在稳定的生产函数关系。而且由于各种复杂因素的影响，现实中也很难得出准确的函数关系样式。现代计量经济学证明，对于同一组数据，可能存在着多种拟合关系，我们即使能够比较现有的几种函数关系对数据的拟合，但是，我们也很难保证没有更好的函数关系能够拟合；而且以前拟合的函数关系，可能根本不能用于未来，因为在迅速变化的信息社会，经济关系根本就不稳定，所以，使以前拟合的函数关系根本没有什么实用价值。

（四）信息社会经济学对物质社会与信息社会经济模式的比较

信息社会经济学以一种新的视角来看待信息社会与物质社会经济模式的区别。这些区别包括社会经济活动的模式不同、社会生产的决定因素不同、社会经济活动的目标不同、人的行为模式不同、社会经济关系的性质不同。

1. 社会经济活动的模式不同

在物质社会，社会生产近似于按照固定的模式进行简单再生产，生产技术变化不大；而在信息社会，投入产出的关系将不再固定，同一产出目标可以有许多生产过程可以选择。

2. 社会生产的决定因素不同

由于生产过程近似于固定不变，投入要素的数量决定了产出多少，因此，物质资源对于生产具有决定意义。在信息社会，知识可以改变生产方法，减少资源稀缺性，因此知识水平与技术高低决定了生产过程。

3. 社会经济活动的目标不同

在物质社会，长期几乎不变，社会经济活动目标基本固定。在信息社会，由于知识不断增长，有关社会目标的知识也不断更新，因此社会目标不再固定不变。

4. 人的行为模式不同

通过长期"试错"调整，人的行为具有完全理性，人们之间交往具有可预见性。在信息社会，人们很难对自己的行为将达到什么目标有精确的认识，因此人们的行为很难说具有充分理性。

5. 社会经济关系的性质不同

在物质社会，经济关系的稳定性导致人们之间的社会经济关系长期稳定不变；在信息社会，人们之间分工合作的关系可能不断发生演变，更多的分工合作关系被不断试验。

第二节 信息社会经济学对西方主流经济学的批判[①]

信息社会经济学通过对西方主流经济学基本前提的重新考察，发

---

① 参见袁葵荪《论西方经济学的历史局限性》，《经济评论》1995年增刊。另见袁葵荪《经济发展的基本模式——经济学的现代基础》，中国人民大学出版社2009年版；袁葵荪《经济学理论的批判与重建》，经济科学出版社2009年版。笔者对其进行了重新阐述。

现西方主流经济学的基本前提是"知识涌现速度不快",从而确定西方主流经济学其实是只适合于物质社会的经济学范式。

袁葵荪通过对完全理性、完全信息、经济人等主流经济学基本概念的解析,达到对西方主流经济学的批判。

(一)完全理性

完全理性是指行为者对于自身经济活动与其经济后果的关系有充分的认识。而这一点只有在知识涌现速度不快的物质社会才可能是正确的。在知识涌现速度很快的信息社会,由于各种新知识、新信息的不断涌现,行为者不可能对于自身经济活动与其经济后果的关系有清楚准确的认识。因此,完全理性的假设只适合于物质社会。

(二)完全信息

西方经济学试图通过加入信息不对称的假设来使自己的理论分析更为现实,但实际上信息不对称主要是信息社会的事情。因为在物质社会,由于生产活动以自给自足为主,人们的生产结构基本一致,而且经过长期的知识传播,人们之间的信息不对称程度很低,因此,信息对称的程度要大于信息不对称的程度。相反,在信息社会,由于知识信息不断涌现,分工水平不断演进,人们的生产结构越来越不对称,生产模式的多样式较人口数量超比例增加,因此,人们之间的信息越来越不对称。这一研究与杨小凯关于信息对称与不对称的预测是一致的。

(三)经济人

在物质社会,生产力落后,人们的生活水平主要由物质消费资料决定,而且由于物质产品并不丰富,因此,人们很难有更多的消费选择,人们的行为更能够通过对物质资料的追求而得到预测。但是,在信息社会,由于生产力水平大大提高,而且各种知识不断涌现,使得人们能够发现更多的提高自身幸福程度的方法,比如通过比赛谁的知识多而获得幸福,通过比赛看谁能够在电脑游戏中通过更多的关卡而获得幸福,通过看谁能够把英语词典单词倒过来背诵来获得快乐,等等。因此,许多决定幸福的因素难以进行客观的分析,从而经济人的假设很成问题。

第三节 信息社会经济学的发展理论框架

信息社会经济学采用一种新的经济发展模型。这种经济发展模型可以称为攀比竞争的知识增长与知识差距消除模型。为此，本节首先叙述信息经济学对于经济发展和发展中国家的理解，再叙述信息社会经济学对于经济发展机制的认识，然后在对经济发展机制的认识基础上，得出其发展经济学理论框架。信息社会经济学的基本概念与基本理论框架首先由袁葵荪提出，王智慧在其基础上做了一些修正和完善。

一 经济发展的定义

经济发展定义为知识增长。这一定义是由袁葵荪提出的，它抽象出了经济发展的本质，包含了以前发展经济学所认识到的发展概念。

经济发展概念经过了经济增长、结构变化、满足基本需要、可持续性、人的发展等几个阶段，从20世纪60年代起，基本上每十年出现一次发展观念的更新。而经济发展定义为知识增长，则包括上述所有方面，具有最广泛的适用性，并且揭示了发展的本质。

二 发展中国家的定义

发展中国家定义为在信息社会全球化背景下没有出现经济起飞，外部存在着发达得多的外部世界的国家。[①]

发达国家定义为在信息社会全球化背景下，已经经历经济起飞，不存在发达得多的外部世界的国家。

经济起飞定义为主要以市场制度为背景，以专业化和分工水平提高为条件的经济加速增长。强调市场制度为前景，强调经济起飞是一个可持续的过程，如果通过国家计划实现分工水平的突然提高，这种协调机制最终将归于失败（以苏联为例）。因此以国家计划协调分工

[①] 袁葵荪将发展中国家定义为存在着"发达得多"的外部世界的国家，而将"发达国家"定义为存在着"落后得多"的外部世界的国家。王智慧对袁葵荪的定义做出了改进。

水平上升而形成的生产力加速增长实际上不是真正的经济起飞。这种定义排除了国家计划主导的大推进工业化对于经济发展的意义。

信息社会经济学所定义的发展中国家，能够与下面三种情况相区别[①]：一是与发达国家的早期相区别；二是与物质社会的相对落后国家相区别；三是与经历过经济起飞的新型工业化国家相区别。

（一）发展中国家与发达国家早期不同

发达国家早期，由于所有国家都没有出现经济起飞，即使它的经济发展较其他国家为快，但是，这种差别很小，而且不是以资本主义为特征。发达国家早期的落后是绝对的落后，而发展中国家的落后是相对的落后。发展中国家的落后是资本主义全球化导致的，而发达国家早期的落后是资本主义没有产生时的技术条件绝对落后导致的。发展中国家都受到过发达国家资本主义力量的侵略，或者说与外部发达世界有过接触。发达国家早期，它的经济发展不可能通过对外部知识的分享来进行。对于发展中国家而言，却可以通过对发达国家的知识进行分享而获得发展。发达国家早期要获得发展，不是靠分享外部知识，而主要是通过自身发展资本主义生产方式来进行的。

（二）发展中国家与物质社会的相对落后国家也不同

物质社会的相对落后国家与相对先进国家，在知识范式上没有质的差别，资本力量不是构成差别的主要因素。物质社会的相对落后国家虽然也可以通过分享外部知识促进自身发展，但是这种分享极为有限，因为市场交往是地区性的。在物质社会经过长期的交往，知识受传播效率制约在其能够传播的范围内得以充分传播。这时相对落后国家基本上是因为它缺乏与外部世界的交往，相对独立地发展而导致的。因而它基本上认识不到自己的落后，它的落后是后人在研究历史时才看出来的。因而它也不可能有意识地通过分享外部相对先进国家的知识来发展自己。而一旦它认识到这种落后，经过物质社会长期而充分的知识传播，差距也控制在相当小的范围之内。物质社会相对先

[①] 袁葵荪没有详细论述这些区别，王智慧系统论述了这些区别。

进与落后不是经济是否出现起飞的差别，而主要是各个国家与文明相对独立发展缺乏交往而导致的较为孤立的相对落后。而发展中国家则是在信息社会全球化的背景之下，由于缺乏恰当的资本主义经济环境而导致的经济不能起飞而形成的相对落后。这种落后是在外部发达国家的资本主义冲击下出现的，因而发展中国家必然对于这种落后有深刻而清醒的认识，这是一种全球背景下相互交往中的相对落后而不是孤立的相对落后。发展中国家也有通过分享发达国家的知识来发展自己的强烈愿望。

在物质社会，其实也存在着差距很大的情况，比如美洲的玛雅文化在中世纪时与中国文明相比，中国对于玛雅文化而言，绝对可以说成是发达得多的外部世界。但是，由于它们之间没有交往，这种"发达得多"没有任何意义。

由于以"亚洲四小龙"为代表的新型工业化国家（地区），通过几十年的市场经济发展，已经通过了经济起飞的阶段，其国民生活状况与发达国家相差无几，因此，不能再视为发展中国家，当然它们是不是发达国家还有争议。但是，"亚洲四小龙"是以发展中国家（地区）的身份开始经济起飞的，而这不同于发达国家早期与物质社会相对落后国家。

全球化和知识涌现速度不快构成了发展中国家的特征，而全球化与知识涌现速度较快则构成了发达国家的特征。而地区性和知识涌现速度不快则是物质社会的特征。而地区性和知识涌现速度较快这一组合则不存在。通过全球性与地区性，知识涌现速度不快与较快这样两个维度，可以更好地认识物质社会与信息社会、发达国家与发展中国家的区别。可以看到，发展中国家既具有信息社会的部分特征，也具有物质社会的部分特征，这就是发展中国家的特殊性。并且发展中国家属于信息社会主要是由于其全球性这一特征，而其知识涌现速度则更倾向于物质社会的特征。

通过我们上述的定义，就把发展中国家确立为信息社会特有的概念。在物质社会不存在发展中国家。从而发展经济学就是以信息社会为研究对象的经济学。

这样我们在前面所区分的物质社会与信息社会，就成为发展经济学的基本前提。我们可以看到，全球化、知识涌现速度较快、信息社会、发展中国家这几个概念是对应于同一个历史时代的。

之所以这样来认识发展中国家，主要是为了利用发展中国家与发达国家早期和物质社会相对落后国家相比的特殊性来推导出发展政策。而经历过经济起飞的"亚洲四小龙"的起飞经验则成为发展中国家可以借鉴的。

三 经济发展机制①

信息社会经济学认为，攀比竞争的知识增长、知识传播与知识差距消除机制是贯穿在整个人类社会发展中的普遍规律。这一机制的内容大致如下：

人类社会发展过程是不同个人、不同部落、不同氏族、不同文明、不同文化、不同民族、不同种族、不同国家、不同地区、不同国家之间相互交往、相互融合的过程。人类交往过程本质上既是知识增长与经济发展的过程，也是专业化与分工水平不断提高的过程，还是交往范围逐渐扩大的过程。

人类不同单元之间进行交往，大致分为战争与和平两种方式。交往的动机很多，有为了掠夺物质财富，有为了与他人交换产品，也有单纯为满足对他人世界的好奇。交往的形式表现为各个人类单元之间相互合作与竞争、相互影响、相互作用，导致一种相互模仿学习、共同发展或者一方消灭另一方等各种交往结果。不同单元之间相互交往的内容即是知识传播，包括社会规范知识与技术知识两大类知识的传播交流。

这里可以再进一步分为两种情况：一是同一个单元内部，这时更小的单元之间的相互影响、相互作用形成一定的社会规范，但是当把这个单元作为一个社会整体来看待时，我们直接说这个社会单元所具有的社会规范。技术知识在单元内部经过传播后，可能为许多人所掌

---

① 袁葵荪提出了知识差距消除机制，王智慧将其改进或重新表述为攀比竞争的知识增长、知识传播与知识差距消除机制。

握。通过人们之间的讨论交流，知识创新的效率得到提高。二是不同人类单元之间的竞争与合作导致社会规范与技术知识也发生相互作用与相互影响，当然与各个单元内部更小单元之间相互作用相比，这是更高层次的相互作用。

最小的单元是个人，最大的单元是文明。显然，交往分为不同层次，而不同层次交往的性质是不同的。比如文明冲突与个人冲突性质就不一样。

不同人类单元所拥有的不同的社会规范和技术知识可能会带来不同的社会福利与经济绩效，当不同人类单元之间没有交往时，这样不同社会规范带来的社会福利与经济绩效不会在不同单元之间进行比较，因而社会福利较差的一方可能就不会知道模仿学习另一方的社会规范和其他知识，这样各个单元相对独立地发展。但是，一旦不同单元之间发生交往，他们必然会发现社会福利与经济绩效的这种差距，于是差的一方可能会向好的一方学习模仿，于是就发生了知识传播。而且经过不同社会规范与其他知识之间的碰撞与交流之后，可能会产生新的融合了各自优点的社会规范与其他知识。人类社会发展历史，就是这种相互融合、相互影响的历史，这就是知识增长与知识传播机制。它是贯穿在人类发展过程中的一般规律。这个规律不仅适用于物质社会而且也适用于信息社会。我们把这种机制称为攀比竞争的知识增长与知识传播机制。

我们可以进一步分析知识增长与知识传播过程中的知识差距缩小与知识差异扩大这两方面。

人类社会的发展既是一个知识差距消除的过程，也是一个知识差异扩大的过程。[①] 知识差距缩小与知识差异扩大同时发生，要从专业化与分工网络之间去寻找答案。知识传播与扩散是一个消除知识差距的过程，而知识增长则主要通过专业化与分工所导致的知识差异机制来实现。当人们参与一个分工网络时，不同人可以进行不同的知识创

---

① 袁葵荪没有明确区分知识差距消除与知识差异扩大，王智慧则对此进行了明确区分。

新，不同人从事不同的专业，这样不同人之间在知识结构上的差异就随着分工水平的上升而不断扩大。

知识增长与知识传播机制的效率取决于知识传播系统的效率，而知识传播系统的效率取决于专业化与分工水平、人的素质能力、地区与国际经济联系和基本的社会规范环境。其中最根本的是人的素质能力与社会基本规范环境。因为社会基本规范环境决定了交易效率，而交易效率决定了专业化与分工水平和各地间经济联系程度。

四　发展经济学理论框架[①]

通过上述对经济发展机制的分析，知识增长与知识传播系统的效率决定了经济发展的效率，因此，信息社会发展经济学的理论体系其实就是对知识增长与知识传播系统的分析。专业化与分工是知识增长的机制；人既是知识与信息的创新者，也是知识信息的最终使用者，人既是信源也是信宿；地区经济联系与国际经济联系则是知识传播的渠道（信道）；社会规范既是知识的一种存在形态，也是知识增长与知识传播的环境基础和制度保障。信息社会经济学发展理论的核心思想是说，在信息社会，可以通过主动手段来促进知识创新、知识传播与知识运用，从而能动地促进发展，而不必像在物质社会那样等待知识的被动接受及其相关联的自发发展。

第四节　信息社会发展经济学理论简述

一　专业化、分工与知识增长和知识传播[②]

专业化与分工是知识增长、知识传播、知识运用的主要动力机制。在知识生产与创新、知识传播、知识运用上具有专业化经济，也就是，每个人从事某一方面知识创新、知识传播、知识运用的专业化

[①]　参见袁葵荪《经济发展的基本模式——经济学的现代基础》，中国人民大学出版社2009年版；袁葵荪《经济学理论的批判与重建》，经济科学出版社2009年版。

[②]　本小节内容袁葵荪的书中未单独列出，这主要属于王智慧的观点。

程度越高，则他的效率也越高。一个人不可能在所有方面都具有极强的知识创新能力与知识运用能力。同时，知识还具有一个不同于物质资料的特性，人与人之间分享知识后，知识的数量不会减少，虽然某一特定知识的商业价值可能与掌握它的人数成反比。因此，不同的人专于不同的知识创新，再通过一定的知识交流机制进行交流，知识能够以更快的速度增长；对于一定的社会知识存量，不同人专于不同方面知识的运用，从而可以使得社会的全部知识得以发生作用，如果一个人想使用全部社会知识，反而可能什么知识也运用不了；知识传播中也有专业化经济，一个人不可能从事全部种类知识的传播活动，他只能在某些极狭窄的领域里面从事知识传播活动，专业教师就基于此。

经济发展过程是一个知识差距消除与知识差异增加同时并存的过程，这内在的机制是与专业化分工相关的。随着分工水平的演进，趋近于完全分工时，人们之间知识能力水平的差距将趋于消失，但是不同人将更加从事不同的专业，人们之间的知识差异将增加。

二 人的素质与知识增长和知识传播

人既是知识的创新主体，也是知识运用的主体，因此，人的素质高低对于知识增长、知识传播与知识运用起着非常重要的作用。而人的素质高低又与人掌握知识的程度成正比。在物质社会，人的知识能力主要通过文化的长期熏陶而从潜移默化之中被动得来。在信息社会，人的能力可以通过知识的掌握与学习而主动得到提高。从而，关于方法的知识，关于如何学习与掌握知识是较普通知识更为重要的知识。因此，在人的社会化与学习过程中，应该特别重视关于如何掌握知识的知识、关于学习知识的方法的知识。

在发展中国家，知识改变个人命运，知识也改变社会面貌，决定经济发展绩效。因此，在信息社会，一切要以知识创新、知识传播、知识运用为中心，这决定了人是经济发展的中心，提高人的素质是经济发展的重要手段。教育对于经济发展的意义要比西方发展经济学所认识的大得多。

三 国际国内经济联系与知识增长和知识传播

国际国内经济联系，其本质是知识增长、知识传播与知识运用的过程和渠道，不同人类单元通过经济联系等方式，能够相互交流知识，带来知识增长。在信息社会，与其说不同人之间交换有形的物质产品，不如说是相互交换各自独特的知识。有形的物质产品仅仅是知识的载体。知识本身直接进行交易，存在着交易效率低或者说交易费用极高的特点，因为知识具有分享以后而不减少的特点，而且当知识的销售方把知识告诉购买方后，购买方可以声称早已了解这一知识而拒绝付费，因此知识进行直接的交易具有很高的交易成本。如果不同知识的所有者，通过各自提供的产品或服务来进行交换，从而既能够使不同人之间进行知识的分享，又能够避免知识的直接定价而导致的高交易费用。

而西方发展经济学没有认识到国际国内经济联系所具有知识分享的本质，因此，对于国际国内经济联系和其他文化、政治交流等对于经济发展的意义常常低估。

四 社会规范与知识增长和知识传播

在信息社会经济学中，社会规范指的是为达到一定社会目标而形成的用于约束人的社会行为的一套规则体系。[①]

社会规范的基本功能是为人们之间进行分工合作以便进行知识创新与知识交流提供协调，由于社会规范的协调，人们之间可能在知识产权等方面具有较为清楚的界限，从而为人们的行为提供激励。社会规范还为人们之间在相互分工合作时提供稳定的行为预期，从而建立起人们之间的相互信任并传递信息，促进人们之间交流、分工、合作的实现。

社会规范本身也构成一个社会的知识，社会可能进行各种交流、分工、合作的关系与组织试验，从而形成社会规范，一些有助于知识

---

① 这是袁葵荪对社会规范的定义，参见袁葵荪《经济发展的基本模式——经济学的现代基础》，中国人民大学出版社 2009 年版；袁葵荪《经济学理论的批判与重建》，经济科学出版社 2009 年版。

创新、知识传播、知识运用的社会规范会逐渐被人们广泛采用，而那些不利于人们之间分工合作与知识增长的社会规范更可能被人类社会所抛弃。从人类社会规范试验创造社会规范知识的角度看，即使是失败的社会规范试验也能够增长社会的社会规范性知识，因此，从人类社会整体看，任何社会规范的试验都是有其积极意义的。西方发展经济学往往低估了无效制度试验的积极意义。

社会规范具有多种表现形式，从其所约束的社会行为的持续性或重复状况来看，可以将社会规范的表现形式分为三个层次：第一层次是意识形态与文化。其最具稳定性，它用来协调人们之间分工合作关系时，其外生交易费用最低。意识形态本质上可以看成是上一层次的规范在协调人们之间分工合作过程逐渐被凝固化，逐渐被扩散到信息传播范围的每一个角落，协调范围扩大到文明圈的整个范围，从而在协调分工合作时具有更基础的作用，在促进协调范围扩大的同时降低协调费用。第二层次是制度规范。第三层次是政策性规范。这个层次划分与布罗代尔关于历史发展过程中慢变量与快变量的区分有些相似。

在物质社会，由于交往的地区性充分性，因此在信息半径之内，在不同的文化圈里面，某种单一的意识形态与文化居于统治地位，其经过长期渗透与调适，已成为各个分隔文明的心理传统并具有最优性质，居于此文明圈中的人们甚至意识不到它的存在。因此，这时候第一层次的社会规范起着基础作用和主导作用。制度规范主要用于对离经叛道者的惩罚，对于物质社会的进展的意义要小于第一层次的规范。而政策规范由于政府的作用还没有凸显，则基本上不存在。上层规范通过长期的适应与渗透，逐渐被意识形态化，以利于降低整个社会的交易成本。

在信息社会，由于知识涌现速度很快，需要协调的分工合作关系变化很快，协调分工合作关系的社会规范也处于较快的变化之中，社会规范与社会规范所协调的分工合作关系之间的相互作用、相互影响的反馈圈在时间周期上越来越短，越来越复杂。很多领域来不及形成最优的规范，可能又要被新的规范所取代。随着经济的不断发展变化，政策规范的作用越来越大。由于各种社会关系不一定达到最优就可能发生变化，因此许多非最优的分工合作关系需要非最优的社会规范来进行协调，这必然要求社会规范具有强制性，以便压制许多非最优分工合作关系中的个人不满。但是，社会发展的迅速变化，这些较小的不满对于整个社会的进程并不是很重要，因此，通过政策规范的强制性能够促进社会的发展。为了保证强制性不至于离经济效率太远，因此又需要在更基本的层次上保证政策规范本身的合理性与民主性，从而在发展速度效率与规范不当的内生交易费用之间有一个权衡折中。不同层次的社会规范之间的关系十分复杂，既可能存在互补关系，也可能存在各种两难冲突，知识的快速增长为权衡折中各种两难冲突提供了更大的余地，因而社会规范的极度公平性在信息社会并不是主要关注点。

总之，在信息社会，社会规范为知识创新、知识传播、知识运用提供基础，而知识增长反过来又不断促进社会规范的变化。在全球化前景下，规范竞争与融合的趋势不可抵挡，社会既需要稳定的规范以协调人们之间的分工合作关系，也需要不断改革旧有社会规范之中不利于分工合作关系建立与社会组织试验的规范。

第五节　不同的经济发展模式

经济发展就是知识增长，因此，所谓经济发展模式，就是知识增长模式。

一　物质社会经济发展模式与信息社会经济发展模式[①]

（一）物质社会的经济发展模型

物质社会的经济发展具有以下特性：

（1）物质社会的发展具有自发性，知识创新很慢，通过创造新知识来自觉推动社会发展的模式还远远没有形成。

[①] 引自袁葵荪《发展经济学讲义》，未公开出版。本书引用时按照袁葵荪的纲要对每一个小点内容做过重新阐述，因此算不上直接引用而是间接引用。

(2) 新知识的来源具有内源性和业余性。

(3) 经济发展是非持续的均衡发展的过程，对社会经济运行无显著影响。第一，非持续性：知识创新过程是非持续的，只是出现偶尔的创新。因此，由知识增长推动的经济发展就是非持续的。第二，均衡性：经过长期"试错"调整，已有知识已经得到充分利用，经济发展能够在最优轨道上均衡进行。

（二）信息社会经济发展模型

在信息社会，由于知识增长成为人们预料之中的、经常性的现象，经济发展具有不同于物质社会的新特点包括：

(1) 经济发展已成为社会的主要经济目标。新知识涌现的持续性，开启了社会的希望大门；由于社会分工的网络效应，知识创新的成本收益比降低，新知识的商业推广也更为容易；社会和自然环境的压力加大，使人们只能通过不断的知识创新来降低这些压力。

(2) 新知识的来源发生了根本性变化。首先，知识创新更多地来源于职业的而非业余的创新者，因此知识创新效率大大提高。其次，外源性知识逐渐成为主要的新知识来源。由于学习知识比创造知识的成本要低，因此，通过分享外源性知识来获得发展就比自己独立创新知识获得发展在成本上要低，这可以避免很多不必要的重复学习、重复创新知识的成本。

(3) 经济发展是持续的非均衡发展的过程。第一，持续性，由于新知识创新成为社会常规的过程，同时社会的进步也需要不断的知识创新来推动，知识增长的这种良性循环使得经济发展过程具有持续性。第二，非均衡性，由于经济系统的复杂性，知识创新对于不同领域的推动可能不具有同样的程度；同时不同领域的知识千差万别，知识差异扩大。

二　发达国家经济发展模式与发展中国家经济发展模式

袁葵荪认为，从知识增长角度看，发达国家的经济发展无疑是无止境的长期持续过程。但发展中国家的经济发展则可以是一种有限的过渡性的，可以在两代人左右的时间内完结转换过程。

发达国家的经济发展是以局部渐进的方式进行的，知识增长过程是循序渐进的过程，发展中国家的知识分享则是一种整体突变的过程，是知识范式之间的转变。

发达国家的经济发展是一般性的知识增长过程，其发展是在没有外部发达得多的国家条件下进行的，至少作为一个整体，其经济发展只能通过自己的创新来实现，因此，如何获得新的知识源是最关键的问题；发展中国家的经济发展则是在存在着外部发达国家的条件下进行的，新知识源已经存在，经济发展或知识增长可以通过发达国家已有知识的传播来达到，因此，如何获得新的知识源不再是最关键的问题。

发达国家的知识增长主要是内源性的，以及发达国家之间进行充分的知识传播与知识分享。而发展中国家则主要应该通过向发达国家学习与模仿，经过与发达国家的知识交流，从而能够拥有知识增长的后发优势。这里的后发优势是指发展中国家只要充分实行开放政策，不断从发达国家那里学习与模仿新知识，包括制度规范知识，其经济增长速率可以大大高于发达国家从而实现与发达国家趋同。

发展中国家在主要利用外源性知识取得发展的同时，也要注意建立起内源性知识增长的能力。根据前面所分析的知识增长与知识传播框架，发展中国家需要在知识创新的制度环境、提高人的素质、加强国际国内经济联系等方面通过一定的政策支持，主动加速知识增长与知识传播过程。

第六章 系统学与方法论基础

本章是全文的核心，我们以数学上的偏序关系作为基础，将人文社会科学理论研究的所有系统的集合构建为一个偏序集合，不同经济学理论研究的对象系统在以系统为元素所构成的偏序结构中都有对应的位置。如果不同经济学理论位于偏序结构的一个全序子集中，那么很容易对这些经济学理论进行高低优劣的比较，如果不同经济学理论不位于偏序结构的一个全序子集中，那么就很难直接对这些经济学理论的高低优劣进行比较。

本章还使用序结构理论对各种发展经济学理论的方法进行比较研究，特别比较了边际分析与超边际分析、均衡分析与反均衡分析、一般均衡分析与局部均衡分析、实证分析与规范分析，然后提出了实证分析中一般均衡分析的偏序结构模型和规范分析中经济效率的偏序结构模型，在偏序结构的全序子集中则是系统层次模型，从而建立了一般均衡分析与局部均衡分析的相对关系理论，效率和公平的系统层次模型，从而为经济理论之间的比较提供了一个框架。这个框架的核心思想是通过比较不同理论所涉及系统的层次与变量的精细性，达到对理论之间关系的清楚认识。

第一节 数学基础

本章立论的数学基础是二元关系，特别是前序关系、偏序关系、全序关系这三种序关系。我们对经济理论实证分析与规范分析所涉及的系统层次的比较基于数学上的偏序结构与全序子集，我们对两种经济效率——帕累托最优和社会福利最大化——的区分基于偏序关系与全序关系。

一 笛卡尔集与二元关系

（一）笛卡尔集与二元关系

设 A、B 为任意集合，集合 A×B = {(x, y) | x∈A, y∈B} 称为 A 与 B 的笛卡尔集。A 与 B 的笛卡尔集是 A 的所有元素与 B 的所有元素结成的元素对所构成的集合。

笛卡尔集 A×B 上一个子集 R 称为从 A、B（顺序不能变）之间的二元关系，即 R⊂A×B。若 (x, y)∈R，则又记为 xRy，表示 x 与 y 之间具有关系 R。若关系的定义中的 A 与 B 两个集合相等，则称 R 为 A 上的一个二元关系，即有 R⊂A×A。

（二）二元关系的性质

下面介绍二元关系的一些性质。设 X×Y 是一个笛卡尔集，R 是 X×Y 一个子集。

（1）反身性：∀x∈X，有 (x, x)∈R 或 xRx。

（2）对称性：如果 (x, y)∈R，那么 (y, x)∈R。若 xRy，则 yRx。

（3）反对称性：如果 (x, y)∈R 和 (y, x)∈R，那么 x = y。若 xRy 并且 yRx，则 x = y。

（4）非对称性：如果 (x, y)∈R，那么 (y, x)∉R。若 xRy，则 yRx 不成立。很明显，如果一个关系具有非对称性，它必然也具有反对称性；但具有反对称性，并不一定具有非对称性。具有非对称性的关系 R 可能同时具有反身性也可能不具有反身性。

（5）传递性：如果 (x, y)∈R，(y, z)∈R，那么 (x, z)∈R。若 xRy，yRz，则 xRz。

（6）完备性：∀x, y∈X，(x, y)∈R 或 (y, x)∈R。对于 X 的任意两个元素 x、y，(x, y) 和 (y, x) 至少有一个属于 R，则称 R 是完备的。具有完备性的关系，肯定具有反身性，即完备性定义中可有 x = y。

（7）循环性：如果 (x, y)∈R，(y, z)∈R，那么 (z, x)∈R。

若 xRy, yRz, 则 zRx。

(8) 对应唯一性: 如果 xRy, xRz, 则 y = z, 即对于任意 x ∈ X, 在 Y 中只可能有唯一元素 y 使 xRy 或 (x, y) ∈ R。

比如, "是兄弟关系"具有对称性, "是父子关系"具有非对称性, "x 是 y 的祖先"关系具有传递性。普通的实数≥关系具有反身性、反对称性、传递性、完备性, 但不具有非对称性。普通实数的>关系具有非对称性、传递性, 但不具有反对称性、反身性、完备性。

(三) 特殊的二元关系

根据二元关系的性质, 可以定义一些特殊的二元关系。对于任何一种二元关系, 可考察其是否具有上面八种性质, 于是存在 $2^8 = 256$ 种可能性, 即用上面的八种性质在理论上可以定义出 256 种特殊的二元关系。但这 256 种二元关系中, 大部分是没有什么应用价值的二元关系, 下面列出了少数具有重要应用价值的二元关系。

表 6-1　　　　　　　重要的二元关系

	反身性	对称性	反对称性	非对称性	传递性	完备性	循环性	对应唯一性
等价关系	是	是	—	—	是	—	—	—
映射关系	—	—	—	—	—	—	—	是
前序关系	是	—	—	—	是	—	—	—
偏序关系	是	—	是	—	是	—	—	—
全序关系	是	—	是	—	是	是	—	—

注: "-"表示未作规定。

等价关系、映射关系和序关系在经济学中都非常重要。

二　映射关系

映射关系是一种特殊的二元关系。X 到 Y 之间的映射关系 f 是 X 到 Y 的一个特殊的二元关系, 定义为: ∀ x ∈ X, 在 Y 中存在唯一的一个 y 使得 (x, y) ∈ f, 或 xfy。数学上对于映射关系, 一般记为 y = f(x) 而不是 xfy。其中, X 称为映射的定义域, Y 称为映射的靶集, f 称为映射法则。若有 y = f(x), 则称 x 为 y (在映射 f 下) 的原像, y

为 x（在映射 f 下）的像。定义域 X 中所有元素在映射 f 下的像集合是 Y 的一个子集，称为映射 f 的值域。两个映射相等是指定义域 X、靶集 Y 和映射法则 f 都相等。如果两个映射 f 与 g，其定义域 X 相同，映射法则相同，从而值域相同，但靶集不同，则视作不同的映射。

对于一个向量，若其分量是数，则下面简称为数向量；若其分量是函数，则简称为函数向量。若定义域与靶集都是数集，这样的映射通常称为函数。若定义域是数向量集，靶集是数集，则称为多元函数。若定义域是数集或数向量集，靶集是数向量集，则称为向量函数。若定义域是函数向量集，靶集是数集，则通常称为泛函。若定义域是由集合为元素构成的集合，靶集是数集，则称为集函数或集映射。若靶集是以集合为元素所构成的集合，则称为集值映射或对应。测度是一种特殊的集映射或集函数，其定义域是一个以集合为元素所构成的集合 D，有时称为集族。作为测度定义域的集合 D 必须对任意并运算、差运算和极限运算封闭，即 D 中任意一个集合的并集仍然属于 D，D 中任意两个集合的差集属于 D，D 中的单调集列的极限集必须要属于 D。对任意并和差运算封闭的集族称为 σ 环，对单调集列极限运算封闭的集族称为单调类。也就是说，作为测度定义的集合 D 必须是一个 σ 环和单调类。单调类有点类似于拓扑空间中的闭集，因为闭集中的点列极限仍然属于这个闭集。测度不同于一般的集函数，测度必须满足单调性和可数可加性，单调性是说越大的集合，其测度值越大；可数可加性是指，可数个不相交集合的并集的测度等于每个集合的测度相加。函数、向量函数、集函数、测度、泛函、集值函数或对应，在经济学中都有非常重要的应用。

三 等价关系与集合分割

（一）等价关系与集合分割

等价关系：一个集合 X 上的关系 ~ 如果具有反身性、对称性、传递性，则称为等价关系。若集合 X 上定义了一个等价关系 ~，对于 $x \in X$，x 在等价关系 ~ 之下的等价类定义为集合 $[x]_\sim = \{y \in X | y \sim x\} = \{y \in X | x \sim y\}$，在等价关系明确时，x 所在的等价类可简记为 $[x]$，即 x 所在的等价类是 X 中所有与 x 有等价关系的元素所构成的子集。

如果一个集合 X 被分割成几个子集 X_1、X_2、$\cdots$、X_k，这些子集相互不交，即对任意 i, j $\in$ {1, 2, $\cdots$, k}, i$\neq$j, 总有 $X_i \cap X_j = \Phi$，且这些子集的并集为 X，即 $\bigcup_{i=1}^{k} X_i = X$，子集系列 {$X_1$, X_2, $\cdots$, X_k} 称为 X 的一个分割。

对于集合的每一个分割 {X_1, X_2, $\cdots$, X_k}，可以定义 X 上的一个等价关系 ~ 如下：x ~ y: = 存在 i 使得，x $\in X_i$, y $\in X_i$，即存在分割子集中的一个子集 X_i，使 x 与 y 都属于 X_i。

反过来，对于集合 X 上的任何一个等价关系 ~，都可以对应集合 X 的一个分割，其中每个子集是由 X 在等价关系 ~ 相互等价的元素所构成的子集。首先可以证明若 x$\neq$y，则等价类 [x] 与 [y] 或者相等，或者不相交；或者说，对于 X 的任意一个元素，它只能属于一个等价类，不可能属于两个等价类；或者说，若存在元素 x 同时属于 y 与 z 的等价类，即 x$\in$ [y], x$\in$ [z]，则两个等价类 [y] 与 [z] 相等。先证 [y] $\in$ [z]：按照等价类的定义，$\forall$h$\in$ [y]，必有 h ~ y，由 x$\in$ [y]，必有 x ~ y；由等价关系具有对称性，从 x ~ y 知 y ~ x；而 x$\in$ [z] 表明 x ~ z；由等价关系的传递性，从 h ~ y, y ~ x, x ~ z 得到 h ~ z；再按等价类的定义有 h$\in$ [z]；即 $\forall$h$\in$ [y] 有 h$\in$ [z]，从而按照集合包含关系的定义，[y] $\subseteq$ [z]。同理，再证 [z] $\in$ [y]：按照等价类的定义，$\forall$e$\in$ [z]，必有 e ~ z，由 x$\in$ [z]，必有 x ~ z；由等价关系具有对称性，从 x ~ z 知 z ~ x；而 x$\in$ [y] 表明 x ~ y；由等价关系的传递性，从 e ~ z, z ~ x, x ~ y 得到 e ~ y；再按等价类的定义有 e$\in$ [y]；即 $\forall$e$\in$ [z] 有 e$\in$ [y]，从而按照集合包含关系的定义，[z] $\subseteq$ [y]。由于每个等价类都不相交，于是属于同一个等价类的元素构成一个子集，X 的每个元素都只能属于唯一一个这样的子集，这样就形成了 X 的一个分割。

（二）分割或等价关系的商集

对于集合 X 的任何一个分割，即 $X = \bigcup_{i=1}^{k} X_i$, i$\neq$j, 总有 $X_i \cap X_j = \Phi$，则称集合 {X_1, X_2, $\cdots$, X_k} 为集合 X 的一个商集。

对于 X 上的等价关系 ~，X 中所有等价类所构成的集合称为 X 关

于等价关系～的商集，记为 X/～。商集 X/～ = {[x]～| x∈X}。设 X 上等价关系～所导出的集合 X 的分割为 {X_1, X_2, …, X_k}，则集合 X 对于等价关系～的商集为 X/～ = {X_1, X_2, …, X_k}。

比如，设 Z 表示整数集合，在 Z 上定义一个等价关系～如下，若两个整数 x、y 除以 2 的余数相同，则有 x～y。可见，这个等价关系的定义使得所有奇数之间相互等价，所有偶数之间相互等价，设所有奇数的集合为 X_1，所有偶数的集合为 X_0，则 Z = X_0 ∪ X_1 构成一个分割，Z/～ = {X_0, X_1} 就是整数集 Z 关于等价关系～的商集。

商集的概念在本质上就是对一个集合进行分割，或者对集合的所有元素进行分组，这在理论与实践中运用广泛。比如在新古典主义的动态随机一般均衡（Dynamic Stochastic General Equilibrium，DSGE）模型中，要对所有经济主体进行分类，然后每类经济主体具有完全相同的效用函数和决策模型，这种分类相当于建立了一个等价关系。

商集的概念对于理解经济学非常重要，因为在经济学里面经常用代表性消费者来表示所有消费者，用代表性厂商来表示所有厂商，实际上在新古典经济学和新凯恩斯主义宏观经济学的模型中，{代表性消费者，代表性厂商}可视为所有消费者与所有厂商所构成的私人经济主体集合 X 的商集，这里等价关系是所有消费者之间等价，所有厂商之间等价。

四　序关系

（一）三种序关系

前序关系：一个关系 R 如果具有反身性和传递性，则称为前序关系。

偏序关系：如果一个关系 R 具有反身性、反对称性、传递性，则称为偏序关系。

全序关系：一个偏序关系 R 如果还具有完备性，则称为全序关系。全序关系是指具有反身性、反对称性、传递性、完备性的关系。全序关系又称为线序关系。

很明显，等价关系、偏序关系、全序关系都是特殊的前序关系，全序关系是特殊的偏序关系。一个集合 V 上如果定义了偏序关系≤、全序关系≤，则分别称为偏序集（V，≤）和全序集（V，≤），或偏序空间（V，≤）和全序空间（V，≤）。所谓偏序集，也可以直观地理解为一个集合中某些元素可以进行某种排序，但并非任意两个元素都能进行排序。而全序集则可直观理解为集合中任意两个元素都能进行排序。可以证明，任何一个偏序集中都存在全序子集。

前序与偏序的区别在于，偏序具有反对称性，即若 xRy 且 yRx，则有 x = y。偏序关系（V，≤）可衍生出两种关系（V，<）和（V，=），（V，≤）具有反对称性，（V，<）具有非对称性，（V，=）则是一个等价关系，在相等关系 = 之下的等价类称为无差异集。等价关系把 V 分成一系列等价类，前序关系的等价类不一定是单元素集，而偏序关系的等价类则一定是单元素集。下面的哈斯图（Hasse diagram）说明了前序与偏序的区别，图 6-1（1）是一个前序而非偏序，因为存在等价类 {B，C} 有两个元素；图 6-1（2）是偏序当然也是前序，每个等价类是单元素集。从哈斯图上看，偏序一定不存在平行边，而前序可能存在平行边。经济学上的弱偏好关系是一种前序关系而非偏序关系。

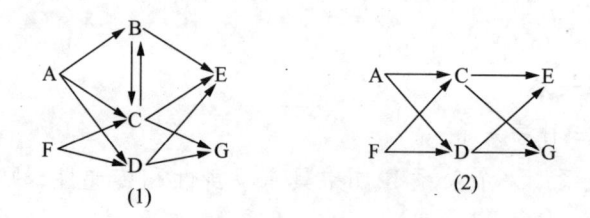

图 6-1 前序与偏序的区别

（二）偏序极值、最值与全序子集

设集合（V，≤）为一个偏序集，（R，≤）是其一个子集。若元素 M∈（R，≤）满足，对任意 x∈（R，≤）且 x≠M，都不满足 M≤x，则称 M 为（R，≤）的（偏序）极大值。或者说（R，≤）中元素 M 满足这样的条件，在（R，≤）中除 M 自身之外，找不到元素比 M 还大，则称 M 为（R，≤）的（偏序）极大值。相应地，偏序极小值定义为：若元素 m ∈（R，≤）满足，对任意 x ∈（R，≤）且 x≠m，都不满足 x≤m，则称 m 为（R，≤）的（偏序）极小值。或者说（R，≤）中元素 m 满足这样的条件，在（R，≤）中除 m 自身之外，找不到元素比 m 还小，则称 m 为（R，≤）的（偏序）极小值。

设集合（V，≤）为一个偏序集，（R，≤）是其一个子集。若元素 M ∈（R，≤）满足，对任意 x ∈（R，≤），都满足 x≤M，则称 M 为（R，≤）的（偏序）最大值。若元素 m ∈（R，≤）满足，对任意 x ∈（R，≤），都满足 m≤x，则称 m 为（R，≤）的（偏序）最小值。

如果一个偏序集合（V，≤）的子集（L，≤）按照原来的偏序关系≤构成一个全序子集，则称（L，≤）为偏序集（V，≤）的全序子集，有些书上又称为链。

下面通过图示来说明偏序极值、最值和全序子集的概念。

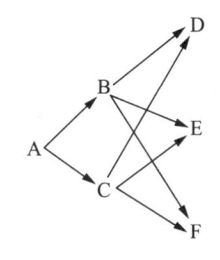

图 6-2 偏序极值与最值

设（V，≤）= {A, B, C, D, E, F}，其中，箭头方向表示从小到大的方向，即图 6-2 中 A≤B。

（1）设（R1，≤）=（V，≤），则 D、E、F 是（R1，≤）的极大值，而 A 是（R1，≤）的极小值，也是最小值。此时，（R1，≤）无最大值。

（2）设（R2，≤）= {B, C, D, E}，则 D、E 是（R2，≤）

极大值，而 B、C 是极小值。此时，(R2, ≤) 无最大值，也无最小值。

(3) 设 (R3, ≤) = {A, B, C, E}，则 E 是 (R3, ≤) 的极大值，也是最大值。A 是 (R3, ≤) 的极小值，也是最小值。

(4) 设 (R4, ≤) = {B, C, D}，则 D 是 (R4, ≤) 的极大值，也是 (R4, ≤) 的最大值。B、C 是 (R4, ≤) 的极小值，无最小值。

(5) (V, ≤) 有 {A, B, D}、{A, B, E}、{A, B, F}、{A, C, D}、{A, C, E}、{A, C, F} 这样 6 个全序子集。

很明显，有限的全序集合总是存在最大值与最小值，而且最大值也是极大值，最小值也是极小值。

(三) 向量序或自然序

向量空间中，可以非常自然地定义一个偏序结构，这就是所谓的向量序或自然序。

设 V 为向量空间，向量空间中两个向量 $\vec{a}$ ($X_1, X_2, \cdots, X_n$)、$\vec{b}$ ($Y_1, Y_2, \cdots, Y_n$) ∈ V，若对 i = 1, 2, ⋯, n，皆有 $X_i \leq Y_i$，则定义向量 $\vec{a} \leq \vec{b}$。即一个向量 $\vec{a}$ 要小于或等于向量 $\vec{b}$，当且仅当 $\vec{a}$ 的每个分量小于或等于 $\vec{b}$ 的对应分量。

在向量空间按照上面的方式定义了向量序之后，这个向量序就是一个偏序，从而向量空间可以成为一个偏序空间。向量序在经济学中有重要运用。微观经济学里面对于消费偏好的非饱和性假设就相当于建立了商品空间的一个向量序。下图示意了向量序。

设二维向量集合 (V, ≤) = {A, B, C, D, E, F}，箭头方向表示从小到大的方向。显然，D、E、F 是 (V, ≤) 的极大值，A 既是极小值也是最小值，(V, ≤) 不存在最大值。

(四) 向量序的完备化和全序化

数学上已证明，任何偏序集都可以将其扩展成为一个全序集，这就是 Sziplrajn 定理：每个非空集合 X 上的偏序关系 "≤" 都可以扩展为 X 上的一个全序关系 "≤"，使原来在偏序关系下两个元素 x、y 有关系 x≤y 时，在扩展之后的全序关系下有 x≤y。而有限的全序集或完备的前序集，都可以在其上建立一个到实数的保序映射 f（x），使得定义域中若序关系 x≤y，则有 f（x）≤f（y）。

如图 6-3 所示的向量序集合中 (V, ≤) = {A, B, C, D, E, F}，存在 {A, B, E}、{A, B, D}、{A, C, D}、{A, C, F} 这样四个全序子集。如果两个元素位于某一个全序子集中，那么这两个元素能够进行比较。但如果两个元素没有位于某一个全序子集中，则这两个元素就无法比较顺序或大小。比如 E 与 D、E 与 C、E 与 F、B 与 C、B 与 F、D 与 F 之间无法比较顺序或大小。此时，可以在向量空间 (X_1, X_2) 上建立一个二元函数 z = f(X_1, X_2) 作为综合指标来将偏序关系完备化，从而达到具有完备性的目的，使得任何两个向量之间都能排序或比较大小。比如说令 Z_1 = f(X_1, X_2) = X_1 + X_2，则表 6-2 列出了 V 中 6 个元素的综合指标值。

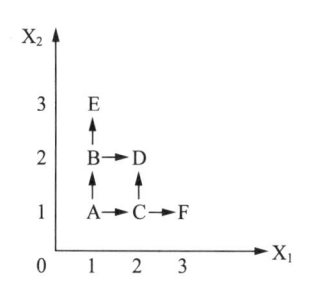

图 6-3 偏序极值

表 6-2　　　　综合指标 Z_1 = X_1 + X_2 下各点综合指标值

A	B	C	D	E	F
2	3	3	4	4	4

结果 E、D、F 在上述综合指标之下都是无差异的，或者说过 EDF 的直线构成一条关于 Z_1 的无差异曲线，或称等值线。两个点属于同一个无差异集是一个等价关系。在此综合指标之下，任何两个向量之间都是可以排序或比较大小的，而且原向量序集合中的全序子集，在

综合指标之下，仍然构成相同顺序的全序子集，即这个综合指标是一个保序映射。由于综合指标等于 3 的点有两个，综合指标等于 4 的点有 3 个，因此经过完备化之后的向量集合就不再是偏序，而是具有完备性的前序集。如果定义两个点的综合指标值相等时具有关系～，则关系～构成一个等价关系，综合指标相等的点构成一个等价类。经过完备化之后的偏序结构相对于等价关系～的商集，或者说以综合指标相等的点为等价类，所有的等价类将构成一个全序集，称为完备前序集的全序化。其本质是把综合指标相等的点所构成的等价类看成一个点。在上述综合指标相等所形成的等价关系之下，全序化之后为 {A, B = C, D = E = F}，里面只有三个点。

又比如说令 $Z_2 = X_1 \times X_2$，表 6-3 列出了 V 中 6 个元素的综合指标值。

表 6-3　　　　综合指标 $Z_2 = X_1 \times X_2$ 下各点综合指标值

A	B	C	D	E	F
1	2	2	4	3	3

结果在综合指标 Z_2 之下，B 与 C 无差异，E 与 F 无差异，而 D 最好。在此综合指标之下，任何两个向量之间都是可以排序或比较大小的，而且原来的全序子集在综合指标之下，仍然保持完全相同的排序，即这个综合指标也是一个保序映射。这些点按照综合指标 Z_2 构成一个完备的前序结构，不再是向量序。在综合指标 Z_2 之下，综合指标等于 2 的点有两个，等于 3 的点也有两个，因此完备化之后形成的向量集不是偏序集，更不是全序集，而是具有完备性的前序集。如果把两个点的综合指标相等关系定义成一个二元关系 R，则关系 R 是一个等价关系，这个等价关系的等价类是综合指标值相等的点。然后把等价类看成一个点，则完备前序集可以进一步全序化为 {A, B = C, E = F, D}，里面只有 4 个点。

偏序关系完备化和全序化是许多管理与经济问题的实质，效用函数本质上是对商品空间偏好的非饱和性假设形成的向量序空间的完备化和全序化；而社会福利函数本质上则是对由每个人的效用构成一个分量的社会福利向量序空间的完备化和全序化。偏序关系完备化和全序化是多指标决策问题的实质。

（五）前序的完备化和全序化

前序不一定具有完备性。图6-4表示一个前序关系，但不具有完备性。比如，其中A、F无法比较，E、G无法比较，C、D也无法比较。

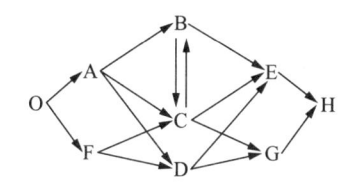

图6-4 不完备的前序关系

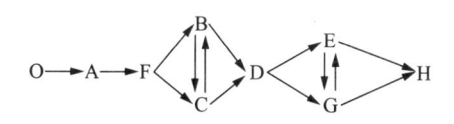

通过规定A、F的顺序，C、D的顺序，E、G的顺序，可以将上述前序结构全序化。比如，若规定F大于A，D大于C，$G \leq E$且$E \leq G$（即E与G无差异），则上述不完备的前序关系可以完备化如图6-5所示。

图6-5 前序关系完备化

需要注意的是，偏序关系与前序关系完备化之后，不一定形成全序关系，而可能形成完备的前序关系。偏序关系与前序关系在完备化过程中，若存在两个不同点对于综合指标无差异，则完备化之后不是全序关系，而只是完备的前序关系，如图6-5所示。但如果把B、C看成同一个点，把E、G看成一个点，或者对于综合指标相同的点之间定义一个等价关系，然后对于这个等价关系做商集，则完备的前序关系将成为一个全序关系。比如图 6-5 全序化之后成为 {O，A，F，B=C，D，E=G，H}，一共 7 个点。

第二节　主流经济学的四层次框架

均衡分析是主流经济学所采用的分析方法，其典型形态是四层次分析框架。杨小凯第一次清楚地阐述了主流经济学的四层次分析框架。[①]

第一层次，经济学家把一些人们作决策前的经济环境用一些数学函数来描述，例如用效用函数描述人的嗜好和欲求，用生产函数描述生产条件，用预算约束描述制度环境，或用对策论中的游戏规则描述经济制度。

第二层次，经济学家用数学中的最优决策理论分析人的最优自利行为。这个层次的分析结果一般被称为决策的比较静态分析，即当环境变化时，最优决策会如何作反应的分析。这种分析用自然及制度环境解释人的自利行为。

第三层次，经济学家用均衡概念分析不同人的自利行为交互作用产生的结局。这个层次的分析结果一般被称为均衡的比较静态分析，即对环境变化时，自利行为交互作用所产生的结局会如何变化的分析。这种分析用自然及制度环境解释不同人自利行为交互作用的后果。

在第二、第三层次的分析中，如果考虑时间因素，则分别会有动态决策和动态均衡的比较动态分析。第一、第二、第三层次的分析被称为实证分析。不问好坏，不作价值判断。

第四层次，与价值判断有关的福利分析（或称规范分析）。这个层次，经济学家会提出什么是对全社会最好的经济状况这类问题。他们对

---

① Yang, X. and Ng, Y-K., 1993, Specialization and Economic Organization, a New Classical Microeconomic Framework, Amsterdam, North-Holland.

第三层次所分析的自利行为交互作用产生的后果进行福利分析,看后果是否对全社会有利。

如果第三层次均衡分析所得到的结果经过第四层次的福利分析之后发现其存在内生交易费用或者说与帕累托最优和社会福利最大化这两种经济效率标准存在差距,那么经济学家就要提出改进第一层次所设定的制度环境的建议。四层次分析框架最基本的思路在于,制度决定人的决策和行为,而人的决策和行为及其相互作用决定了经济发展绩效,因此要改变经济发展绩效的根本就是改变制度,制度改变了,人们的决策和行为自然就改变了,最后经济发展绩效当然也就改变了。因此,从根本上讲,现代经济学理论就是研究在各种制度框架之下,人们的决策和行为如何,从而通过人们的决策相互作用之后形成的经济效率和社会福利后果如何,并通过最终形成的经济效率和社会福利后果来作为评价制度框架的标准,整个四层次分析框架的分析过程相当于建立了从所有制度所构成的集合 T 到经济效率和社会福利空间 W 的一个映射,相当于为各种制度建立了综合评价指标,最后选择最好的制度框架。而实际上目前的经济理论(者)都只研究了部分制度框架条件下,人们的决策和行为相互作用、相互影响所形成的经济效率和社会福利后果,从而在所有制度所构成的集合 T 的一个真子集 H 上展开工作,对其制度子集 H 中的制度所实现的经济效率进行比较评价。比如新制度经济学研究了企业制度、产权制度、国家制度等对于经济效率的影响,杨小凯的新兴古典经济学研究了自由市场制度利用消费—生产者(既是消费者也是生产者)的最优自利决策之间的相互作用搜寻最优分工契约结构实现经济效率的意义,新古典微观经济学研究了完全竞争、垄断、寡头、垄断竞争等各种市场结构下消费者和厂商的最优自利决策相互作用对于资源配置和经济效率的影响。目前,还缺少这样的经济学理论,一般都是在研究各种制度框架之下,即在所有制度所构成的集合 T 上展开系统的研究工作,研究每种制度框架之下人们的决策和行为如何,怎样对分工契约结构演进路径和资源配置方式产生影响,并最终决定经济效率和社会福利。这种系统化的制度经济学研究的首要困难就在于,如何通过一种恰当的方式对制度进行定义和描述，从而能够穷尽所有可能的制度（通常应该是一个无穷集合）。在对制度进行定义和描述的基础上，再研究人们的最优自利行为之间的相互作用。演化博弈论是这一方面的尝试，但演化博弈论通常也只能在极小的制度集合之内展开演化研究。由此可见，经济学理论的发展绝对不可能终止，至少寻找并描述所有可能的制度所构成的集合就是一个任何时代都无法终结的任务。

经济学分析的四层次分析框架与各种分析方法是通过数学组织起来的，数学提高了问题争论和解决的效率，并且结果唯一，这样不同教师和学生在解同一个问题时，都能得到唯一的结果，教师便于教，学生便于学，更便于经济学知识在不同代际经济学家中的积累。

第三节 经济理论涉及的系统范围
——内生化程度

我们通过考察不同发展经济学理论，发现它们所涉及的系统层次并不一样，而通常的经济学与发展经济学教科书不会告诉我们这一点，因此，这就使我们很难对不同理论之间的水平高低与各自优劣有一个清楚的认识，甚至有可能被众多的理论所迷惑，陷入众多理论体系所建构的迷网之中而不可自拔。如果我们从经济学理论所涉及的系统层次来对经济学理论的性质和优劣进行评估，就能迅速把握各种经济学理论的本质，并减少对经济学理论的恐惧心理，提高我们批判经济学理论的能力。

一 系统分层与不同层次的理论

（一）封闭系统与开放系统

所谓系统是指相互联系的事物在一起所构成的一个集合。为了研究的需要，人们几乎可以将任意事物放在一起作为一个系统来看待。不同系统之间可能有某些相似的性质，称为系统同型性，系统同型性是系统学存在的前提和研究的对象。根据系统与环境的关系，系统可以分为孤立系统、封闭系统与开放系统。

孤立系统是指一个系统与周围环境不发生任何物质、能量和信息的交流。封闭系统是指系统内部要素之间联系很强，而系统内部与外部之间的联系较弱，因此，在概念上将这一系统看作一个相对独立的单位。开放系统是指系统内部要素与外部环境之间进行物质、能量和信息的交流对于系统功能的实现非常必要。封闭系统与孤立系统不一样，后者是没有与其他系统有物质、能量与信息交换的系统。而封闭系统则是说这个系统的各种主要因素或系统要素主要是相互之间发生作用与影响，与系统外的其他因素联系非常弱，从而可以不考虑系统外因素与系统内因素之间的相互作用相互影响。但事实上我们知道，由于宇宙万物的普遍联系，不要说孤立系统不存在，封闭系统也是不存在的。封闭系统的考虑是一种理论策略，是为了简化问题而做出的临时假定，是为了不使所考虑的变量过多和问题过于复杂所做出的简化。这种理论策略本质是在自然和社会的关节处进行切割，因此切割得是否合理就与理论者对于关节的认识有关。

一个合理的系统切割是使系统内的因素有很强的相互作用，而系统与环境的联系要弱得多，并且系统与环境之间的相互作用对于系统内部各要素之间的相互作用没有影响。如果系统对于环境的作用，能够产生反馈作用，反过来会对系统要素产生影响，这时候对于系统的切割就是不合理的，改进办法之一是把能够产生反馈影响的因素包括进系统，重新进行系统分析。这种不合理的系统切割，在经济学中经常发生，不同层次的局部均衡分析其本质就表明了系统切割的不合理。但是，这种不合理是与分析方法的复杂性相权衡情况下做出的，因而又具有相对的合理性。

我们所考察的主要是经济系统，它是一个开放系统。经济系统与它的环境，主要是政治系统、法律系统、文化系统、地球生态环境系统之间不停地在进行物质、能量与信息的交换。虽然经济系统是一个开放的系统，但是，为了降低研究成本的需要，在很多时候我们可能把研究的论域限定在经济系统，把它看成一个封闭系统。

（二）子系统与分系统

任何系统都具有结构与功能两种属性。朴昌根认为，结构是系统要素之间的空间分布关系，而功能则是要素之间的活动关系。系统按结构可以划分为不同的子系统，系统按功能可以划分为不同的分系统。子系统有时也被认为是按纵向划分的结果，分系统有时也被认为是按横向划分的结果。比如以一个国家作为系统，那么一个省就是国家系统的一个子系统，而一个国家的经济系统、政治系统、文化系统都是国家系统的分系统。

由于系统存在子系统与分系统的不同划分方式，因此，所有子系统与分系统的集合在数学本质上就构成了一个偏序结构。也就是说，有些系统之间可以比较大小层次，而有些系统之间无法比较大小层次。比如一个省作为一个系统与一个国家作为一个系统，显然，前者是后者的子系统，国家系统比省系统要大；一个国家的经济系统是国家系统的分系统，因此，国家系统比经济系统要大；但一个国家的经济系统与一个省作为系统，两者之间就无法比较大小。

所有的系统构成一个集合，这个集合的每个元素是一个系统，而一个系统 A 的所有要素是另一个系统 B 的要素，则定义 A < B，由此所有系统之间按照系统要素集合的"包含于⊆"关系可以构成一个偏序关系。由所有系统构成的偏序集中，存在很多全序子集。每一个全序子集中的系统之间，可以相互进行大小层次的比较，从而构成从小到大的系统，在这个系统中，前一系统是后一系统的子系统或分系统，从而形成一个多级的系统层次关系。

（三）不同系统层次的理论

随着所考察系统的时间空间范围和变量范围的扩展，系统分为不同层次。不同层次的系统可能需要不同层次的理论来进行研究，而不同系统层次之间的相互关系与不同理论层次之间的相互关系，可能不是简单的还原论形式，即把更大层次系统用其组分或子系统的相互作用解释。

在科学中，有一种理论见解称之为微观还原论，它主张对于整体的认识可能通过对其组分（系统要素）的分析以及对于组分之间相互关系的完整分析而得到。这种微观还原论的典型例子是个人主义的经济学，其中较为极端的代表如张五常，他们主张根本没有什么作为独立利益主体的社会组织，没有什么组织利益最大化，因为社会组织是由单个人组成的，只有个人才能对利益得失进行判断，那些号称是组织利益的，实质上是组织领导人的个人利益（这对于揭露那些以公共利益为名捞取私人利益的政客阴谋确实像一把利剑）。他们主张社会组织完全可以通过对个人最优自利决策及其相互作用相互影响而认识和解释。

对于经济学而言，我们认为，最小的系统应该是个人。我们反对把社会组织现象与宏观经济现象还原为个人行为的个人主义的微观还原论。我们主张宏观经济学可以有自己独立的合法地位。因为宏观经济学考虑的毕竟是不同于个人层次的事物，而且宏观经济学的一些概念也没有办法通过对个人层次的概念进行加总而得到。系统概念能够通过其组分概念进行加总而得到的称为生成性概念。生成现象与生成概念可以通过其组分得到解释。但是，总体现象中除生成现象之外，还有涌现现象[①]，它根本与其组分无关，完全不能够通过对组分的加总或平均来达到对涌现现象的认识。比如说，经济周期在微观经济学层次上是不可能存在的，经济周期不可能通过对个人经济行为的加总而得到。

我们也反对生理主义的微观还原论，即把个人的经济行为再进一步用生理学原理来加以解释，比如说用生物大分子的相互反应来解释，甚至进一步还原为物理学中各种微观粒子之间的相互作用。显然，物理学原理是不能解释经济行为的。

杨小凯关于劳动分工网络的分析表明，通过对劳动分工的微观机制分析，似乎也可以达到对于宏观经济现象的理解。这似乎为个人主义的微观还原论提供了有力证据。

进一步的理论考察表明，简单地反对微观还原论的做法也可能受到争议。主张不同系统层次应该有不同特定理论的观点与微观还原论观点，这两种观点的正确与错误的判别需要有以下的实证经验或理论

[①] 生成性与涌现性的区别详见欧阳莹之《复杂系统理论基础》，上海科技教育出版社2002年版，第182页。

分析，那就是对整体与部分、系统与组分（要素）的关系有精确的认识。比如，我们通过一定判决性实验，通过对组分及其相互关系的完整分析，看能否得到对于整体的认识；如果能够得到对于整体的认识，再把这样得来的整体认识与直接从整体着眼进行的宏观分析结果进行对比，看两者之间是否一致。如果不一致，就表明微观还原分析没有能够得到系统整体分析所得到的某些结论，可以判定微观还原论是错误的，从而支持不同系统层次应该有不同特殊理论的观点；如果完全一致，就表明微观还原是可以的，因此，微观还原论是正确的。而之所以难以进行上述理论的判决性实验，是因为整体与部分、系统与要素之间的关系实在过于复杂，目前的科学水平根本无法对于组分及其相互关系做出真正完整的分析。因此，在这种情况下，我们实际上很难断定微观还原论与层次论到底谁是谁非。

表面上，微观还原论是错误的，因为经济行为确实很难还原成生理学的刺激反映模式。但是，微观还原论者可能会反驳说，之所以目前的科学状态无法将经济行为还原为生理反映，这只是由于目前的生理学发展程度不高，不能够完整分析生物大分子反映的全部过程及其相互关系，如果能够真正完整分析生物大分子及其相互关系，是能够把个人行为还原为生物大分子之间的生化反应的。显然，微观还原论的理由也是有力的。因此，由于整体与部分、系统与要素之间关系的复杂性，我们无法实际验证微观还原论与层次论的对错。在这样的情况下，既然微观还原论与层次论都没有充分的理由，我们就不得不容忍它们同时存在。在没有完全搞清楚整体与部分、系统与要素之间的复杂关系时，作为一种折中主义方式，我们应该允许不同系统层次有不同的理论，并且认为不同层次用不同的理论进行解释，是一种节省成本的做法；同时，我们也应当容忍微观还原论的存在，允许一些学者用微观还原论的思路来解释更高层次的复杂现象。

还有一种比较合理的做法是折中层次论与微观还原论。对此，欧阳莹之称为综合微观分析，即在不同层次上存在不同的特定理论以解释不同系统层次的特殊现象，同时在考虑到不同层次之间的关联时，试图为宏观现象寻找微观基础，并用微观机制对宏观现象进行解释。

这正是新凯恩斯主义宏观经济学、理性预期宏观经济学和新古典主义，动态随机一般均衡（Dynamic Stochastic General Equilibrium, DSGE）模型等所做的工作。

我们来看一下为宏观经济学寻找微观基础的一些做法。许多经济学批评说宏观经济学不涉及个人决策及其相互作用，因而没有一个坚实的理论基础。于是以克洛尔、莱荣霍夫德为代表的后凯恩斯主义非均衡分析学派试图通过消费者决策与厂商决策之间的相互作用的一般均衡来内生凯恩斯主义的宏观经济学理论。但是，这种做法仍然受到批评，有两个原因：第一，做决策的消费者与厂商是一个代表，决策之间的相互作用只是代表性消费者与代表性厂商之间的相互作用，没有消费者之间与厂商之间的相互作用；第二，决策的消费者与厂商是一个整体，而实际上根本不存在什么消费者与厂商整体，消费者与厂商整体不可能作为一个决策主体而存在。或者说，代表性消费者毕竟不是真正的众多消费者，代表性厂商毕竟不是真正的众多厂商，因此，新凯恩斯主义作为综合微观分析的尝试，仍然没有回归到真正的微观经济主体——个人——的最优决策及其相互作用。因此，新凯恩斯主义的代表性消费者和代表性厂商的综合微观分析方法，本质上并非方法论个人主义，而是方法论集体主义，代表性消费者实际上是指消费者集体，代表性厂商实际上是指厂商集体。

理性预期学派的宏观经济学（又称为新兴古典宏观经济学，这个术语与杨小凯新兴古典经济学相同，因此要区分清楚）数理经济模型在考虑到理性预期之后，通过代表性消费者与代表性厂商的最优自利决策及其相互作用，解释国民收入决定，并通过卢卡斯批判和理性预期否定经济政策的有效性。卢卡斯批判的基本思路是说，经济政策必须依靠计量经济模型来计算现实经济参数，而计量经济模型只能通过历史数据获得这些经济参数，或者说通过历史数据获得的经济参数可能已经在现实中发生了改变，从而根据历史数据制定的经济政策，已经不适合于目前的经济现实。理性预期理论认为，只要经济政策制定者将政策公之于众，人们的理性预期就会开始起作用，提前应对经济政策带来的变化，经济政策导致人们行为发生重要变化，结果当政策期间结束之后，人们又回到原来的起点，经济政策根本没有能够对实际经济产生任何实质性影响。理性预期学派作为综合微观分析的尝试，仍然是从代表性经济主体的最优决策出发进行分析，没有真正从个人最优决策出发进行分析，因此，并非方法论个人主义，其代表性消费者本质上是消费者集体，代表性厂商是厂商集体，因此这仍然是方法论集体主义，其在向微观决策还原的深度上仍然远远不够。

新古典主义的 DSGE 模型是将所有经济主体进行归类，计算几类代表性经济主体在面临不确定性时的最优决策，本质是一个随机最优数学规划，得到反映各类经济主体最优行为的一阶条件，即各种方程式，这些方程的全体构成一个一般均衡数理经济模型。然后根据这些反映各类经济主体最优行为的方程式收集数据，并通过计量经济技术进行假设检验，以求验证这些反映各类经济主体最优行为的一阶条件能否成立。新古典主义 DSGE 仍然是假定存在代表性主体，仍然不是从真正的个人决策出发进行分析，因此其作为综合微观分析的尝试，在向微观决策还原的深度上仍然远远不够。

杨小凯否定了新古典宏观经济学从代表性厂商出发建立微观基础的做法，他直接从个人决策出发，通过个人专业化模式决策决定全社会的分工契约结构和劳动分工网络，通过对劳动分工网络的分析，把宏观现象看作劳动分工网络的整体特性，这本质上是一种微观还原论式的方法。但是，他的解释却非常有力，以至于我们不能轻易地否定微观还原论了。新兴古典经济学方法消除了微观经济学与宏观经济学的区分，从而能够在一个微观经济框架中解释经济发展现象。

由此可见，杨小凯的微观还原论和新凯恩斯主义、理性预期学派、新古典 DSGE 这三种模型的综合微观分析在方法论上还是有很大差别的。后三者的综合微观分析虽然试图对宏观经济现象进行微观解释，但是，在微观基础层次上其本质仍然是方法论集体主义而非方法论个人主义，而杨小凯的新兴古典经济学微观还原论则是纯粹的方法论个人主义。杨小凯直接从个人决策出发对宏观经济现象进行解释，但限于新兴古典数理经济模型的复杂性，对于有些重要的、高层次的、复杂的宏观现象，比如银行业、证券业、保险业的产业结构比例，货币供给与货币政策的作用等，目前仍然没有能够建立起新兴古典数理经济模型进行解释。这表明，要从个人决策出发来理解这些高层次的、复杂的宏观经济现象，数理经济学理论的发展仍然有很长的路要走。

无论如何，杨小凯新兴古典经济学整合微观经济学与宏观经济学的努力仍然是数理经济学理论发展过程中的里程碑。对比之下，我们发现在此之前的经济学理论都存在宏观与微观的巨大裂痕。西方发展经济学中的结构主义、激进主义并没有自己的微观经济学基础，而新制度主义、新古典主义则又未能有系统的宏观解释，结果西方发展经济学在宏观与微观两方面各执一端，这也导致了今天微观发展经济学与宏观发展经济学的分野。

另外，信息社会经济学没有涉及宏观与微观的区分。虽然其攀比竞争的知识增长机制无论对宏观经济发展还是微观经济决策都能解释，但是，由于它没有对知识的宏观特征与微观特征做出清楚的区分，因此这可能最终影响到它的解释能力。

二 理论评判的三个维度——系统空间层次、时间跨度与变量的精细性

为了对不同理论所考察的系统层次进行详细的比较，需要预先建立一个系统层次框架，然后把各个具体理论所涉及的系统层次与这个框架一一对照，其理论特色也就一目了然了。

我们可以从几个维度来考察系统的层次性：一是系统的空间层次；二是系统的时间层次；三是系统变量的精细性。

（一）系统的空间层次

在系统的空间层次划分上，有子系统与分系统两种划分方式。子系统是按照纵向来划分的，分系统是按照横向来区分的。

从系统的空间纵向跨度来看，最大的系统无疑是整个宇宙，按照宇宙的定义，所有事物都包含于宇宙之中，因此，不存在什么宇宙之外的东西，也即对宇宙系统的研究，不存在什么外生变量或环境参数，所有变量皆是内生变量。目前，对于宇宙系统的研究，主要是天文学与天体物理学。对于物理学而言,所考察的最小系统可能是各种微观粒子的组成与相互关系。人们把目前的科学手段无法再进一步分解的粒子称为基本粒子,但是,有可能随着科学手段的进步,原来的基本粒子并不基本,还有比其更小的层次单位。当然,可以从理论上找到一个确定终极最小的根据,但是,目前这种物理学理论还没有出现。目前科学理论有三大难题:极大、极小、极复杂,其中极大就是指对于宇宙演化的研究,极小就是指对于微观粒子的研究。而极复杂则是对于人类社会与生物界的研究。

从能够做出自利选择的主体单位的层次来看,在经济学上,最小的决策主体是个人;在生物学上,最小的选择主体是基因。[①] 我们这里以个人作为最小的系统层次,下面列出经济系统从小到大的纵向层次区分。

个人→个人组成的小群体→正式的社会组织→国内行政单位→国家→全球。

从分析一个地区的产品市场扩展到对国内市场,从国内市场扩展到国际市场,都可以看作是子系统的扩展。

对于经济学而言,与经济分析有关的分系统包括经济系统、政治系统、法律系统、文化系统、生态环境系统等。而经济系统的分系统划分又包括物品市场系统、要素市场系统、财政系统等。从只考虑市场商品的价格与数量,到考虑专业化与分工,从只考虑经济系统到考虑经济系统与制度规范系统的关系,从只考虑经济系统到考虑经济发展与生态环境的关系,都是分系统的扩展。

很多时候,在经济学中对于子系统扩展与分系统扩展的区别没有重视,因此使经济学初学者难以判断一般均衡分析的层次。但有时候这种区分是很模糊的,子系统扩展与分系统混在一起,让人难以应付。比如马歇尔局部均衡分析只考虑一个市场,但这个市场是看作空间范围还是产品范围呢?似乎都可以。因此,从马歇尔局部均衡到瓦尔拉斯一般均衡分析的扩展既可以看成是子系统扩展,也可以看成是

---

① 理查德·道金斯:《自私的基因》,吉林人民出版社1999年版。

分系统扩展。

不同的子系统与分系统之间构成一个偏序集，有些系统之间可以比较大小，有些系统之间不能比较大小。我们在后续讨论系统层次时，总是假定我们是在一个系统偏序集合的全序子集上进行。

(二) 系统的时间层次

如果系统不涉及时间过程，那么这样的分析称为静态分析，如果系统中涉及时间过程，那么这样的分析称为动态分析。

如果分析中涉及历史因素，那么涉及的历史时段的长短不同，显然其理论视野大小不同。一般情况下，能够解释的历史时段越长，其理论价值越高。

法国年鉴学派历史学家布罗代尔等关于慢变量与快变量的区分，建立了一个在时间中变化快慢的层流模型。变化最慢的首先是文化意识形态，其次是社会与经济，变化最快的是政治军事。这个模型对于经济分析也是非常重要的。在经济分析中，许多外生变量往往是慢变量。或者许多慢变量在短期分析中根本没有纳入模型之中。因此，注意区分不同变量的生存时间的长短或者说变化速率是极有必要的。

西方发展经济学中，激进主义强调发展中国家落后的现状是与发展中国家早期遭受发达国家殖民侵略相关的，是发达国家的发达导致了发展中国家的落后。这样一种观点是考虑了历史发展的路径依赖性的，因此就比新古典主义与新兴古典主义单纯从逻辑上只考虑绝对的落后与先进要更全面，其关于系统的时间层次显然要高于后者。

目前经济学、社会学与历史学等理论只是区分了速度变化的快与不快两个层次，实际上速度变化可能有很多个阶次，类似于位移的不同次导数。这方面内容在本章第六节讨论均衡分析与反均衡分析区别的相对性时再给予详细论述。

(三) 系统变量的精细程度

除系统的时间与空间层次外，一个经济理论或模型涉及的变量的精细程度也是评判理论或模型好坏的一个标准。比如说，当我们考虑一个经济系统时，如果不考虑个人的决策，而只是考虑产业之间的关系，这种产业经济学的观点是把一个产业当成一个变量，把一个产业内部的细节忽略掉了。其中,最典型的例子是马克思的两大部类的模型,整个经济系统被划分为生产资料与消费资料两大部类,而每个部类内部的一些细节比如说生产资料部类(第I部类)内部各产业之间的关系,则被忽略,每个产业内部的个人决策更是完全没有考虑。如果我们对第I部类继续进行细分,比如说,区分以自然资源为加工对象的采掘业和不以自然资源为加工对象的制造业,这时我们说模型的变量更加精细了。显然,个人决策是变量精细化的最小极端。

在考虑个人决策时,还存在考虑变量多少或类型多少的区分。比如说,在新古典的消费者决策与均衡模型中,如果不考虑劳动时间在工作与闲暇中分配和收入在储蓄与消费中分配,只考虑收入在不同消费品之中分配,那么我们说这个模型涉及的变量很少,同时考虑消费品分配与时间分配,那么变量类型增加了,因此我们说,模型更为精细全面了。如果同时考虑时间在工作与闲暇中分配,从而内生了收入,收入在储蓄与消费中分配,从而内生了储蓄率,最后是消费支出在不同商品之间分配从而决定了内生相对消费数量,则在新古典决策模型中将最为全面,内生化程度最高。但是,新古典模型没有把专业化水平的决策内生,因此,它与新兴古典模型相比,其精细程度与内生化程度又差一个级别。

宏观经济学、结构主义与激进主义发展经济学,只考虑宏观的经济结构,没有涉及个人决策,因此其精细程度很差。所有新古典模型都没有能够内生专业化水平与分工组织结构,因此其理论模型的精细性要比新兴古典经济学差。信息社会经济学中,知识概念本身只是一个无所不包的整体概念,根本无法用于对各种经济发展细节的分析,因此其精细性也很差。

现代经济学正朝着更加精细化的方向发展,考虑的变量越来越多,越来越细致入微。

三 理论模型的精确性与系统的复杂性之间的两难冲突

在建立理论模型时,存在多种两难冲突。

第一,模型的一般性程度与可操作性程度的两难冲突,在分析技术一定的情况下,模型越具有一般性,其操作难度越大。比如说,在新古典模型中，如果生产函数设定为更为现实的局部递增规模报酬，则一般性更大，但是，模型难以操作。

第二，模型的精细性与可操作性方面的两难冲突，模型考虑的变量越多，越能解释更为复杂的系统层次，模型的操作难度就越大。

第三，模型的广泛性与操作性之间的两难冲突。如果模型不仅考虑经济系统，而且还要考虑地球生态环境，这样的可持续发展经济学模型规模很大，如果能够开发出来，其解释能力也很高，但难度太大，所以，直到目前可持续发展经济学的基础理论方面没有实质性进展，现有的可持续发展经济学理论都只是罗列一些与可持续发展有关的理论结论，缺乏正式的模型来解释环境与经济发展效率之间的关系。

第四，模型涉及系统的广泛性与精细性之间的两难冲突。一般情况下，涉及的系统越大，则其内部包括的变量将越多，这时如果仍然考虑每一个变量，模型将由于太过于复杂而不可操作，因此，通常范围层次的扩大以降低变量的精细性为代价。比如说，虽然宏观经济学AD—AS模型考虑了劳动市场、货币市场与商品市场，范围可以说是很广泛了，但其变量精细性却太小了，模型所涉及的变量比如说国民收入、利率、货币供给量、物价水平等都是归总变量，个人的专业化决策、不同商品之间的相对消费数量等细节不见了。

经济学理论模型考虑的变量越多，考虑的时空范围越广泛，则其内生化程度越高，但操作起来更难。因此，经济理论的内生化程度与其操作难度是成正比的。

四　发展要素详细分类（变量的精细性）

经济发展涉及的因素实在太多，很难进行一个详细的归类。但是为了比较不同发展经济学理论模型的需要，我们需要对它们所涉及的系统层次、变量类型与多少进行分析。下面试图从小往大列举。

第一层次是个人决策与生产环境因素。为了区分新古典经济与新兴古典经济学，又分为三个亚层。第一个亚层是新古典经济学考虑的，消费者决策因素包括时间禀赋、工作与闲暇、收入、商品价格、要素价格（工资率、利息率）、商品数量、要素数量（劳动供给数量、储蓄供给数量）、储蓄率、商品与要素相对价格、商品需求、要素供给、个人偏好。生产环境设定包括规模经济、商品供给、要素需求。信息经济学与博弈论还考虑了激励提供、风险分担、委托—代理关系。公共经济学还考虑了公共产品价格、供给与需求特点等。第二个亚层是新兴古典经济学所考虑的，除第一亚层全部因素外，还考虑了销售购买模式、专业化水平、专业化经济、分工、交易效率系数（交易成本）。第三个亚层涉及人的心理，经济行为中非理性可以解释的因素。行为经济学考虑了这些因素，但主流经济学没有考虑这些因素。

第二层次是生产中的结构因素，下面分为几个层次列举这些因素，在新兴古典经济学分析框架介绍一节中也列举了这些因素。

（1）与分工结构相关的数量特征：生产力水平、技术水平、专业化水平、人均真实收入（效用）、人均消费量。这一组因素所有发展经济学都考虑到了。

（2）市场结构性因素：市场有无、市场种类数、市场需求与供给、市场容量、贸易品种类数、贸易额、每人贸易量、贸易化或商品化程度、职业模式多样化程度、生产集中度、市场一体化程度、社区个数与平均每个社区人数、人与人之间依赖程度增加。这一组因素西方发展经济学、新兴古典发展经济学考虑到了，但是，信息社会经济学没有考虑这些变量。

下面两组变量，新兴古典发展经济学、新制度主义发展经济学考虑到了。

（3）经济组织结构与产业结构：专业化中间商、贸易结构多样化程度、交易分层结构、工业化、城市化、有效率的产权结构、企业制度、协调失灵的风险、保险业；产品种类数、中间产品种类数、生产的迂回链条长度。

（4）最优的产权模糊化程度、最优的竞争程度、最优的预算软约束程度。

第三层次是宏观经济现象：景气循环、失业、货币供给量、货币制度、经济增长率、通货膨胀率、物价指数；财政政策、货币政策、关税政策；区域化国际组织、全球性国际组织；总的交易费用增加、总内生交易费用。这一组因素所有发展经济学都考虑到了。

第四层次是人类社会系统包括经济系统、政治法律系统、文化心理等。其中，政治法律系统包括政治制度（如国体、政体、元首制度、主权分立制度、选举制度、国家结构）、各种经济法律制度（如民法、商法、物权法、各种知识产权法）、普通法与大陆法制度等。

国际系统包括国际政治、经济关系、文化交流等。

历史文化、传统习俗、意识形态、道德观念、宗教信仰等。

新制度主义发展经济学、新兴古典经济学、信息社会经济学考虑到这些因素，但是，新古典主义发展理论没有考虑这些因素，结构主义者考虑到部分因素。

第五层次是地球生态系统，包括生物圈（其中有人类社会）、大气圈、水圈、岩石圈，河流淡水污染、海洋污染、大气污染、不可再生资源枯竭等因素。这一层次的因素主要是可持续发展经济学考虑对象，其他发展经济学没有正式考虑。

还有一些因素，比如剥削、公平与效率等，很难把它们列入到哪一个层次里面去。

五　人类社会发展中的各种两难冲突与经济学方法的实质

人类社会发展过程中存在着各种因素之间的两难冲突。这些两难冲突可以分为不同层次与类型。

第一层次的两难冲突是个人决策中资源配置的两难冲突。比如说时间禀赋一定时，工作时间与闲暇时间就不能同时增加。消费多样化与消费品管理成本之间的两难冲突。

第二层次的两难冲突涉及个人决策之间的相互作用。比如供给与需求的两难冲突，分工经济与交易费用的两难冲突，规模经济与交易费用的两难冲突，消费多样化与规模经济之间的两难冲突（DS），风险分担与激励提供之间的两难冲突等。

第三层次是群体之间的两难冲突，比如阶级冲突、不同要素收入之间的两难冲突，国家与国家、地区与地区之间利益分配的两难冲突。

第四层次是人类社会经济发展与自然环境保护之间的两难冲突。这主要被可持续发展经济学所考虑。

经济学方法的实质是系统考虑不同两难冲突涉及的各种因素之间的关系，以及建立一种系统方法来对这些两难冲突进行权衡折中。比如说，信息经济学的合同理论考虑了风险分担与激励提供之间的两难冲突并通过设立一个最优合同来权衡这种两难冲突以使总交易费用最小。

经济学理论考虑的两难冲突越多，两难冲突的层次越高，则其内生化程度越高。经济学的发展过程，就是越来越多的两难冲突被纳入到经济学的分析范围之内，越来越多的两难冲突被更加正式的数学模型所形式化，越来越多的两难冲突被更加正确的形式化。

六　文化心理与经济发展

经济学主要是一种客观主义的分析范式。马尔科姆·沃特斯在其《现代社会学理论》里面把以马歇尔、帕累托为代表的社会学范式称为"客观主义—个人主义"社会学理论范式。西方经济学看起来是主观效用价值论，但实际上并不是真正的主观主义，而是客观主义分析方法。经济分析方法之所以是客观主义的，原因在于其分析所得出的结论，意味着任何人在同样条件下都会有同样的经济行为。经济学实际上没有考虑人的文化心理特征，没有考虑不同文化中的人其经济行为模式的巨大差异。

经济学假设人是理性的，称为经济人。但是这种假定遭受到行为经济学的否定。于是更为一般的经济学应该考虑文化心理与经济发展的相互关系。目前，所有发展经济学理论都没有正式的模型来解释这种关系。

在西方发展经济学与新兴古典经济学里面，人的偏好都是外生的。经济发展对于人的偏好将有什么影响，经济发展对于文化心理将有什么影响，经济学没有考虑，更谈不上建立一个动态演化模型来解释人的文化心理如何随着经济发展而演变。比如说，人的公益心如何随着生产力进步、物质财富越来越多而增长。

在信息社会，随着知识增长，人的偏好有可能发生非常巨大的变化。我们很容易观察到这一点，比如中国在改革开放以后近40年，其消费偏好的变化之大，甚至许多老一辈的人都无法接受。虽然信息社会经济学，袁葵荪称为高级历史唯物主义，考虑了经济发展与个人偏好的关系，但它没有建立更为精细的模型来解释它们的关系到底是怎样的。

贝克尔说，一个好的经济理论不应该用偏好的外生变化来解释经济发展，这无疑是有道理的。但并不能反过来说，一个好的经济理论也不应该解释经济发展如何影响偏好。因此，更为一般的经济理论，应该像区分事前生产函数与事后生产函数一样区分事前效用函数与事后效用函数。在一个动态模型中，可能通过使上一期的经济结果与下一期的偏好变化之间建立一定关系，从而在更为一般的均衡模型中解释经济发展与偏好演变之间的相互关系，从而使得经济学理论更具现实性。从这个意义上讲，目前的经济学理论内生化程度远远不够高。

马克思的历史唯物主义考虑了文化心理与经济发展的关系，但是马克思更加注重经济发展对于文化心理的影响，从而马克思主义不公正地被许多西方学者归为经济决定论。新制度主义经济学考虑了文化作为制度对经济发展的影响，但对于经济发展对文化心理有什么影响，则没有马克思论述得有力。

我们不得不承认，经济发展与文化心理之间的相互作用相互影响确实十分复杂，可能难以建立正式的经济数学模型来加以解释。从经济学长远发展角度考虑，经济学应该朝着把文化心理与经济发展关系纳入经济数学模型考虑的框架之中。笔者不是一个绝对的经济学数学模型化论者，但仍然认为有正式模型肯定比没有正式模型要好。

第四节　社会互动的层次性和对称性

经济学的核心是分析人类社会成员之间的交往与分工合作关系。这种关系在社会学里面称为社会互动。

一　社会互动的内容

社会互动在经济学上可以根据其经济意义的深度分为两个层次：

第一个层次是社会交往，本书在介绍信息社会经济学时曾介绍过人类不同的交往层次。发生社会交往并不意味着人们之间一定要发生经济联系，因此，社会交往是经济联系的必要条件而不是充分条件。

社会交往伴随着人们之间的信息与知识交流,但是,这种信息知识交流不一定意味着人们之间的分工合作以促进知识增长,不一定意味着人们之间能够通过专业化分工而提高生产率。

第二个层次是人们之间的交换、贸易、分工与合作,而且通常以专业化为特征,能够促进知识增长。杨小凯的经济学系统分析了人们之间的这种分工合作关系。在物质社会,这两个层次的区分十分明显,因为那时候专业化分工不发达,人们之间的社会交往主要是传播既有的有限知识,而不是试图通过专业化分工合作以提高知识创新效率为目标。在物质社会,社会交往对于加速知识传播的意义不大,其意义主要是上述第一层次。在信息社会,由于知识创新更多的是通过专业化分工实现的,因此,人们之间的交往更多地具有知识增长的含义。

二 社会互动的单位——个人、产业和阶级

通过考察各种发展经济学理论,可以发现它们所涉及的社会互动的人群单位可分为不同层次,从个人之间、企业之间、产业之间到阶级之间、国家之间等。

新古典经济学、新制度主义、新兴古典经济学都是方法论的个人主义,它们在分析社会成员之间的交往关系与经济联系时,从个人出发。方法论的个人主义与前面讲的微观还原论有关,它试图通过对个人决策及其相互关系的分析来理解社会组织。

产业经济学、结构主义发展理论以产业之间的关系作为分析对象。它们关注经济发展过程中的结构转变。这种结构转变反映出比个人更高层次的社会关系。比如说,西方发展经济学里面的各种二元经济理论,如刘易斯的工业部门与农业部门、拉尼斯—费的传统部门与现代部门、马克思的第一部类与第二部类等。

马克思主义通过分析封建买办资产阶级与民族资产阶级（库西年:封建—帝国主义联盟）、依附理论通过分析中心与外围国家（拉美结构主义者提出,依附理论所继承）、中心人口与边缘化人口（福勒多）之间的关系来理解经济发展。

三 社会互动的方式——通过价格的间接方式与博弈论方式

人们之间的经济合作关系既可以通过非人格化的价格机制来间接

协调进行，也可以通过博弈论的个人最优自利决策直接相互作用来进行。有人据此把均衡分析分为数量均衡与行为均衡。显然，本质上数量均衡仍然是行为均衡，只不过是个人决策与行为之间采取了非人格化的价格机制来进行相互作用而达到均衡。

四 社会互动的对称性与不对称性

一种社会互动是否具有对称性，当所有人都采取大致相同的行为模式时，看这样的行为模式能否持续下去。哲学家康德在考察道德原理时将所有人对于一种行为的可模仿性称为可普遍化原则。康德在考察道德规范应当满足何种条件时提出，一种道德规范下人们的行为如果能够相互模仿，最后不会发生矛盾，能够使相互模仿的行为模式得以持续，并维持社会存在和发展，那么这样的道德规范才可能是合理的，即可普遍化是道德规范的必要条件。同样的道理，可普遍化、所有人的模仿是一种经济发展模式具有普遍性的必要条件。殖民掠夺就是一种不能普遍模仿的发展模式，如果所有国家都奉行殖民掠夺原则，那么经济世界就难以和平地发展。我们在考察发展中国家的发展模式时，也要研究发展中国家发展模式是否具有普遍性。

我们也可以在现实中观察到许多社会行为不是对称的，小到个人之间、群体之间，大到国家之间、文明之间的相互关系是不对称的、不平等的。个人之间的不对称关系如家长与小孩之间存在教育与被教育的不对等关系；群体之间的不对称关系如阶级之间的不对称关系；国家之间的不对称关系如发达国家与发展中国家之间的不对称关系、专制国家与宪政民主国家之间的不对称关系；文明之间的不对称关系如伊斯兰文明与西方基督文明之间的不对称关系。

第五节 边际分析、超边际分析与三层次超边际分析

边际分析是19世纪末古诺、马歇尔等新古典经济学家所发展的经济分析方法，主要用于单层次决策问题的内点解求解。杨小凯发展

的超边际分析方法用于单层次决策问题的角点解求解。笔者提出的三层次超边际分析用于多层次决策问题的角点解求解。

一 边际分析及其实质

边际分析是以马歇尔为代表的新古典经济学所使用的基本方法。边际分析是将微积分运用于经济学中所形成的方法论，源于微积分里面求函数的内点极值时令函数的（偏）导数等于0，从而求得驻点的过程。边际分析是求内点解的工具。所谓内点解，是指一个数学最优化问题在达到最优时，所有决策变量的最优值既不是其可能范围的最小值也不是其可能范围的最大值。所谓角点解，是指一个数学最优化问题在达到最优时，至少有一个决策变量的最优值等于其可能范围的最小值或等于其可能范围的最大值，角点解的处理需要用到库恩—塔克定理。

求多元函数无条件极值时，目标函数对n个自变量求偏导数得到n个一阶条件，这n个一阶条件构成的方程如果能解出驻点；然后再求驻点处的二阶条件，即判断驻点处的海塞矩阵是正定还是负定，如果驻点处的海塞矩阵正定，那么目标函数具有极小值；如果海塞矩阵负定，那么目标函数具有极大值；如果海塞矩阵不定，则驻点不是极值，可能是鞍点。如果是条件极值，则使用拉格朗日函数法求极值时，把一个条件极值问题转化为一个无条件极值问题，可按无条件极值的方法求解。新古典经济学为了简化问题，假定在大多数情况下这一条件是满足的，从而边际分析才成为新古典经济学的基本方法。

边际分析不仅涉及连续自变量的边际变化，而且也适用于离散变量的边际变化。其本质在于，当其他自变量不变时，某一个自变量在一个全序空间递增，看自变量变化对于目标函数值的影响。在有多个自变量时，其自变量空间也通常是实向量空间或实整数向量空间，实（整数）向量空间可以按照向量序构成一个最简单的偏序空间，这是目前的边际分析所涉及的基础空间。所谓向量序，是指一个向量A≤另一个向量B，等价于向量A的所有分量≤向量B的对应分量。在向量空间中进行边际分析时，所谓边际增量，是指向量的某个分量X_i在其他分量X_{-i}不变时所增加的量，而绝不是指拥有多个分量的向量

(X_i, X_{-i}) 本身的边际增量。在任何时候，我们要说一个变量存在边际变化，一定是暗中假定此变量在一个全序空间进行变化。在一个向量序空间中，当其他变量不变时，某一个自变量所处的空间其实就是一个线序空间，类似于数轴。因此，边际分析绝对不能推广到任意的偏序空间，因为偏序空间不一定是全序空间，在非全序的偏序空间中，某一点可能位于多个全序子集中，因此，从某一个点出发进行的边际增量，就可能沿多条路径进行（一条路径即一个全序子集），并不能确切地知道到底是在哪个全序子集内的增加，因此，在一般的偏序空间使用边际增加的说法时意思就不明确，不容易形成精确的描述。比如，在如图6-2所示的向量序空间中，按照向量序从A出发进行边际增加，到底是表示从A到B还是从A到C呢，意思并不明确。有人说，从A到B与从A到C都是边际增加，这实际上是混淆了向量按照向量序边际增加，和分量X_1、X_2在实数空间这一全序空间中边际增加的概念。从A到B，可以说成是X_2边际增加，但不能说成是向量A的边际增加。向量A按照向量序增加，既可以从A到B，也可以从A到C，还可以从A到D，从A到E，从A到F，含义并不明确。因此，当我们称某一变量边际增加时，这一变量一定是在一个全序空间中变化，因为全序空间只有两个方向，即增加的方向与减少的方向，意思非常明确。

二　边际分析的局限性

边际分析主要是处理内点解。我们现实中的决策问题，在决策达到最优时通常都是角点解，即至少有一个决策变量等于其可能变化范围的最小值或最大值。比如一个人去超市买东西，当他一路走过去观看各种商品时，这些被观看了的商品已经进入他的决策变量集之中，如果他的最优决策是内点解，他应该把所有他看过的商品都买一点，但他最后放弃了大部分商品的购买而只购买超市商品中的一小部分，这表明他的最优决策是大部分决策变量等于0，少数决策变量才为正。这是典型的角点解。

边际分析的根本特征在于，它是在决策者已经选择做某一件事情之后，考虑再做一点这件事情的边际收益与边际成本，它在本质上不适合于专业化方向选择问题，比如对于个人的职业选择、企业的战略规划等重要问题无法提供恰当的分析方法。专业化方向选择问题，涉及选择做哪些事情不做哪些事情的问题，这是明显的角点解问题，传统的边际分析无法胜任。

前面已说过边际变化的实质是某一变量在一个全序空间递增或递减，因而处于非全序空间的变量是无法使用边际变化的术语来描述的。比如，我们无法将分工组织结构的演变说成是边际变化，其原因不在于分工组织结构的跳跃性，因为边际变化不同于数学上连续变量的无穷小变化，边际变化可以是离散变量的递增或递减；原因在于分工组织结构并非处于一个全序空间，不同的分工组织结构并不能够按照某种自然的标准形成一个全序关系，但分工组织结构可能形成一个偏序关系，而偏序关系是无法使用边际分析的术语来描述的。比如在两种产品的新兴古典贸易理论模型中，从自给自足到分工，并非每个人每种产品的专业化水平都提高了，而是一种产品的专业化水平提高了，而另一种产品的专业化水平降低了，因此不可能按照专业化水平非常自然地认为分工是比自给自足更好的分工结构。在有多种产品的模型中，在局部分工的条件下，可能出现多种不同的分工结构，加上自给自足和完全分工，这些分工结构很难在自然意义上排成一个全序关系。有人说，在数学上，任何偏序关系都可以全序化，比如可以使用一个函数 $Z = f$（分工结构）来将分工结构之间的关系全序化，如杨小凯曾经使用过"分工度"这样的数量函数来表达分工结构的数量特征，其本质是将分工结构集合全序化。但是，即使存在如"分工度"这样的使分工结构的集合全序化的综合数量指标，这时我们可以说综合数量指标 Z 递增，但这绝对不是说分工结构本身递增，因为分工结构本身递增仍然不知道其明确的含义。事实上，我们在比较不同分工结构的优劣时，使用的思路其实是这样一个全序化函数，即 $U = U$（分工结构），即每个分工结构都对应有一个社会福利值或人均收入值，而社会福利或人均收入是线序的实数，因此可能通过比较不同分工结构的社会福利值或人均收入值来作为比较不同分工结构优劣的标准。这本质上是总成本收益分析（或超边际分析）而不是边际分析，即不同分工组织结构之间的变化并非全序空间的边际变化，而是偏序空间的结构变化，即通过比较不同分工组织结构的社会福利值或人均收入值，最后选择一个带来最高社会福利值或人均收入值的分工结构。

与分工组织结构类似，我们认为，所有社会制度之间的关系也不是全序关系，而是偏序关系；并非任何两种制度之间能够很自然地进行排序，并非任何两个不同的制度，其中一个制度在各个方面都好于另一个制度。我们更相信，构成制度的要素有很多个，因而所有制度之间更可能构成一个向量序（偏序）结构，可能存在这样的两个制度，其中一个制度这方面好，另一个制度那方面好，因而这两个制度之间不能自然地排序。如果所有制度构成的集合并非自然的全序集而是偏序集，那么制度变迁就不能说成是边际变化，不能使用边际分析的术语来描述，新古典边际分析的基本方法就不够用了。当我们最后非要对所有制度进行总体上综合评价时，本质上是在偏序集上建立了一个全序化的综合评价指标函数（其本质是一个泛函），从而能够对任何两个制度进行评价。当我们在制度集合的偏序空间建立一个综合评价指标将其全序化时，制度框架是自变量，综合评价指标是因变量，我们不能因为综合评价指标在实数这一全序空间上的边际变化，就说制度框架发生了边际变化。

比较不同分工组织结构和制度框架的优劣，不能采取边际分析方法，只能采取总成本收益方法，即先通过边际分析或超边际分析方法计算不同分工结构和制度框架的净收益或社会福利值或人均收入值（将偏序关系全序化的综合评价指标），然后比较不同分工结构和制度框架的总净收益或社会福利值或人均收入值，最后选择一个综合评价指标值最优的分工结构和制度框架。

三 超边际分析

超边际分析是两层次超边际分析的简称，其本质是在多决策变量的数学最优化模型的最优解是角点解而非内点解时的求解方法。虽然Allyn Young（1928）、Houthakker（1956）、罗森（Rosen，1978，1983）、贝克尔（Becker，1981）在不同的研究领域论及到角点解和超边际分析问题，但真正使用超边际分析方法来系统地解决专业化选择和分工结构所涉及的角点解问题，仍然自杨小凯（1988）开始。

Yang 和 Y‐K. Ng（1993）系统地论述了超边际分析方法在经济学中的应用，并用超边际分析方法研究专业化选择和分工组织结构演进的问题，将古典经济学中的专业化和分工的思想数学形式化了，从而开启了新兴古典经济学这一大流派。

杨小凯之后，超边际分析方法最大的进展是陈军昌（2009）在杨小凯的两层次超边际分析框架之内，引入了政务活动来解释部分交易效率，在自由市场制度或丛林制度框架下内生了政务活动专业化，相当于内生了政府。

杨小凯的超边际分析本质上只是两层次超边际分析，其对变量分组使用边际分析进行最优化时，对变量分组只有一个层次，陈军昌（2009）的新兴古典经济学部分从分析层次上讲没有超出杨小凯的两层次超边际分析框架。下面通过一个例子来说明杨小凯超边际分析方法的数学实质，并与笔者提出的高阶和多层次超边际分析进行对比。设最优化模型中目标函数 U 有 9 个决策变量 X_1、X_2、X_3、X_4、X_5、X_6、X_7、X_8、$X_9 \geq 0$，这 9 个决策变量的变量范围是 [0, +∞)，且假设在目标函数达到最优时，最优的决策变量可能为 0，也可能为正，即可能最优解是角点解，此时通常边际分析就无法进行了。杨小凯的超边际分析是将这 9 个变量构成的集合 X = {X_1, X_2, X_3, X_4, X_5, X_6, X_7, X_8, X_9} 的幂集 2^X 中除空集之外的元素进行边际分析，一共要进行 2^9-1 次边际分析。比如对 {X_1, X_5, X_9} 进行边际分析，是假定目标函数最优时 X_1、X_5、X_9 这 3 个变量为正，其余 6 个变量为 0，将其余 6 个变量为 0 的条件代入目标函数，然后使用标准的微积分多元函数求最大值的方法进行求解，结果得到一个目标函数值 U100010001，其中下标是一个二进制，其中第 i 位为 1 表示 X_i 为正，第 i 位为 0 表示 X_i 为 0。对 X 的 2^9-1 个非空子集进行边际分析，可以得到 2^9-1 个局部的目标函数值，每一个局部目标函数值都表示一个局部的最大值。所谓超边际分析，就是比较这 2^9-1 个局部目标函数值并选择其中最大的一个作为全局最大值，比如说 U100100100 在所有的局部目标函数值中最大，这表示 X_1、X_4、X_7 这 3 个变量为正，其余变量为 0 时进行边际分析所得到的目标函数值是全局最大值。超边际分析的目的是解决多变量最优化模型的角点解问题，在效果上与处理角点解的库恩—塔克定理是等价的，其本质是用组合复杂性代替库恩—塔克定理的边界条件复杂性。

四 高阶超边际分析

王智慧（2011）提出了高阶超边际分析的概念，即上述 9 个变量先分为几组，比如分成 $\{X_1, X_2, X_3\}$、$\{X_4, X_5, X_6\}$、$\{X_7, X_8, X_9\}$ 三组，假定不同组的变量不可能同时为正，然后使用杨小凯的超边际分析方法对每一组变量进行超边际分析，比如，对 $\{X_1, X_2, X_3\}$ 进行标准的超边际分析，即对 $\{X_1, X_2, X_3\}$ 的幂集中除空集之外的元素进行边际分析，得到最 2^3-1 个目标函数值，然后比较它们得到最大的目标函数值作为 $\{X_1, X_2, X_3\}$ 所对应的最大目标函数值 U_1。其次对 $\{X_4, X_5, X_6\}$ 进行标准的超边际分析得到最大目标函数值 U_2，对 $\{X_7, X_8, X_9\}$ 进行标准的超边际分析得到最大目标函数值 U_3。最后再比较 $\{U_1, U_2, U_3\}$ 得到全局的最大目标函数值，这就是所谓的二阶超边际分析。这样的二阶超边际分析适合于 $\{X_1, X_2, X_3\}$、$\{X_4, X_5, X_6\}$、$\{X_7, X_8, X_9\}$ 三组变量不可能同时为正或不能同时选择的情况（只有同组变量才可能同时为正），或者不同组变量之间没有关系的情况，比如设 $\{X_1, X_2, X_3\}$ 表示美国，$\{X_4, X_5, X_6\}$ 表示欧国，$\{X_7, X_8, X_9\}$ 表示中国，则二阶超边际分析能够形式化个人选择生活国别的决策。上述变量分组时，不同分组不能相交。如果进一步放松不同分组不相交的条件，若对 9 个变量可任意分组，且不同分组可相交的话，则在实质上即为王智慧所提出的三层次超边际分析了。在三层次超边际分析中，每一个变量分组，都被视为一个制度。关于三层次超边际分析的具体内容，限于篇幅和本书的研究目的，这里不予阐述。

五 各种发展经济学理论的方法论比较

边际分析是新古典经济学的标准分析方法，新制度经济学继承了新古典主义的边际分析方法，结构主义、二元结构等理论所使用的方法仍然是新古典主义的边际分析。杨小凯的发展经济学采取的是超边际分析，马克思主义发展经济学、激进主义、信息社会经济学则拒绝使用边际分析，更不可能使用超边际分析。至今除本书外，还没有任何理论提出三层次超边际分析的方法。

第六节　均衡分析与反均衡分析

一　均衡分析的特征及局限性

均衡分析的本质是假定各种相互冲突的社会经济因素或者力量之间能够达到平衡或某种势均力敌的态势，然后通过系统的方程组分析求解这种均衡或者描述其特征。在个人决策之间的相互作用达到均衡的分析中，参与求解均衡的方程组是由个人最优自利决策确定的，通常是个人效用最大化与厂商利润最大化的一阶条件。均衡分析中能够被解释的变量称为内生变量，不能被解释而其变化决定了内生变量变化特性的变量称为外生参数，它代表了均衡分析所涉及系统的外部环境因素。

均衡分析要解决三个问题：一是均衡的存在性；二是均衡的数量即唯一性或多重均衡性；三是均衡的稳定性，即均衡偏离时能否自动恢复到均衡状态。根据是否考虑到时间因素，均衡分析通常分成动态均衡分析与静态均衡分析。

本书认为，均衡分析有如下三个要点，这也成为它们的局限性之所在。

第一，均衡分析的灵魂是比较静态或比较动态分析，它们被用于确定因果关系。比较状态分析（本书是指比较静态分析与比较动态分析）的基本程序是，把均衡结果看成是外生参数的一个函数，然后分析当外生参数变化时，均衡的内生变量将如何变化。但比较状态分析只是表明，外生参数不同则均衡结果也不同，至于这个转变过程是如何进行的，则不能确定，或者说这个转变过程是瞬间完成的，这是均衡分析通常遭受批评的原因。

第二，在均衡分析中，总是用外生参数来解释内生变量，而没有考虑内生变量如何进一步影响到外生参数。我们总可以通过主张外生参数本身也可能由于系统内生变量变化而发生演变来对任何均衡分析进行批评。或者说，我们总可以批评说某一均衡分析的外生参数的变化得不到解释，而这种解释往往是重要的。均衡分析的内生变量的多少决定了其解释能力，但由于任何均衡分析都只涉及一定的系统层次、系统广度与变量精细性，它一定存在其不能解释的变量，或者说均衡分析所涉及系统的外部因素总是没有被均衡分析所考虑的，因此任何均衡分析的解释能力总是有局限性的。这种批评可能导致均衡分析的扩大，通过把原来是外生参数或者没有考虑的因素纳入系统成为内生变量来扩大均衡分析的解释能力。这时我们说，均衡分析的一般性程度增加了。比如说，新古典经济学把企业的存在看成是外生的，从而不能解释企业为什么存在，新兴古典经济学则把企业存在内生化了，这代表了均衡分析一般性程度的增加。

第三，一般情况下，均衡分析模型的论域是不能改变的，而且必须假定有一个稳定的系统状态，或者说存在一个稳定不变的系统状态空间。在这个系统状态空间中，存在着不同力量之间的相互作用相互影响，这些力量之间达到平衡时，称为均衡状态。均衡分析的一个前提条件是必须清楚地知道有哪些力量之间存在相互作用与相互影响。然后，假定这些不同因素之间的相互作用相互影响过程已经完成，达到一种相对静止的状态。根据这种相对静止状态，可以列出一些表征系统特征的方程（组），并求解方程，得到均衡的内生变量值。因此，均衡分析意味着对于未来的了解，对于系统所有状态的全面认识与预测，求解均衡只是意味着找到某些特定状态作为系统的相对稳定状态。但是现实中，却可能出现根本无法预测的变量与变量之间的相互作用，因此，均衡分析不可能用于分析新奇性。

二 静态均衡分析的本质与局限性

静态均衡分析不考虑时间因素，时间不作为系统参数而存在。本书认为静态均衡分析的本质特征主要在于如下两个假定：

（1）假定系统的所有要素及其相互作用稳定不变并且是已知的；

（2）不同因素之间的相互作用相互影响在一瞬间完成并达到静止状态。

在上述两点假定之下，静态均衡分析的主要过程是判断均衡的存在性，求解均衡，最后通过均衡的比较静态分析来研究经济（系统）环境因素与经济（系统）变量之间的因果关系。通过比较静态分析来确定外生变量与内生变量之间的因果关系是均衡分析的主要目的，因此这是静态均衡分析的主要步骤。

均衡的比较静态分析即用外生参数的变化解释内生变量的变化，其本质在于把均衡结果看成外生参数的一个函数，然后通过求偏导或其他方式分析外生参数发生变化时，均衡结果将如何变化。在涉及结构转变的均衡分析中，比如新兴古典经济学中，其技术实质在于对外生参数变化的空间进行分割，然后用外生参数在不同参数子空间的变化解释结构的非连续转变（超边际分析，思想类似于突变论）；或者用外生参数在某一子空间的连续变化解释均衡结果在某一结构之内的连续变化（边际分析）。在比较静态分析中，只是表明外生参数不同则均衡结果也不同；当外生参数超过临界点发生转变时，均衡会一瞬间发生转变；至于这个转变过程是如何进行的，则不能确定，这是均衡分析通常遭受批评的原因。

根据上面对静态均衡分析本质特征的讨论，可以从以下几个方面来批评静态均衡分析。

第一，系统有可能不断产生新的要素及它们之间的相互作用，这种新奇性不能被纳入均衡模型之中。或者说，实际的经济系统，其变量及其相互作用并不一定固定不变，因此均衡分析的前提条件并不满足。

第二，用系统外参数变化来解释系统内生变量的变化，这与唯物辩证法中"内因是变化的根本，外因是变化的条件"这一原理并不完全一致。因此，马克思主义的经济学方法与均衡分析实际上是不同的。

第三，均衡分析忽略了系统本身的历史依赖性或者说路径依赖性。均衡分析只能比较具有固定变量的系统的前后两个状态，但对于不同状态之间的历史依赖性却无法分析。

第四，均衡分析假定系统中不同力量之间的相互作用相互影响已经完成并达到相对静止状态，但是，实际上这些相互作用有可能永远不可能完成并达到相对静止状态。

三 动态均衡分析的本质与局限性

动态均衡分析是分析经济系统不同因素在时间连续变化中动态的相依关系与平衡关系。有多种不同的动态均衡分析。笔者认为，目前经济学中最主要的动态均衡分析是：在计量经济学中，动态均衡本质上是在时间中演化的动态变量之间的一种相关（协整）关系；而在数理经济学模型中，最常见的动态均衡分析是一种未来折现理论，通过把未来的效用与利润折成现值并加总（对时间积分），然后对于效用或利润的折现值求最大化（泛函最值）。这种与未来值折现有关的动态均衡分析，本书认为，可以从几个方面进行批评。

第一，通过把未来不同时刻赋以不同的折现率，相当于把未来的情况进行加权平均（或加总），折现率就是权数。从动态均衡分析所使用的数学方法即变分法与最优控制原理的求解过程看，符号 t 作为自变量，本质上不一定是时间，它可以是位置自变量，因此有时候也用符号 x 表示。其本质是把系统或变量值对时间参数求和（求积分），然后把动态分析（如果说它真表示动态的话）转化成静态分析。这种对时间求和（积分），实际上是消去了时间因素，通过加总（积分）之后，时间不再真正地出现，动态演化最后简化成为一个标志结束时刻的参数（比如从 0 到 T 积分，则 T 成为标志时间长度或者结束时刻的参数）。不同时刻之间除折现率不同外（折现率反映了时间偏好权数），本质上没有其他不同，可以对其进行加总，因此，这种时间是一种典型的牛顿时间（具有可反演性或可逆性[①]）。

[①] 在经典的牛顿力学方程中，把时间符号 t 换成 -t，方程不变，即方程对时间的反演是对称的，这种结果称为时间的可逆性。利用牛顿方程既可以描述过去的运动，也可以描述未来的运动；既可以描述从过去到现在再到未来的运动，也可以描述从未来到现在再到过去的运动。

热力学方程中的时间却不具有时间反演的对称性，因此热力学时间不是可逆的。

此外，对效用（或利润）现值进行最优化得出的结果，本质上与对效用（利润）终值进行最优化得出的结果是一样的，两者只是相差一个系数（时间偏好率）。甚至可以用现时刻到终时刻之间任一时点的价值进行最优化分析，所得结果之间只相差一个系数，因此不会改变经济分析的本质。动态均衡分析模型的这种特性决定了，它并不是真正的动态演化模型。

这种批评不适合于杨小凯与博兰的内生专业水平的动态均衡模型。因为在 YB 模型中，每个时期的有效劳动投入量是上一期劳动投入量加上本期劳动投入量之和，通过这种方式来表示劳动经验积累。显然，在这种模型中，时间是有绝对的前后关系的，这种时间不具有可逆性。

第二，这种时间不是真正演化的时间，这种动态均衡分析本质上不涉及演化。演化意味着新奇性，新奇性意味着现在不知道未来。既然不知道未来情况是什么，怎么能够进行加权求积分呢。不过动态均衡分析的支持者可能会说，这是一种预期效用最大化，这就涉及下面第三个问题。

第三，这种把未来折现的动态均衡分析，本质上依赖于预期。所谓均衡增长与演化路径，本质上是人们的预期之间的一种稳定组合。动态均衡分析意味着，在现在就需要对未来的状况进行全面的权衡，人们在现在就需要对于未来的相互作用进行全面的确定与规划，或者说，人们之间在未来的相互作用相互影响在现在就要通过预期来全部完成。动态均衡分析不仅要考虑现在对于未来的影响，而且还要考虑未来对于现在的影响，因此，动态均衡分析意味着现在与未来相互作用相互影响的全面分析，动态均衡意味着现在与未来权衡折中所达到的从现在到未来的发展路径。动态均衡意味着完全信息与完全预期，而这在现实中很难达到。

动态均衡分析除上面的折现特征以外，通常还采用时空状态空间模型来表示动态均衡演化轨迹。动态均衡分析意味着把时间视为一个参数和背景，时间是其所考虑的系统状态空间中的一个维度。

动态均衡分析的基本特征在于假定有一个完全信息与完全预期的

时空状态空间,然后把动态演化看成是时空状态空间中的一条路径(一条曲线)。这意味着现在对于未来有完全的信息与完全的预期,未来的一切可能性都已经考虑到了,未来出现的真实状态只是现在所考虑到的众多状态中的某一种而已。

例如,动态资源配置在考虑到资源在时间中的变化特征的基础上,把资源恰当地分配于不同的时间阶段。这样做的一个前提就是,对于资源在不同时间阶段的使用效果将有完全的信息,未来不存在任何不确定性。分工组织结构的动态均衡分析意味着,对于过去、现在、未来的各种可能的分工组织结构有完全清楚的认识与了解,不同时间阶段与不同的分工组织结构相对应,分工组织结构的演化对应于分工组织结构的时空状态空间中的一条轨迹。制度演进的动态均衡分析意味着,对于未来的一切制度可能性都有清楚的认识,然后分析从过去到未来的制度变化规律,并将其描述为制度时空中的一条轨迹。但是,未来的资源配置方式、分工组织结构和制度可能完全出乎人们的意料之外,具有新奇性,因此,均衡分析采用状态空间模型来描述演化就具有根本的缺陷。

又比如,在研究新产品出现的模型中,必须预先假定知道所有产品,然后分析得出现在时刻生产少数几种产品,而在未来时刻生产更多产品,把这看作是新产品出现。但在本质上,这种"新"产品并不新,因为在模型中,我们早就假定未来的产品已经知道,它属于时空状态空间,只不过它是在"未来"时刻才达到而已。其实,这里的现在与未来时刻都不是真正现实的时间,而是理想模型中的一个参数维度而已。新产品、新结构其实都不是真正的新,而是早就在模型的设定与预料之中。在演化经济学中,真正的新奇性指现在无法预测到的东西在未来出现,严格来讲,这种新奇性不可能进入模型之中。凡是能够进入模型之中的东西就不再是绝对新奇的东西。因此,在目前进化生物学、演化经济学的状态空间演化模型中,严格来讲,都不存在真正的新奇性。这是动态均衡分析最致命的缺陷,也是所有动态理论模型都具有的缺陷。这实际上反映出人类所面临的一种悖论:目前能够预测与认识的东西严格来讲并非真正的新奇事物,真正的新奇事物从逻辑上讲应该是过去所不曾预测到的；而人类却总是希望通过对未来的预测来指导目前的发展策略。这种困境类似于量子力学中粒子的位置与动量不可能同时测量准确。

四　反均衡分析

（一）反均衡分析的特征

通过上面的分析，我们可以看出，均衡分析最为基本的特点有两个：一是对过去、现在与未来的全面知识（时空状态空间已知）；二是不同因素（包括现在与未来）之间的相互作用相互影响已经完成并达到相对静止状态。但是，这两个方面都遭到反均衡分析方法论的批判。

对于第一个方面，主张反均衡分析的理论流派认为，未来具有新奇性，即具有过去与现在根本不存在的东西，我们不可能具有对未来的全面知识，因此均衡分析不可能真正地预测未来。均衡分析不可能真正地预测结构转变、制度演化，从根本上讲，均衡分析不可能真正预测人与人之间关系的变化。

对于第二个方面，主张反均衡分析的理论流派认为，不同因素之间的相互作用相互影响难以达到均衡，或者说根本不存在均衡，均衡这个概念纯粹是子虚乌有的杜撰。袁葵荪用这样一个比喻来说明均衡分析、演化分析与反均衡分析之间的区别：如果说均衡分析是分析尘埃落定的状态，演化分析是分析尘埃如何落定，而信息社会经济学则主张尘埃根本不会落定。因此可以说，演化经济学对于历史变化的看法介于均衡分析与反均衡分析（信息社会经济学）之间。演化经济学特别是演化博弈论有时候采用一些动态均衡模型，它既反对静态均衡分析，同时为了建立模型的需要又使用了动态均衡的概念。

显然，只是批判均衡分析是不行的，一切科学都需要分析世界的稳定规律，因此必须找到一种能够分析稳定的演化规律的方法论；或者说，在迅速变化的信息社会，如何寻求稳定的发展规律呢。目前，还没有任何经济学理论流派真正找到了强有力的分析动态演变的相对稳定规律的反均衡分析方法。

（二）几个易混概念之间的比较

不均衡、非均衡和反均衡三个术语的含义及使用是不相同的。不均衡往往与均衡相对而言，着重于描述系统状态；非均衡通常用在"非均衡分析"这一词组中指一种分析方法；反均衡通常用在"反均衡分析"中指一种分析方法。

这里我们套用唯物辩证法与自然辩证法的话语系统来理解均衡与不均衡之间的关系。不均衡类似于运动，它是绝对的，而均衡类似于静止，它是相对的；不均衡是发展演化的根本动力与基本条件，均衡能够帮助人们更方便地认识经济系统。可以大致认为，在物质社会更具有均衡的特征，而在信息社会更多地具有不均衡的特征。我们可以把这两种状态看作经济系统发展演变的速度阶次不同。

反均衡分析与非均衡分析是不同的。前者根本反对均衡概念，认为"尘埃根本不会落定"，应该使用完全动态演变的方法来分析经济系统。而后者承认均衡是理想状态，但是，由于现实中的结构刚性等因素使得均衡不能顺利实现，因而非均衡分析把这些结构刚性因素当成外生假定，分析一些因素对于另一些因素的影响，但不考虑另一些因素反过来对这些因素的影响。非均衡分析本质上仍然是均衡分析，只不过比均衡分析有了更多的约束条件，是在更多约束条件下的均衡分析；非均衡分析与均衡分析的区别在本质上只是均衡分析的范围层次不同。

五 各种发展经济学理论对于均衡分析的认识比较

均衡分析是新古典主义、新制度主义、新兴古典发展经济学的主要方法，非均衡分析是结构主义、激进主义发展经济学的主要思考方式，反均衡分析主要是演化经济学与信息社会经济学的主张。

信息社会经济学对于均衡分析与反均衡分析的看法不同于奥地利学派对于均衡分析的批评。信息社会经济学通过区分知识涌现速度不快的物质社会与知识涌现速度很快的信息社会，认为在静态均衡的物质社会适合于均衡分析，而在迅速变化的信息社会不存在均衡因而均衡分析不再适用。奥地利学派由于没有区分物质社会与信息社会在变化速度阶次上的差别，认为一切社会演变都不适合于均衡分析。

由于不均衡是绝对的，均衡是相对的，似乎不同发展经济学都合理地认识到经济系统发展演变的某一方面。但是，目前还没有一个理论来折中均衡分析与反均衡分析，或者说均衡与不均衡、均衡分析与反均衡分析之间的关系还没有彻底弄清楚。

六 一个假说——速度阶次模型

法国现代史学年鉴学派布罗代尔在《地中海与腓力二世时期的地中海世界》一书中区分了地理时间、社会时间、个别时间，他分别称为长时段、中时段和短时段。所谓长时段、中时段、短时段与变量的生存期和变量的速度等级有关系。

从生存期上讲，这类似于计算机程序设计里面的变量生存期。在计算机程序里面，变量有全局变量与局部变量、静态存储变量与动态变量之分。全局变量通常用静态存储方式，它在整个程序或软件运行期间一直存在。局部变量的存在空间是一个相对较小的程序单位内部，通常采用动态分配存储空间的做法。但是，布罗代尔的变量生存期又与计算机程序的变量生存期不同。布罗代尔的所有变量都是静态存储型，因为从古代到现代，地理环境与文化传统、经济与社会、政治与军事这些因素都一直存在，只是其值在变化。

从变量的变化快慢上讲，长时段变量是慢变量，中时段变量是中等慢变量，短时段变量是快变量。这表明不同变量的变化快慢不同，在速度上存在着差异。因此，本书提出一个速度阶次模型来把布罗代尔的概念推广或者一般化。我们下面从物理学上速度的层次、数学上无穷的阶次、计量经济学里面的单整阶数与协整等作为类比，来认识速度阶次模型的可能性。

如果说静态均衡对应于一个位移，反均衡分析学派会批评说位移本身存在变化速度，因而不存在着静止的位移；而动态均衡分析的赞成者会申辩说，即使位移是不断变化的，但是，其变化速度却是静止不变的，即常速运动；反均衡学派又进一步批评说，位移的变化速度也是变化的，不存在静止不变的速度；于是动态均衡分析的赞成者又进一步申辩说，虽然速度本身是变化的，但其加速度却是静止不变的，因此仍然可以通过均衡分析确定加速度；反均衡分析学派进一步批评说，加速度也是变化的；动态均衡分析的赞成者说，即使加速度是变化的，但加速度的变化速率是静止不变的……这个过程永远不可能终结。

本书对于速度阶次的认识也受到数学中关于无穷阶次的启发。现代数学表明，无穷本身有不同层次之分，最小的无穷即可数无穷，不存在最大的无穷，即不存在最大的势。这种思想有力地启发我们，经济系统与变量不仅有变化与不变的区分，而且变化也有速度阶次的区分。

在计量经济学中，时间序列单整性阶数表征了时间序列的平衡程度。一个数列是平稳的，其单整阶数为零。平稳时间数列意味着它的一二阶矩与时间无关，而且有界。平稳的时间序列其实反映出某种意义上的静止性，类似于静态分析。而实际上的时间序列往往其单整阶数不为零，即可能需要通过 N 次差分以后才能变为平稳数列。一阶单整类比于匀速运动，二阶单整序列类似于匀加速运动，平稳序列类似于相对静止。因此，从某种意义上讲，单整的阶数反映了数列随时间变化的速度阶次，单整阶数越高，则数列随时间变化的速度阶次越高。而协整对应于长期动态均衡，比如两个 N 阶单整数列可能有协整关系，这时候从某种意义上讲，可以认为有协整关系的两个变量有一种 N 阶速度层次上的均衡关系。显然，这种更高速度层次上的稳定均衡关系分析不同于简单的均衡分析，即两个平稳变量之间均衡关系的分析。以格兰杰等开创的单整与协整分析，可能为经济学中更高速度阶次上的动态均衡分析提供了方法论启示。

目前还不存在一个系统的动态分析的层次理论。西方发展经济学、新兴古典经济学、信息社会经济学都只是把变化的速度阶次分为两个层次，即变与不变，没有对变化的速度阶次进一步细分。因此，更高速度阶次上的相对静止性（类似加速度静止不变），并没有被目前的经济学理论清楚地揭示。

第七节　实证分析：均衡分析的系统层次性

本节和下节是全文的核心分析框架。所有的经济理论和思想总是在一定的论域之上讨论问题的，而这个论域从系统学的角度来看其实就是一个系统。所有系统的集合按照系统要素集合的"包含于⊆"关系构成一个非常自然的偏序结构。这个偏序结构中,有些系统之间能够很自然地进行大小层次的比较,有些系统之间无法自然地进行大小层次的比较;从而与之相对应,有些经济学理论之间可以很自然地进行层次优劣比较,但有些经济学理论之间就无法自然地进行层次优劣比较。但偏序结构中总存在全序子集,总有些系统之间存在全序关系,因此,在这些构成全序关系的系统之间就很容易自然地进行比较,与之相关的理论优劣也很容易进行评比。

经济学分析分为两类:一是实证分析;二是规范分析。主流经济学的实证分析以均衡分析为主要内容,规范分析主要就是讨论效率与公平问题。本节先建立实证分析之均衡分析的系统层次模型(更一般来说是偏序结构模型),下节建立效率与公平分析的系统层次模型(更一般来说是偏序结构模型)。

均衡分析从其范围上又分为一般均衡分析与局部均衡分析。局部均衡分析没有全面地考虑强相关的因素之间更为广泛的相互作用相互影响。一般均衡更全面地考虑相关因素的相互作用相互影响。一般均衡的英文是 General equilibrium,黄有光认为,General equilibrium 翻译成中文时应该是全局均衡而不是一般均衡,因为一般与特殊相对,全局与局部相对。① 但本书还是按中文习惯使用"一般均衡"一词。

许多经济学初学者在学习完经济学原理特别是学完杨小凯的经济学原理之后,一听说一般均衡分析就以为是新古典一般均衡分析和新兴古典经济一般均衡两类,并可能被杨小凯关于一般均衡分析的叙述所误导,以为他的一般均衡分析就是最高的一般均衡分析。实际上,一般均衡分析的核心思想是对一个系统的所有相互作用相互影响的变量进行同时分析同时决定,而不是仅仅描述一组变量对另一些变量的影响,不考虑另一些变量反过来对这一组变量的影响。因此,针对每一个系统,可以说都存在一个一般均衡分析。由于系统之间构成一个

---

① 黄有光:《从诺奖得主到凡夫俗子的经济学谬误》,复旦大学出版社 2011 年版,前言第 2 页。

偏序结构，因此针对不同系统的一般均衡分析之间也构成一个偏序结构。而这个偏序结构的全序子集，就构成了一个可以比较高低层次的一般均衡分析系统层次模型。

一　局部均衡分析的三种类型

杨小凯在其经济学教材中批判了三种类型的局部均衡分析。[①]

第一，马歇尔的局部均衡分析，它是假定其他市场不变，分析某一个市场的供求均衡。

第二，尝试考虑所有商品市场及其交互作用，但经济变化最终不是由代表经济环境的参数来解释。一些市场上的价格变化是由其他市场上的价格变化来解释，简称为用一部分市场来解释另一部分市场。在证明斯托弗—萨缪尔森定理时运用的局部分析，要素价格的变化是由商品价格的变化解释的。笔者认为，黄有光的综观经济学本质上也是这种类型的局部均衡分析。

第三，参数空间划分不完全的局部均衡分析，它试图用环境参数来解释所有市场价格与数量，但是只考虑到了参数的一部分子空间，因此其做出的均衡分析本质上只是某一子参数空间的局部均衡而不是全部参数空间的一般均衡。H—O的要素禀赋比较优势贸易理论与萨缪尔森的要素价格均等化定理均采用这样的局部均衡分析。

二　对均衡分析进行层次划分的标准

（一）均衡分析涉及的时间层次

从均衡分析涉及的时间层次来看，均衡分析可以分为静态均衡分析与动态均衡分析。由于现实总是发展变化的，因此，动态一般均衡分析从理论上讲，就比静态一般均衡分析解释力更强。动态均衡分析比静态均衡分析在时间层次上更高，因此，静态均衡分析与动态均衡分析就构成一般均衡分析的两大级别。前面通过均衡分析与反均衡分析的相对性论述，实际上表明了动态一般均衡分析的动态特性本身也是有不同层次的，它对应于变化速度的不同阶次。

[①] 杨小凯：《经济学》（中文版），社会科学文献出版社2003年版，第74页。

(二) 均衡分析涉及的系统空间层次

任何经济学理论的论域系统都具有一定的空间层次，比如，微观经济学主要讨论一个社会或国家的个体决策问题，城市经济学只研究一个城市的经济结构、空间布局等问题，产业经济学研究产业之间的关系，宏观经济学讨论一个国家或社会作为整体的经济表现，国际经济学讨论国家之间的经济关系，世界经济学研究世界经济整体的发展，其空间层次显然是递增的。均衡分析涉及的系统空间层次，可以看成是子系统的不同层次。

(三) 均衡分析涉及的变量精细程度

不同的均衡分析涉及的变量个数多少不同，通常情况下变量个数越多，其分析越精细；变量个数越少，其分析越粗糙。因此，均衡在涉及变量的精细程度上有层次划分。从某种意义上讲，系统要素变量的精细程度可看成是分系统的不同层次。

从均衡分析涉及的空间层次和变量精细程度来看，均衡分析可以分为全局均衡分析与局部均衡分析。

(四) 有个人决策和无个人决策的一般均衡分析

在杨小凯那里，一般均衡分析主要涉及所有经济个体最优决策的相互作用，但在许多新古典均衡分析模型如 IS—LM 模型中，根本不存在最优决策。甚至许多最优决策也被说成是均衡分析，比如在所有的新古典微观经济学教材中，都把消费者的支出一定效用最大化决策中的最优消费组合说成是消费者均衡。这就表明，目前经济学理论中对于均衡与均衡分析的概念使用相当混乱，急需要进行清理。事实上，经济学上均衡分析的思想来自物理学，其要义在于各种相互冲突的力量之间相互作用达成一种势均力敌的态势，而各种力量通常用变量来代表，因此物理学中的均衡分析实际上是指存在两难冲突的各个变量之间达到势均力敌的状态。

均衡概念的混乱使我们区分均衡分析概念的不同层次。我们认为，均衡分析的概念可以分为三个层次：第一层次是狭义的均衡分析，它是主流经济学四层次框架中的第三层次，即均衡分析一定是指对不同决策主体最优自利决策之间相互作用相互影响的分析，在狭义的意义上，均衡分析不同于个体决策分析，均衡分析一定涉及多个经济主体的决策之间的相互关系。第二层次是中义的均衡分析，它是指对任何存在两难冲突的决策变量之间进行权衡折中的分析，其根本标志是决策变量之间要存在两难冲突。所谓决策变量之间的两难冲突，是指不同决策变量不能同时增加，或不同决策变量不能同时向有利于决策目标改善的方向变化（不同决策变量不能同时变好）。第三层次是广义的均衡分析，它是指对一个系统中各种相互作用相互影响的变量进行整体分析与求解，而不管这些变量之间是冲突关系还是相互促进关系。实际上，只有第二层次的均衡分析概念最接近物理学均衡概念的原意，因为物理学研究的对象全部是没有意识进行自主决策的物体，不涉及主体的决策问题。杨小凯对主流经济学四层次分析框架的论述，实际上是将均衡分析这一术语只限定在狭义的意义上使用。阿罗—德布鲁体系是没有个人最优决策的均衡分析，属于上述第二层次中的均衡分析概念。但毕竟经济学不同于物理学，经济学最重要的任务之一就是研究经济主体的决策问题，因此，涉及经济主体最优自利决策的均衡分析，从某种意义上讲，确实要比不涉及经济主体决策的均衡分析要更好。因此，下面根据数理经济模型是否模拟经济人理性决策的角度，可以将数理经济模型划分为方程组模型、个体决策模型与交互决策均衡模型三大类。

方程组模型是用方程系统刻画经济变量之间的关系，通过求解方程（组），来得到经济系统的某种均衡状态。方程组模型不求解经济人的最优自利决策，因此不能解释经济变量之间的关系如何受制于经济人的最优自利决策及其相互作用。几乎所有的物理学模型都是方程组模型，这是因为物理学不研究主体的最优自利决策，因此，数理经济方程组模型在理论层次上只与物理学模型相当，其对于社会经济系统的内生化程度上较低。方程组模型中通常包含两类变量：一是内生变量；二是外生变量。内生变量是方程组所需要求解的变量，是这个模型要解释的变量，而外生变量是用来解释内生变量的参数。比如设方程 $ax+b=0$，可设定 x 是内生变量，则 a、b 是外生变量。

个体决策模型，简称决策模型，模拟经济主体的最优自利决策。

任何决策过程通常都可以分解为决策者、决策目标、决策变量、决策参数、约束条件等决策要素。影响决策目标的因素可以分为两类：一是决策者可以调整控制的因素，称为决策变量；二是决策者无法调整控制的因素，称为决策参数。个体决策模型的特征在于，决策目标只与决策者自身的决策变量相关，而与其他人的决策变量无关。最优自利决策的求解结果是用决策参数来解释决策变量，表现形式通常是将最优的决策变量表达为决策参数的函数或对应，这通常称为反应函数（或称为决策函数、策略函数或策略、对策函数等），它是从决策参数空间到决策变量空间的一个映射。这里，决策参数是外生变量，决策变量、决策目标是内生变量。比如消费者支出一定效用最大化决策，设目标函数为效用函数 U = XY，只存在两种消费品 X、Y 可供选择，既定支出为 m，X 的价格为 P_1，Y 的价格为 P_2，则消费者效用最大化时，最优的决策变量（反应函数或决策函数），本例中即消费组合为 $X(P_1, P_2, m) = \frac{m}{2P_1}$、$Y(P_1, P_2, m) = \frac{m}{2P_2}$，这是一个从三维的外生参数空间 $H(P_1, P_2, m)$ 到二维决策变量空间 $D(X, Y)$ 的一个映射。在决策取得最优时，最优目标函数值与外生参数之间的函数关系称为决策的目标值函数，在本例中即最大的效用水平，在微观经济学中称为间接效用函数，为 $V(P_1, P_2, m) = \frac{m^2}{4P_1P_2}$。决策参数灵敏度分析或称比较静态或比较动态分析，就是考察当外生参数变化时，最优决策变量和最优目标函数值如何变化，通常这可以通过将反应函数和目标值函数对外生参数求导数来进行分析。

交互决策均衡模型，简称交互决策模型或均衡模型，是考察多个经济人的最优自利决策之间如何相互作用相互影响形成一个大家都不得不接受的均衡状态。交互决策均衡模型通常包含以下核心要素：一是包含多个决策者的参与人集合 N = {1, 2, …, n}；二是每个决策者的决策变量（或称行动）$a_i \in A_i$；三是每个决策者的目标函数（或称支付函数）U_i，它是所有相关经济主体的决策变量的函数；四是决策参数（包括决策者的类型、共同的环境参数等）；五是决策的约束条件。交互决策均衡模型中,每个参与人的目标函数和决策变量是内生变量,而外生参数是外生变量。交互决策均衡模型的特征在于,每个决策者的目标函数不仅是自身决策变量的函数,而且是其他相关决策者的决策变量的函数。交互决策均衡模型在计算求解时,通常先分别计算每个经济主体的最优自利决策,其技术实质是让每个决策者或参与人将其他参与人的决策变量看成是既定参数,然后调整选择自己的决策变量以最大化自己的目标函数或支付函数,这样可得到一组一阶条件(包含自身决策变量、其他人决策变量和决策参数在内的一个方程组),然后将所有人的最优自利决策的一阶条件联立构成一个方程组,从这个方程组解出每个人的决策变量,就得到多个经济主体最优自利决策之间的均衡,通常其数学表现形式是从参数空间到所有参与人的决策变量空间的笛卡尔积空间的一个映射。而交互决策均衡模型的比较静态分析或比较动态分析是考察当外生参数变化时,每个参与人的最优自利决策将如何变化,均衡结果如何变化。

交互决策模型与个体决策模型的区别在于:个体决策模型中,每个决策者的决策目标只与其自身的决策变量直接相关,而与其他人的决策变量无直接关系,即使其他人的决策可能反映在决策参数之中;交互决策模型中,每个决策者的决策目标不仅与其自身的决策变量相关,而且与其他人的决策变量直接相关,或者受其他人的决策变量直接影响。个体决策中也可能涉及其他人的行为对于决策者目标的影响,但是,这种影响已经被外生地概括进决策参数与约束条件之中,在求解一个主体的最优决策时,不涉及求解其他主体的最优决策。比如,在垄断厂商的利润最大化决策之中,消费者对于垄断厂商决策目标的影响,已经概括在市场需求函数之中,在求解垄断厂商利润最大化决策时,并不需要先求解消费者的效用最大化决策。

交互决策均衡模型不同于方程组形式的均衡模型。方程组形式的均衡模型,每个方程通常是根据一定的经济学理论和现实情况直接外生设定的,而交互决策均衡模型在计算中通常也会产生多个方程,但这些方程是每个决策主体最优自利决策的一阶条件,是从经济人的最优自利决策推导出来的,可以说是最优自利决策内生的,不像方程组模型中那样是直接外生设定的。个体决策模型与交互决策模型与方程组模型相比，由于模拟了经济人的最优自利决策，比方程组模型更能体现经济学所研究的人际互动的社会本性，因此可以认为，是比方程组模型更接近现实的数理经济模型。从模拟经济人最优自利决策及其相互作用的角度来看，个体决策模型比方程组模型的内生化程度更高，而交互决策均衡模型又比个体决策模型的内生化程度更高。

交互决策模型根据个体最优自利决策之间相互作用的方式又分为两种：一是最优自利决策之间通过市场价格机制来进行相互作用，通常这样的均衡被称为瓦尔拉斯均衡，阿罗—德布鲁均衡是新古典瓦尔拉斯均衡，杨小凯的绝大多数新兴古典数理经济模型也都是瓦尔拉斯均衡；二是最优自利决策之间直接进行相互作用，这是博弈论研究的内容。博弈论均衡模型根据信息完整性和博弈参与人之间的决策顺序又分为完全信息静态博弈、完全信息动态博弈、不完全信息静态博弈、不完全信息动态博弈四种类型。而每种类型中，又可以根据决策变量是离散变量还是连续变量，分为离散决策变量的博弈模型和连续决策变量的博弈模型，离散决策变量与连续决策变量博弈模型在求解方法和计算复杂度方面存在很大的区别。

三 一般均衡分析的层次性与相对性

在所有系统构成的偏序结构中，总存在一些全序子集。对应于系统之间的全序关系，一般均衡分析可以从低到高分为多个层次。设存在一个单调递增系统列 S_1，S_2，…，S_n，即对任意 i，有 $S_i \subset S_{i+1}$，或者说 S_i 是 S_{i+1} 的子系统或分系统。

任何数理经济模型的实质都是用外生变量来解释内生变量。对任何系统进行整体的一般均衡分析时，必须选择一个更大的系统作为参照系。设 $i<j$，$S_i \subset S_j$，如果设定 S_j 为参照系，对 S_i 进行一般均衡分析，那么 S_i 中的变量是内生变量，S_j—S_i 就构成 S_i 的系统环境，S_j—S_i 中的变量就是外生变量或外生参数，一般均衡分析的本质就是用 S_j—S_i 中的变量来解释 S_i 中的变量。因此，对于一个均衡分析模型的描述，同时涉及系统对象 S_i 和参照系 S_j，因此我们用序对（S_i，S_j）（必须成立 $S_i \subset S_j$）来表示一个均衡分析的系统层次，也就是说，对

均衡分析的系统层次的描述是一个二维向量。因此，我们在评定均衡分析的性质时，必须要将均衡分析所针对的系统对象 S_i 和选择的参照系 S_j 同时进行辨别。在保证参照系 S_j 比要分析的系统对象 S_i 更大的情况下，参照系 S_j 选择不同，就表示 S_i 的外部环境不同，从而参数空间就不同。当均衡分析针对的系统对象 S_i 一定时，参照系 S_j 的层次越高，即选择的解释变量越多，那么均衡分析的层次越高；当参照系 S_j 一定时，均衡分析所针对的系统对象 S_i 的层次越高（必须保证 $S_i \subset S_j$），则表示较少的解释变量能够解释更多的内生变量，同样可以认为均衡分析的层次越高。从某种意义上讲，一个经济理论模型，外生变量与内生变量都是越多越好。因此，从外生变量与内生变量这两个维度来对经济学理论涉及的变量精细程度进行排序，只能形成一个向量序偏序结构，也就是说，如果一个经济理论的外生变量与内生变量个数都多于另一个经济理论，那么可以说这个理论相对更优越一些。但有时可能出现这样的情况：两个经济理论，一个理论内生变量多外生变量少，另一个理论内生变量少外生变量多，那么这两个经济理论就无法自然地进行比较。

一个均衡分析 (S_i, S_j) 相对于系统层次比它更低的均衡分析 (S_r, S_t)（$i \geq r, j \geq t$）而言是一般均衡分析，但从更高层次的均衡分析 (S_h, S_k)（$h \geq i, k \geq j$）来看，却只是局部均衡分析。假设最高的系统 S_n 表示整个宇宙，因此对其他任何系统的一般均衡分析，相对于最大的系统来说，都只是局部均衡分析。从某种意义上讲，任何均衡分析，其作为局部均衡分析是绝对的，而作为一般均衡分析则是相对的。因此，凡是说到一般均衡分析，必须要说清楚它是针对哪个系统层次上的一般均衡分析。

目前经济学理论在建立均衡模型时，通常更重视内生变量的个数，内生变量越多，其内生化程度越高。内生化程度是评价一个经济理论模型优劣的一个重要标准。但从上面我们对于均衡分析的二维描述向量 (S_i, S_j) 来看，我们在比较经济理论的优劣时，不能只看内生变量的个数，还要参考外生变量的个数，也即我们既要考察一个均衡分析模型所针对的系统对象 S_i，还要考察其所设定的参照系 S_j 的大小。也就是说，目前的经济学方法论和经济学理论评价框架，在评价一个均衡模型的优劣时，通常只考虑其内生变量的个数，而不参考外生参数的个数，这是有失偏颇的。而我们的理论评价框架首先基于经济学理论模型论域的偏序结构，再从偏序结构中找到能够进行自然比较的全序子集，然后在这个全序子集上建立描述均衡分析的二维描述向量（S_i，S_j），因此，我们的理论评价框架与目前经济学说史或经济学理论比较研究所采取的理论评价框架相比，更为客观和全面。

四 网络效应与单向决定论

在任何一个层次的一般均衡分析或局部均衡分析中，都存在外生变量与内生变量。仍假设有系统列 S_1，S_2，…，S_n，对任意 i，有 $S_i \subset S_{i+1}$。设 k≥h≥j≥i，则由包含关系 $S_j—S_i \subset S_h$ 可知，在低层次的一般均衡（S_i，S_j）中的外生变量 $S_j—S_i$，在更高层次的一般均衡（S_h，S_k）中则可能成为内生变量。在任何一个层次的一般均衡分析（S_i，S_j）中，都只能用外生变量 $S_j—S_i$ 来解释内生变量 S_i，这是一种单向的因果解释，或者说是一种单向决定论；但在更高层次的一般均衡分析（S_h，S_k）中，低层次一般均衡模型中的内生变量 S_i 可能反过来影响到外生变量 $S_j—S_i$，从而低层次一般均衡分析（S_i，S_j）中的外生变量 $S_j—S_i$ 可能成为高层次一般均衡分析（S_h，S_k）中的内生变量（即 $S_j—S_i \subset S_h$），从而与原来的内生变量 S_i 相互作用相互影响，成为更高层次一般均衡分析的中心内容。从更高层次的一般均衡模型来看较低层次的一般均衡模型，较低层次一般均衡模型中的内生变量与外生变量之间复杂的相互影响被称为网络效应。一般均衡分析的层次越低，在经济现象的解释上越趋向于单向决定论，或者说单向决定的因素更多；一般均衡分析的层次越高，在经济现象的解释上越趋向于网络效应，或者说越多地考虑各种经济变量之间的相互作用相互影响，越多地考虑网络效应。网络效应听起来比单向决定论更科学合理，但从我们建立的一般均衡分析层次模型来看，网络效应与单向决定论只是观察问题的系统层次不同。当然，一般情况下，系统层次越高，考虑问题越全面。但系统层次越高，考虑问题越全面，则问题越复杂，思想上的一般均衡模型难以建立有实际意义的数学模型来表达和求解，因此，一般均衡分析的层次越高，模型就会越复杂，越难以操作。这决定了一个研究者必须要在单向决定论的"弱解释力甚至错误解释力+模型操作成本低"和网络效应的"强解释力+模型操作成本高"两者之间进行权衡折中。经济学在20世纪的进步主要体现在，开发出解释力更强的，但可能复杂程度更高的模型来解释现实。

但我们得同时指出来，如果设 $h \geqslant j$ 不满足，只是满足设 $h > i$、$k > j$，对于 j 和 h 有 $j > h$，此时虽然一般均衡分析（S_h，S_k）在系统层次上要高于一般均衡分析（S_i，S_j），但一般均衡分析（S_i，S_j）的外生变量 $S_j - S_i \not\subset S_h$，即更高层次的一般均衡分析（$S_h$，$S_k$）的内生变量不能包括较低层次一般均衡分析（$S_i$，$S_j$）全部的外生变量，这表明较低层次一般均衡分析（$S_i$，$S_j$）的外生变量并没有在（$S_h$，$S_k$）中全部内生化。

五 均衡分析的一个系统层次模型

一般均衡分析是同时考虑一个系统中相互作用相互影响的所有相关因素，同时决定这些相关变量而不是由一部分（本该内生的）变量来解释另一部分（内生）变量。其本质是把要考虑的内生变量作为一个系统，同时由系统外的变量即外生变量所决定和解释。在系统科学中，内生变量就是所考虑系统的内部变量，外生变量就是系统的环境因素即系统外的因素，有时候称为控制参数。

同时精确考察内生变量和外生变量的范围，将非常复杂。因此，我们这里建立一个以内生变量个数或系统对象 S_i 为主要参考标准的系统层次模型，主要目的是从均衡模型内生化程度的角度来评价均衡模型的层次区别。一般均衡分析所涉及的系统范围越大或者其变量越精细越多，则其内生化程度越大。具体情况如下：

第一层次的一般均衡分析，是在制度环境与分工组织结构既定的情况下，在经济系统的其他市场价格与数量既定的情况下，考虑某一个市场的价格与数量，它的典型形态是马歇尔对一个市场的一般均衡分析，其本质是把一个市场作为一个系统。前述的三种局部均衡分析都可以看作是最低层次的一般均衡分析，它们都只是把经济系统的某一个局部当成一个系统来进行分析，这个系统的外部变量（外生变量）包括经济系统的环境与经济系统内部除所考虑的内生变量外的其他经济系统变量。

第二层次的一般均衡分析是在制度环境与分工组织结构既定的情况下，考虑经济系统所有市场价格与数量相互作用的一般均衡分析。它不考虑专业化与分工水平和分工组织结构，更不考虑制度的选择。根据其所考虑的市场系统的范围，这一层次的一般均衡分析又可以分为几个亚层。

最低的亚层是把商品市场作为一个系统，这主要对应于阿罗－德布鲁体系。这一层次的一般均衡分析，只是内生了商品市场的价格与数量，没有考虑货币市场与劳动力市场。

第二亚层是只考虑经济系统的商品市场与货币市场的价格与数量，而不考虑劳动市场的价格与数量，其典型代表是 IS—LM 分析。IS—LM 分析是宏观经济分析，因而没有涉及经济主体的微观决策，没有内生劳动力市场的价格数量，更没有内生专业化与分工水平。

第三亚层的一般均衡分析是考虑经济系统的商品市场、货币市场与劳动价格与数量，其典型是 AD—AS 模型。

第三层次的一般均衡分析是杨小凯的新兴古典一般均衡分析。它在既定的制度环境条件下（确切地说是自由市场制度），不仅考虑经济系统所有市场的价格与数量相互作用相互影响，而且考虑专业化与分工水平，考虑分工组织结构的演进。因此，在它的一般均衡分析中，最重要的是内生分工组织结构、生产力水平、真实收入；其次才是内生新古典经济学的价格与数量比例。

笔者提出的三层次超边际分析是对杨小凯新兴古典一般均衡模型的拓展，系统研究按照权利变量组合法定义的不同制度框架之下不同的分工演进路径、专业化模式选择和资源配置情况，从而能够以制度框架为外生变量内生分工演进的可能路径而不仅仅是内生最优的分工组织结构、生产力水平等变量。

第三层次的一般均衡分析目前是经济学中最核心的一般均衡分析，其要点在于，必须从每个人的最优自利决策出发来进行分析，必须涉及所有个人最优自利决策的相互作用相互影响，以内生个人专业化水平决策与分工均衡。

由于用一个模型考虑经济发展的所有现象包括企业制度、中间商、市场层系、货币制度、储蓄与投资、景气循环与失业、经济增长等，模型复杂将难以操作，因此，杨小凯等通过对上述不同问题建立了不同的模型，根据所解决问题的多少，新兴古典一般均衡模型也有内生化程度之分。但是，所有的新兴古典一般均衡分析都内生分工组织结构的演进，即从自给自足到局部分工再到完全分工的分工演进过程。

第四层次的一般均衡分析是把经济系统作为一个分析的对象，用政治法律系统、文化系统以及自然地理环境来解释经济系统的各种因素。这种一般均衡分析是把政治法律制度与文化系统看成参数，通过分析经济系统内部各种因素（内生变量）的相互作用相互影响，用政治法律制度、文化的变化来解释经济系统内生变量的决定。

如果我们把政府（公共物品）与私人部门（私人品）都看成经济系统的必要组成部分，那么目前的经济学还没有建立起真正的包括私人与政府在内的完整的经济系统的一般均衡分析。包括杨小凯的新兴古典经济学在内的经济学，都没有完整地从理论上论证政府与市场的关系，没有能够建立起包括私人市场与政府在内的一般均衡分析框架。目前关于政府与市场关系的论述，本质上都只是发达国家经验的表达。政府与市场的边界没有在理论上真正完全地确立起来，这成为目前经济学的核心难题之一。

同时，作为市场经济结果的不公平与市场经济效率的关系，也没有能够在一个一般均衡分析框架中完整地进行理论分析。市场经济结果的不公平是如何反过来影响到市场经济的效率这样的问题在理论上远远没有回答清楚。这是目前经济学的核心难题之二。

资本所有权收入的剥削性质与激励性质之间存在着两难冲突，这种两难冲突与分工演进的关系是什么样的，一定的社会机制是如何权衡折中剥削与激励之间的两难冲突的？这些都需要一个明确考虑剥削与激励之间两难冲突如何进行有效权衡折中的一般均衡分析才能够进行说明。这成为目前经济学的核心难题之三。

上述三大核心难题需要把经济系统甚至人类系统作为一个整体来进行分析，因此，本书把它们的解决归结为需要以经济系统作为一个整体的一般均衡分析。而杨小凯在内的一般均衡分析，都远远没有解决经济学的上述三个核心难题。

第五层次的一般均衡分析是把人类社会整个作为一个系统，考虑经济系统、政治法律系统、文化意识形态系统等因素之间复杂的相互作用相互影响。经济系统的各种发展演进，政治法律制度的演进，道德文化的演进，相互作用、相互影响，在一个一般均衡分析框架中，它们应该同时由自然地理环境这样的外生变量所决定和解释。其典型形态是马克思的历史唯物主义理论，新制度经济学也具有这一层次一般均衡分析的一些特征。这一层次一般均衡分析的外生变量是自然地理环境，包括宇宙天体的演化、行星的形成与地球的形成、地球的自然环境。目前这一层次的一般均衡分析需要人类的各种科学成就包括人文社会科学与自然科学结成一个整体，全面探索人类社会的发展规律。由于其复杂性，目前这一层次的一般均衡分析只是一个设想，在几亿年以后看能否实现。

第六层次的一般均衡分析是把人类社会及其地球环境作为一个系统。这时候需要考虑经济发展与生态环境的关系。可持续发展经济学思考了经济社会发展与生态环境的关系，其分析层次是第六层次上的一般均衡分析，但是目前可持续发展经济学还远远没有建立起经济发展与环境关系的一般均衡分析模型，因为存在本书前面所讲过的系统复杂性与一般均衡模型可操作性之间的两难冲突。

第七层次的一般均衡分析是把整个宇宙作为一个系统，考虑天体演化，行星的形成，生物的形成与演化，人类的形成与演化，人类社会内部各种因素如政治法律、经济、文化因素的形成与演化等所有宇宙因素之间的相互影响相互作用。这时候的分析没有外生变量，所有因素全部是内生变量，因为人类目前把所有可以认识的对象都视为宇宙的组成部分。这将是人类所有智慧、所有学科的综合。从哲学上讲，这种一般均衡分析将无法进行，因为从概念上宇宙被定义为所有因素所有事物的总和，由此不存在一个在宇宙演化之外的智慧生物把宇宙演化的全过程作为一个客观的研究对象进行考察，从而弄清楚宇宙演化过程中各种因素（内生变量）的相互作用相互影响的结果。同时由于宇宙的时空无限性，人类认识也不可能对此有全面清楚的结论。

从上面的讨论可以看出，人类智慧的能力一般情况下，最多只能涉及第六层次的一般均衡分析。新古典经济学主要涉及第一层次与第二层次的一般均衡分析，新兴古典经济学涉及第三层次的一般均衡分析，马克思的历史唯物主义理论与制度经济学涉及第四、第五层次的一般均衡分析，信息社会经济学涉及第四、第五层次的一般均衡分析。但是只有第三层次以下的一般均衡分析才建立起了严格的数学模型。

由于宇宙时空的无限性，一般均衡本质上都是相对的，而局部均衡则是绝对的。严格来讲，只有第七层次的一般均衡分析才是真正的一般均衡分析，但是，上面说过，没有外生变量的第七层次一般均衡分析在本质上难以进行，因此可以说，所有的均衡分析都是局部均衡分析，没有什么一般均衡分析。目前，经济学与人类科学所考虑的因素都只是全部宇宙因素的一个子集，相对于整个宇宙而言，所有考察的系统只是宇宙的一个子系统，因而对其进行的分析本质上只是对于宇宙分析的局部（均衡）分析。

纯粹为了问题表述的方便，通常情况下，我们会把问题限定于宇宙甚至地球的某一个局部系统，则把这个系统中各种因素之间相互作用相互影响的分析称为针对这一个系统层次的一般均衡分析，这时候的一般均衡分析本质上是用这个系统外的因素即系统环境来解释系统因素即内生变量。当我们把这一个系统作为一个参照系时，对这一系统的子系统或分系统进行分析，我们就称其为局部均衡分析。如果我们把所考虑的系统作为更大的一个系统的子系统或分系统，那么对原来系统所做的一般均衡分析就是对更大系统的局部均衡分析。因此，一般均衡分析与局部均衡分析的区别是相对的，主要是看以哪一个系统作为参照基准。

六　内生化程度与模型可操作性之间的替代关系

在经济分析方法的技术水平既定情况下，一般均衡分析所涉及的系统范围越大、层次越高,变量越精细,则其内生化程度越高,但在数学模型上越难以处理,因此理论可操作性程度越低,越倾向于使用一种文字描述与哲学思辨的方式进行。因此我们就在均衡分析的一般性程度(用所涉及系统的时空层次与内生变量精细程度来定义)与理论模型可操作性之间面临着两难冲突,对此需要权衡折中。因此,我们的科学哲学观主张,在面临复杂的现实世界时,为避免精确数理经济模型的高操作成本,形而上学的思辨应该在科学研究中具有一定的地位。

第八节 规范分析:效率与公平的系统层次性

经济学(发展经济学)研究的中心问题是效率与公平问题。经济学中存在两种经济效率概念:一是帕累托最优,其数学本质是偏序集合的极大值;二是社会福利最大化,其数学本质是全序集合的最大值。宪政民主和自由市场制度更倾向于以帕累托改进作第一效率标准,专制极权和计划体制更倾向于以社会福利最大化作为第一效率标准。从实现经济效率的操作成本来看,以帕累托改进作为第一标准更节省交易成本,以社会福利最大化作为第一效率标准交易成本太高。

道德哲学与政治哲学上存在很多种公正理论,其中最重要的两种公正理论是贡献论和自由公正论,我们修正了王海明在《新伦理学》中所提出的价值理论和公正理论之间的关系,认为贡献论的价值理论基础是客观价值论,而自由公正论的价值论基础是效用价值论,这是我们对于价值理论与公正理论相互关系的独特观点。

本节还以一般均衡分析的系统层次性为基础,提出效率与公平的系统层次模型。

一 两种经济效率的概念:帕累托最优与社会福利最大化

(一)基数效用论与序数效用论

效用这个词语在经济学上是指人们享受物品之间的满足感,或者是指个人对于享受物品的评价。效用在哲学上存在主观效用与客观效用两种含义，主观效用是主体对于客体的价值的主观评价，而客观效用是指客体对于主体的客观的使用价值。效用到底是主观的还是客观的，一直是伦理学、经济学和哲学争论的焦点之一，因此产生了不同的理论流派。基数效用论将效用看成是客体对于主体的客观使用价值，可以用一个实数来表示大小，并且可以进行加减乘除等各种运算，最关键的是，人际效用可以进行比较和加总，从而可以将所有个人的效用加总而成社会福利函数，这是以边沁为代表的功利主义的基本观点。但效用能够在人际进行比较和加总的观点，实在是很难找到实验依据，因此，后来伦理学和经济学界提出了序数效用论，认为效用大小只能被个人排序，人际效用不能比较与加总，因此社会福利函数这样的事情当然是不可能存在的。在消费需求理论这一狭窄领域，运用基数效用论和序数效用论得到的结果是一样的，其中典型的表现在，在消费者的支出一定效用最大化决策中，效用函数作一个单调变换，相当于改变了效用的单位，结果决策函数（这里是马歇尔需求函数）都一样。但单调变换会导致目标值函数（这里是间接效用函数）不同，这说明变换效用单位之后获得的效用值大小是不同的。由此可见，如果只是涉及消费组合这样的客观物品的选择问题时，效用理论是采取基数效用论还是序数效用论结果没有区别，但如果涉及效用大小和社会福利函数这样的问题时，序数效用理论就不够了，黄有光证明了要进行人际效用比较与加总以构造社会福利函数，基数效用是必要条件。

效用理论当然也是发展经济学的理论基础。结构主义、新结构主义、激进主义等主张国家加强政策干预的发展经济学流派，无疑都信奉基数效用论，因为政策干预很多时候以社会福利最大化为名义（因为帕累托改进的政策通常极少，大部分政策是卡尔多改进），这依赖于基数效用论的人际间效用比较与加总。新兴古典经济学数理经济模型在运用超边际分析方法的计算过程中，必须要比较不同专业化模式的效用水平，运用效用相等条件和市场出清条件来推导出价格比例和专家人数，这说明所有新兴古典经济学模型都以基数效用论为基础。新古典发展经济学和新制度主义发展经济学，虽然未明确说明是运用基数效用论还是序数效用论，但只要涉及社会总福利这样的问题，那么必然是基数效用论。黄有光提出运用"效用感量"或"幸福感量"来作为测试效用的绝对单位，试图为基数效用论建立绝对的生理学基础。所以效用感量，是指当物品变化一小点时，人们可能并不能感受到效用或满足的变化，那么物品变化不能使个人效用或满足感发生变化的上限即是物品变化的效用阈限。感觉阈限是人的生理阈限之基本常识，但至少到目前为止，效用感量说也未能真正完全拯救基数效用论在福利经济学中受到的批评。而且，效用感量说也使效用函数连续性不复存在，以及其他一些逻辑问题也随之而来。

正是鉴于这一点，笔者把人际利益或效用的比较与加总问题称为社会科学的核心难题。之所以把人际利益与效用比较与加总问题而不是其他问题比如说物质与意识的关系问题当成是社会科学的核心难题，原因在于，如果人际利益和效用能够比较和加总的话，很多社会问题，如伦理学的道德终极标准问题、各种公共政策问题、营销决策的社会伦理问题等，都会迎刃而解，而物质与意识的关系问题虽然重要，但对于社会科学的意义还没有那么直接，目前仍然主要停留在哲学层面而不是科学层面。很多人文社会科学之所以学派纷争，无法决断，其前提基础就在于人际利益与效用比较与加总难以进行甚至无法进行。可以说，人际利益与效用难以或无法比较与加总这一前提，养活了很多的人文社会科学研究。这种情况对于人文科学比社会科学更加重要，因为人文科学强调研究个体的独特性，或者说人文科学必须以人际间价值、利益、效用不能比较与加总作为基本前提来研究个体的独特性，而社会科学强调研究社会的普适性，为了社会公共政策的目的性，有时还不得不涉及人际价值、利益和效用的比较和加总。人际价值、利益、效用比较与加总的分歧，集中体现在基数效用论与序数效用论上面，因此，基数效用论与序数效用论是社会科学领域最重要、最根本、最核心的分歧。

（二）帕累托最优

经济学上存在两种经济效率概念：一是帕累托最优；二是社会福利最大化。

常见的新古典经济学教材对于帕累托最优（帕累托效率）的定义

是，资源配置达到如下状态，没有一个人能够在不减少他人利益的情况下增加自己的利益。这实际上是把帕累托最优定义为一种资源配置状态。但深究帕累托最优的真正含义，帕累托最优并非真正是资源配置状态，而是指人际利益分布状态。而资源配置、分工契约结构、制度框架等因素仅仅是影响人际利益分布状态的因素，可以作为帕累托改进的手段。因此，我们认为，帕累托最优是指人际利益的分布关系达到如下状态，没有一个人能够在不减少他人利益情况下增加自己的利益。作为影响帕累托最优效率的因素，经济学研究了其中最重要的三类因素，制度框架、分工契约结构和资源配置，其中制度框架影响帕累托效率是新制度经济学研究的核心内容，分工契约结构影响帕累托效率是杨小凯新兴古典经济学研究的核心内容，资源配置影响帕累托效率是新古典经济学研究的核心内容。因此，如果也采取列举影响帕累托经济效率的因素来定义帕累托效率的话，我们最好把这三类因素都列举出来，从而把帕累托最优定义为：帕累托最优是指资源配置、分工结构、制度框架达到如下状态，没有一个人能够在不减少他人利益情况下增加自己的利益。

帕累托最优的数学定义是社会福利向量空间中的一个偏序集合的极大值点，这个社会福利向量集是一个向量序集合，每个分量是一个社会每个人的福利或效用水平。下面用一个两人社会来简单地图示帕累托最优的数学定义。

如图6-6所示，设一个社会有甲、乙两个人，在甲与乙的个人福利或效用为分量的坐标系中，在技术水平和资源总量一定时，假设只存在A、B、C、D、E、F这样六种利益分布状态，则这些利益分布状态构成一个向量序偏序集，其极大值点有D、E、F三点，这三点都是帕累托最优状态。所谓一个点是偏序极大值点，是指按照偏序找不到比它更大的点，在图6-6中，对于D而言，找不到比D按照向量序更好的点；对于E和F而言，也找不到比E按照向量序更好的点，因此D、E、F都是偏序极大值点，它们都是帕累托最优点。从帕累托最优点出发，要增加一个人的利益，必须减少另一个人的利益，比如从E出发，要增加甲的利益，就必须减少乙的利益。

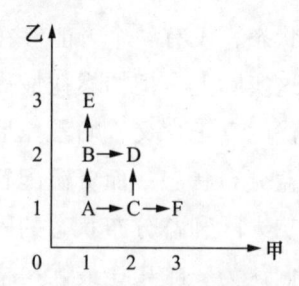

图 6-6　帕累托最优是偏序极大值

在图 6-6 中，沿着箭头方向所示移动，都是帕累托改进。所谓帕累托改进是指任何人的利益都不减少，而至少有一个人的利益增加的情况。因此，从 A 到 C，从 C 到 F，从 C 到 D，从 A 到 B，从 B 到 D，从 B 到 E，都是帕累托改进。总之，在以个人福利为分量的社会福利向量空间中，按照向量序增加的移动都是帕累托改进，即社会福利向量所有分量都不减少，至少有一个分量增加。

（三）帕累托改进的分类与寻租行为

我们先将帕累托改进区分为强改进与弱改进。我们定义强帕累托改进为，通过一定的社会调整，使所有人的利益都增加，数学上表示为在以每个人的福利或效用为分量的社会福利空间，社会福利向量的每个分量都增加。我们定义弱帕累托改进为没有人利益减少，至少有一个人的利益维持不变，至少有一个人的利益增加。

然后，我们将帕累托改进区分为公正的帕累托改进与不公正的帕累托改进。按照贡献论，公正的帕累托改进是指每个人利益增加程度与他为社会所做贡献的程度完全成比例；不公正的帕累托改进是指每个人利益增加程度与其为社会所做贡献的程度不完全成比例。按照自由公正论，公正的帕累托改进是指大家一致同意的帕累托改进或剩余收益分配，不公正的帕累托改进是指未经大家一致同意的帕累托改进或剩余收益分配。

帕累托改进的分类在本质上涉及人们分工合作所创造的剩余收益在不同人之间的分配情况，其考虑的是对增量利益的分配问题。而寻租行为则是指一个人的行为不增加社会总财富，只是改变社会既定社会财富在不同人之间的分配份额,"寻租"行为本质上涉及的是存量财富的再分配问题。

(四) 社会福利最大化

社会福利最大化效率标准是指实现社会福利函数最大时才实现了经济效率,如果存在社会总福利增加的可能性而没有利用,导致社会总福利没有达到潜在的最大可能性,则表示经济效率存在损失。

社会福利最大化通常是对一个社会福利函数进行最大化,以社会福利函数作为评价经济效率的标准。经济学上存在多种不同的社会福利函数,最常用的是功利主义的社会福利函数和罗尔斯主义的社会福利函数。功利主义的社会福利函数是:

$W = U_1 + U_2 + \cdots + U_n$

即社会福利是将一个社会每个人的效用水平或社会水平直接加总。

罗尔斯主义的社会福利函数是:

$W = \min\{U_1, U_2, \cdots, U_n\}$

即把一个社会中境况最差的人的效用水平或社会福利当成整个社会的福利水平。

无论什么形式的社会福利函数,其数学本质是将以每个人的效用或福利水平为分量的社会福利向量空间的向量序完备化,形成判断一个社会总体福利的综合指标,将一个多维福利向量空间映射到实数空间,从而将偏序结构全序化,这样任何两种社会福利状态都能够进行比较,而社会福利最大化就是一个完备的前序空间的最大值,或在商集意义上的全序空间的最大值。

(五) 社会总福利增加:帕累托改进与卡尔多改进

社会总福利作为经济效率标准,当社会福利函数增加了,就认为经济效率提高了。按照社会总福利增加时,是否有人利益减少,社会总福利增加可以分为两类:一是帕累托改进所导致的社会总福利增加,即没有人利益减少时的社会总福利增加;二是卡尔多改进导致的社会总福利增加,即有人利益增加,有人利益减少,而利益增加的人所增加的利益大于利益减少的人所减少的利益,由此社会总福利增加。

（六）帕累托最优与社会福利最大化的比较

经济学的核心问题是效率与公平问题。其中经济效率概念有两种：一是帕累托最优；二是社会福利最大化，这两种经济效率概念在数学本质上是不同的。帕累托最优在数学本质上是社会福利空间向量集合的偏序极大值，而社会福利最大化则是社会福利空间的向量序完备化、全序化之后所形成的全序集合的最大值；帕累托最优只需要以序数效用论作为基础，因为只涉及每个人对自己的不同利益状态进行排序比较，而社会福利最大化必须要以基数效用论作为基础，因为它涉及效用或福利水平的人际比较与加总。

那么在序数效用论的基础上能否总实现个人偏好排序的加总，形成一个与所有个人的偏好顺序完全一致的社会偏好顺序呢？1972 年诺贝尔经济学奖得主阿罗证明，这不可能。阿罗不可能定理的本质在于，如果每个人只能对其偏好进行排序而不能对偏好强度用实数大小进行绝对测度，或者说如果只有序数效用论而无基数效用论，那么不一定存在一个社会偏好排序与所有个人的偏好排序完全一致。阿罗不可能定理算是彻底终结了以序数效用论为基础建立社会福利函数的可能性。黄有光证明要建立社会福利函数，基数效用论是必要条件。阿罗不可能定理与黄有光定理结合起来，表明经济学的核心难题说到底就是如何将个人偏好、利益、价值与福利综合集成为所谓的社会偏好、利益、价值与福利，从而为公共政策的制定奠定绝对的理论基础。

社会福利最大化的问题，本质就是如何从每个人的偏好、价值、利益与福利综合集成为所谓的社会偏好、价值、利益与福利。虽然阿罗不可能定理和黄有光定理在数学上给我们一个悲观的结论，但现实中人们发明了各种各样的制度与方法来形成社会公共选择。评价所有的社会公共选择方法的基本出发点，是看这些公共选择的方法是否尽量集成了更多个人的目的、欲望、需要、偏好、价值、利益与福利相关的信息，能够集成和反映更多个人目的、欲望、需要、偏好、利益与福利相关信息的公共选择方法就比集成和反映更少个人相关信息的方法要好。因此，一般来说，自由民主制度就比专制极权制度要好，更能反映每个人的利益诉求。

由于存在人际利益比较与加总的困难，帕累托最优与社会福利最大化这两种经济效率的概念，在现实中操作起来，其交易成本不一样。帕累托标准只要求每个人比较自身的不同利益状态，因此操作起来比较容易，在不考虑妒忌等人际效用关联时，实现帕累托改进的社会变革更容易实施，而且帕累托改进之后，社会总福利也会增加，但不一定增加得更多。而社会福利最大化标准最大的问题在于，就算全民选举产生的代议机构或总统有资格代表社会总福利（专制极权制度下的政府或君主没有代表社会总福利的合法性），没有人或机构有能力能够将所有个人的福利信息集成与加总起来成为所谓的社会总福利（或者集成和加总个人利益的交易成本很高），因此，那些声称指向社会总福利增加的政策，可能并非真正增加社会总福利。以帕累托最优和帕累托改进作为经济效率的第一标准，在实践中就必须认真考虑每个人的利益，不能侵犯任何人的利益，在理论上必然要求通过宪政民主制度和自由市场制度来保障帕累托改进的实现。以社会福利最大化作为经济效率的第一标准，容易出现有权决定公共政策的人以社会总福利为借口来实现自己的个人私利，结果往往伴随着专制极权制度和计划经济制度，历史上这样的悲剧实在很多，比如希特勒鼓吹以牺牲犹太人的利益来实现德国的崛起。以帕累托最优作为经济效率第一标准，在发展政策的制定上，更倾向于依赖自由市场的发展模式，而以社会福利最大化作为经济效率第一标准，在发展政策的制定上，更倾向于国家主导的发展模式。

帕累托最优与社会福利最大化这两种经济效率的概念，从总体上讲，应该以帕累托效率作为第一标准，社会福利最大化作为第二标准。

信奉国家主导的各种发展经济学理论，在本质上它们更倾向于使用社会福利最大化作为经济效率的第一标准，而信奉自由市场的各种发展经济学理论，在本质上它们更倾向于使用帕累托最优作为经济效率的第一标准。综上所述，经济学家和政策制定者，对于帕累托最优和社会福利最大化这两种经济效率标准的差异的深刻认识,对于形成正确的发展政策和发展模式,具有重要意义。

(七)王海明新功利主义道德终极标准与经济效率标准的一致性

王海明在《新伦理学》中提出了他的新功利主义道德终极标准体系。他把增减每个人利益总量设定为道德终极总标准;在总标准之下,分情况有两个分标准,在人们利益之间不存在冲突的情况下,道德终极标准是无害一人地增进社会利益总量,在人们利益之间存在冲突的情况下,道德终极标准是最大利益净余额;在他人利益之间发生冲突时,道德终极标准是最大多数人的最大利益,在己他利益发生冲突时,道德终极标准是无私利他。王海明的新功利主义道德终极标准如表6-4所示。

表6-4　　　　　　　　王海明新功利主义道德终极标准

一个总标准	两个分标准	细分标准	使用情境
道德终极总标准:增减每个人的利益总量	利益有冲突的情况:最大利益净余额	他人利益冲突:最大多数人的最大利益	偶尔的道德标准
		己他利益冲突:无私利他	
	利益无冲突的情况:无害一人地增进利益总量		恒久的道德标准

王海明的新功利主义道德终极标准,实际上与经济效率标准基本上是一回事。王海明的道德终极标准总标准——增减每个人的利益总量,即增加每个人的利益是善,减少每个人的利益是恶,实际上这就是强帕累托改进标准。利益无冲突情况下的道德终极标准——无害一人地增进利益总量,实际上就是帕累托改进导致社会总福利增加。利益有冲突的情况下的道德终极标准——最大利益净余额,实际上就是卡尔多改进导致社会总福利增加。他人利益冲突时,最大多数人的最大利益,这一点仍然是卡尔多改进导致社会总福利增加,但这里的最大多数人的最大利益,表示利益增加人数非常重要,因此比较两种方案:(1)利益增加人数更多,但利益增加总量更少;(2)利益增加

人数更少，但利益增加总量更多，按照这一标准应该选择方案（1）而不是方案（2）。己他利益冲突时的道德终极标准——无私利他，这一点在经济效率标准中无直接表述，但王海明在论证这一标准的合理性时，仍然是以道德的基本目的即促进社会的存在与发展，增进社会总利益来进行论证的，这仍然与社会福利最大化的经济效率标准相一致。

总之，王海明的新功利主义道德终极标准，实际上是把两种经济效率概念整合在一起，并把帕累托改进作为第一标准，把社会福利最大化作为第二标准，与我们直接从经济学角度得出的结论相同。因此，王海明新功利主义伦理学的道德终极标准，基本上与福利经济学的经济效率标准一致，它既是评价一切伦理行为的终极标准，也是评价一切经济行为的终极标准，这成为整合伦理学与经济学的切入点。

王海明的道德终极标准，笔者使用下面的社会福利函数来表达：

$$W = \sum_{i=1}^{n} \left[\text{sgn}(\Delta u^i) M \right] + \sum_{i=1}^{n} u^i$$

其中，M 是一个很大的正数，假设它远远大于所有人的福利之和，即 $M \geq \sum_{i=1}^{n} u^i$。sgn 是数学上的符号函数，当某一个人的福利变化 Δu^i 为负时，$sgn(\Delta u^i) = -1$，从而在社会福利函数中就会产生一项"$-M$"，它的绝对值远远超过所有人的社会福利之和 $\sum_{i=1}^{n} u^i$。因此，要使社会福利函数为正，最好是使所有人的利益都增加，即所有人的福利变化都为正，从而 M 的系数成为 n。若有 m 人利益增加，$n-m$ 人利益减少，则 M 的系数是 $m-(n-m) = 2m-n$，因此只有当 $2m-n > 0$ 即 $m > n/2$，即超过一半的人利益增加时，M 的系数才可能为正，社会福利才可能为正数，否则若有超过一半的人利益减少，则社会福利函数的值为负。要最大化上述社会福利函数，必须要求最大数人的利益增加，有人利益减少时，对于上述社会福利函数的伤害很大。在利益增加的人数一定时，上述社会福利函数的第二项要求最大化社会总福利。除己他利益冲突时的无私利他标准之外，上述社会福利函数与王海明道德终极标准的其他情况完全吻合。

上述社会福利函数不妨称为王海明社会福利函数，它是笔者于2010年第一次读完王海明的《新伦理学》之后提出来的。

二 经济效率改进手段的系统层次性

（一）帕累托改进手段和帕累托最优效率的层次性

帕累托改进是指没有一个人的利益减少，至少有一个人的利益增加的社会状态调整，其数学本质是指在社会福利向量空间中按照向量序增加。从整体上讲，现代经济学三大主要流派分别强调了三个层次的帕累托改进手段，新古典经济学主要研究了贸易或交换对于帕累托改进的意义，杨小凯的新兴古典经济学主要研究了分工契约结构的演进对于帕累托改进的意义，新制度经济学主要研究了制度框架的变迁对于帕累托改进的意义。现代心理学、管理学和成功学研究了人际关系调整对实现帕累托改进的意义，现代医学认为，人的健康模式是生理—心理—社会关系三维模式，人际关系的改善既有助于增强个人健康，也有助于分工合作的实现，从而实现帕累托改进。可见，影响人们之间通过贸易、分工、合作实现帕累托改进的因素和手段很多，根据前面所描述的一般均衡分析的系统层次性，我们同样可以建立起帕累托改进手段的系统层次模型。

第一层次的帕累托改进手段涉及既定制度框架和分工结构之下部分产品或要素的交换或贸易，劳工移民等因素，这在新古典的局部均衡模型中有详细描述。

第二层次的帕累托改进手段涉及既定制度框架和分工结构之下所有产品的交换和贸易，这对应于新古典的一般均衡模型，阿罗—德布鲁证明了均衡的存在性，从不均衡到一般均衡实现时，整个社会实现了帕累托改进。通常新古典微观经济学教材在经济效率一章所描述的消费者之间消费品交换的帕累托改进和最优、厂商之间生产要素交换的帕累托改进和最优，应属于第二层次的帕累托改进手段的范畴，因为这些模型本质上是假设全社会只有两个人、两个厂商。当然，如果非要将其视为第一层次的局部交换模型也行，这不影响基本的结论。

第三层次的帕累托改进手段与技术进步有关。人们通过发明创造，使既定的资源能够生产出更多的产品和服务，从而在保持原有的分工结构与交换结构的基础上，也能实现帕累托改进。上面三个层次的帕累托改进手段是新古典经济学的核心内容。

第四层次的帕累托改进手段与既定制度框架下分工契约结构的演进有关。在既定的制度框架之下，人们之间可以通过组成新的企业、改变组织结构、形成新的长期协议等手段来实现帕累托改进。

第五层次的帕累托改进手段与政治、法律和经济制度框架的变迁有关。林毅夫提出，制度变迁可以分为强制性制度变迁和诱致性制度变迁。制度变迁不一定能够实现帕累托改进，但制度变迁也有可能实现帕累托改进。制度变迁所能实现的帕累托改进往往比既定制度框架之下分工结构演进实现的帕累托改进更大，因为不同的制度框架决定的分工结构的演进路径不同，如果制度框架向着更自由的方向变迁，那么变迁之后的制度框架能够导致更广阔的分工演进的空间，因此，如果能够实现帕累托改进，其比单纯进行分工组织结构的调整能够为人们带来更大利益改进机会。

第六层次的帕累托改进手段与人们的思想、价值观、社会心理、宗教信仰、社会文化系统的变迁相关。人们的思想偏好、社会心理、社会文化改变，可体现为人们的效用函数发生变化，可能给社会带来新的合作观念与制度变革的思想指导，从而有助于实现帕累托改进。目前各种宗教思想都考虑了通过改变思想偏好来实现个人幸福增加和实现帕累托改进的方法，如佛教、印度教的修行方法的目的是减少痛苦。

第七层次的帕累托改进手段与人们改变地球的自然地理环境、星际移民、通过药物改变大脑结构、思想观念和信仰系统等有关。

帕累托改进的层次性，本质上是帕累托改进手段的范围存在大小之别，所考察系统的帕累托改进手段越少，则所考察的系统层次越低；所考察系统的帕累托改进手段越多，则所考察的系统层次越高。典型的就是新古典经济学研究的帕累托改进手段主要是局部交换、全局交换、资源重新配置、技术进步这样几类，不涉及分工组织结构的调整和制度变迁，因此帕累托改进的手段较少，其所涉及的帕累托改进的层次较低；新兴古典经济学研究通过交换、资源重新配置、专业化、技术进步、调整分工组织结构、宪政转轨来实现帕累托改进，因此，帕累托改进手段较新古典经济学所考察的更多，因此其所涉及的帕累托改进的层次较高；新制度经济学不仅承认新古典经济学所研究的帕累托改进手段，而且研究了产权确立、企业制度、契约结构、国家制度、制度变迁所带来的帕累托改进，但在专业化与分工演进导致帕累托改进方面没有新兴古典经济学研究得细致，因此新制度经济学与新兴古典经济学所涉及的帕累托改进手段的层次都比新古典经济学高，但新制度经济学与新兴古典经济学这两者却各有千秋，不能直接比较高低。结构主义、新结构主义发展经济学强调了通过经济结构转型实现全社会的帕累托改进。而马克思主义政治经济学主张由工人阶级剥夺资本家的生产资料来实现社会变革，显然这不是帕累托改进，充其量涉及卡尔多改进。

帕累托改进的系统层次性模型告诉我们，帕累托最优效率也存在系统层次性。设所有帕累托改进手段构成一个有限集 T，则 T 的幂集即由 T 的所有子集为元素所构成的集合，按照集合的"包含于⊆"关系形成一个偏序结构。根据不同经济学理论所考察的帕累托改进手段的范围，都可以在集合 T 的幂集中找到一个恰当的位置，从而不同经济学理论之间从帕累托改进手段多少来看，其相互关系就十分清楚了，有些经济学理论之间能够进行优劣比较，但有些经济学理论之间却无法进行优劣比较，因为一个偏序结构中并非任何两个点都能够排序。

设 T 的幂集 2^T 中存在一个全序子集 $\{T_1, T_2, \cdots, T_n\}$，对任何 $i=1, 2, \cdots, n-1$ 都有 $T_i \subset T_{i+1}$。设 T_i 包括 k 种帕累托改进手段，T_{i+1} 包括 k+1 种帕累托改进手段。从较小的帕累托改进手段集 T_i 来看，假设其 k 种帕累托改进手段都用完了，从而已经充分实现了帕累托改进，从而在 T_i 的系统层次上达到了帕累托最优，但从更高系统层次 T_{i+1} 来看，虽然其真子集 T_i 所包括的 k 种帕累托改进手段已经全部使用，但剩下的第 k+1 种帕累托改进手段还未使用，因此还存在帕累托改进的机会。也就是说，帕累托改进手段的系统层次性告诉我们，从较低的系统层次来看，所有的帕累托改进手段都使用了，因而实现了较低系统层次上的帕累托最优，但从更高的系统层次来看，还存在更多的帕累托改进手段没有使用，因此，从更高的系统层次来看，还没有实现帕累托最优。与帕累托改进手段的层次性相对应，帕累托最优效率同样存在系统层次性。任何经济学理论总是在一定的系统层次上讨论帕累托改进、帕累托最优效率等规范问题，因此，我们对各种经济学理论的性质进行认定时，既要对其所涉及的实证分析或一般均衡分析的系统层次性进行认定，也要对其所涉及的规范分析如帕累托改进的系统层次性进行认定。

(二) 社会总福利增加的系统层次性

社会福利函数最大值的层次性在数学上是十分清楚的，任何一个函数的定义域在逐渐扩大过程中，其函数的最大值也会递增；在较小定义域的最大值，在更大的定义域来看，可能只是极大值而不是最大值。因此，按照前面所述一般均衡分析所涉及的层次结构，随着一般均衡分析所考虑的系统层次越来越高，所涉及的变量个数越来越多，社会福利函数会逐渐增加，这就是社会福利增加的系统层次性。在低层次系统中社会福利函数达到最大值，从更高层次的系统来看，这只是社会福利函数的极大值。设 $\{S_1, S_2, \cdots, S_n\}$ 为不同经济理论涉及的单调递增系统列，所对应的帕累托改进手段集为单调递增集列 $\{T_1, T_2, \cdots, T_n\}$，所有帕累托改进手段全部实现之后所达到的社会总福利为单调递增数列 $\{W_1, W_2, \cdots, W_n\}$，对于系统 S_i 而言的社会福利最大化是 W_i，但对于更大的系统 S_{i+1} 而言，W_i 可能并非社会福利最大化了，因为此时系统 S_{i+1} 可能实现更大的福利 W_{i+1}，而 W_i 作为 S_i 的最大值只能算成是 S_{i+1} 的极大值了。

经济学研究的两难冲突也具有层次性，两难冲突的层次越高，越需要在更高层次上以帕累托最优和社会福利最大化作为标准来权衡各种两难冲突。后面有章节将对各种层次两难冲突进行权衡折中的思想进行叙述。

(三) 内生交易费用的层次性

经济均衡的实际结果与帕累托最优或社会福利最大化之间存在差距有两类原因：一是自然原因；二是人为原因。自然原因导致的差距与生产技术水平有关。而人为原因所导致的差距在经济学上被称为内生交易费用。

广义的内生交易费用是指一切要在决策的交互作用发生后才能看到事后交易费用。狭义的内生交易费用是指人们在交换、贸易、分工、合作的过程中,为了争夺交换、贸易、分工、合作所创造的剩余收益,为了争夺新增加的经济蛋糕,每个人都希望自己在分工合作所创造的剩余收益中分得更多份额,而不惜减少别人从分工合作中得到的好处,这种机会主义行为使分工合作本身不能实现,或者说导致分工合作的好处不能被充分利用,导致分工合作的剩余收益不能充分实现,导致实际结果与帕累托最优或潜在的社会福利最大化之间存在差距。由于帕累托最优与社会福利最大化存在系统层次性,因而作为帕累托最优与实际结果之差距的内生交易费用,也必然具有层次性。

设 $\{S_1, S_2, \cdots, S_n\}$ 为经济发展理论涉及的单调递增系统列,所对应的帕累托改进手段集为 $\{T_1, T_2, \cdots, T_n\}$,所有帕累托改进手段全部实现之后所达到的社会总福利为 $\{W_1, W_2, \cdots, W_n\}$,即对任意 i,有 $S_i \subset S_{i+1}$,$T_i \subset T_{i+1}$,$W_i \leq W_{i+1}$。如果以系统 S_j($\supset S_i$)为参照,当系统 S_i 的一般均衡实现时,社会福利为 W_i,其内生交易费用可定义为 $W_j - W_i$,即内生交易费用是参照系的社会福利与对象系统所实现的社会福利之差。设 i<j<k,则 $S_i \subset S_j \subset S_k$,对应的福利水平 $W_i \leq W_j \leq W_k$,如果不是以系统 S_j 作为参照系,而是以更高的系统 S_k 作为参照系,则内生交易费用为 $W_k - W_i$。显然有 $W_k - W_i \geq W_j - W_i$,这表明,参照系设定的层次越高,则内生交易费用越大。

比如在新古典经济学中对于垄断的内生交易费用的研究,是假定其他市场情况不变,分工组织结构也不变,制度环境更不变的条件之下,分析某一个行业的垄断行为所导致的内生交易费用,通常用所谓的哈帕格三角形来表示,即如图 6-7 所示需求曲线 BA、垄断厂商边际成本曲线 ME、垄断产量垂直线 FG 所围成的曲边三角形 EFG。设不考虑价格歧视的经济系统为 S_i,此时实现的社会福利设为 W_i = 梯形 MGFB。此时,三角形 EFG 说成是效率损失,原因在于需求曲线的位置高于边际成本曲线的位置,而需求曲线代表了消费者边际保留价格或商品对消费者的价值，其高于厂商的边际成本，表明从垄断产量 Qm 到竞争性产量 Qc 之间的一段产量 QmQc 对社会（这里是消费者）的价值（用梯形 QmQcEF 面积表示）大于厂商的生产成本（用梯形 QmQcEG 的面积表示，牛顿—莱布尼茨公式表明边际成本下方的面积即定积分是这段产量的总成本增量），因而对社会而言是值得生产的。垄断厂商不愿意生产是由于无法进行价格歧视造成的。如果我们把所考虑的决策变量扩大到包括价格歧视手段之后，我们所研究的经济系统扩大到 S_j，垄断导致的效率损失就会消失，此时设社会福利为 W_j = 三角形 MEB，因此 $W_j - W_i$ 就是垄断导致的内生交易费用。这就是新古典经济学教材通常的分析思路。

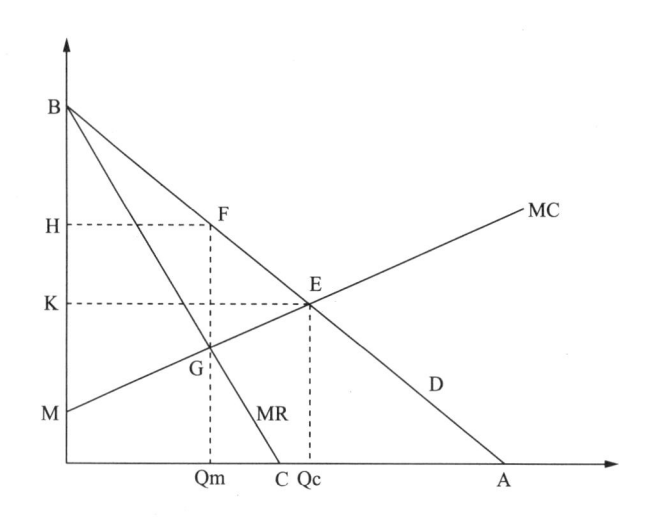

图 6-7　垄断导致的效率损失

但新古典经济学除了把垄断厂商价格歧视作为帕累托改进手段包括进来，从而将均衡分析扩大到更大系统 S_j 之外，没有进一步考虑其他经济变量。如果我们继续考虑对全社会而言最优的垄断程度问题，考虑垄断利润对于厂商改进生产技术和产品创新的意义，考虑产品价格下降对于技术工人提高生产力水平的意义等之后，形成的经济系统为 S_k，设 $i<j<k$，则 $S_i \subset S_j \subset S_k$，设 S_k 所对应的社会福利水平 W_k，

一般情况下应该有 $W_i \leq W_j \leq W_k$，也就是说如果我们考虑更大的系统，则可能实现的帕累托改进机会更多，从而原来 S_i 系统下的社会福利 W_i 与更高层系统 S_k 下的福利 W_k 相比较，其内生交易费用为 $W_k - W_i$，这比以系统 S_j 的社会福利 W_j 为参照之下的内生交易费用 $W_j - W_i$ 还要大。

由此可见，所谓的内生交易费用，一定与经济理论模型所考虑的对象系统和参照系统同时相关。内生交易费用的层次性本质上是由帕累托最优或社会福利最大化的层次性所决定的。

三 价值理论

价值理论最主要的目的是为交换的公平价格、利益的公正分配问题提供理论基础。价值理论属于规范科学而不是实证科学。如果一个经济学理论将价值作为价格决定这一实证问题的基础，那将是对价值理论的一种误用。

（一）事物属性的分类[①]

为了说清楚价值的概念，首先要说清楚事物属性的分类。事物的属性通常存在三个层次的划分。

第一层次划分是根据事物所具有的属性是否依赖于这个事物与其他事物的关系，可把事物的属性分为固有属性和关系属性。固有属性是一个事物不依赖于与其他事物的关系而独立存在的属性，例如，物体的形状、大小，物体表面反光的波长与频率等。关系属性是指一事物与其他事物发生关系时所表现的属性，是一事物依赖于其他事物所表现的属性。

第二个层次的划分是根据是否依主体需要而转移，把关系属性划分为事实关系属性和价值关系属性。事实关系属性是指不依赖于主体需要的关系属性，如物体的颜色，是物体表面反光通过人眼所产生的属性，但是它不依赖于人的需要，因此是物体的事实关系属性。价值关系属性是指事物的固有属性和事实关系属性（统称为事实属性）是

[①] 关于事物属性的内容，可参见孙宝文、王智慧、赵胤钘《网络虚拟货币研究》，中国人民大学出版社 2012 年版，第 106 页。相关内容由笔者撰写。

否满足主体的欲望、需要和目的的属性。如果事物的事实属性与主体的欲望、需要、目的相符合，则称事物对于主体具有正价值；否则称事物对于主体具有负价值。例如，房屋墙面颜色使住户认为很美观，是一种很好的色调，这就是墙面的价值关系属性。

第三层次的划分是对价值关系属性的进一步细分。如果一个客体对于某个主体的价值关系不依赖于这个客体对于其他主体的价值关系，则称这种价值关系为"单主体性价值关系"；如果一个客体对于某个主体的价值关系依赖于这个客体对于其他主体的价值关系，则称这种价值关系为"主体间性价值关系"。为简单计，设有两个主体和一个事物，如果这个事物对主体1具有价值的原因是它对主体2具有价值，同时对主体2具有价值的原因是它对主体1具有价值。这时候从某种意义上讲，这个事物是对于主体1与主体2构成的集合体具有价值，事物的这种价值属性体现出主体1与主体2之间的一种主体间性。主体间性涉及不同主体之间价值观念统一的问题，必须通过人们之间的交往而形成。

前面两个层次的划分是目前学界对事物属性所做的划分，王海明在其《新伦理学》中已对此进行了详细说明。[①] 而第三层次的划分则是王智慧从商品的使用价值和交换价值抽象出来的对价值关系属性的进一步精细划分。

商品对于卖者的交换价值实体是商品对消费者的使用价值，或者说，商品对卖者的交换价值实际上是买者使用价值对于卖者的价值。在这里，商品对消费者具有使用价值是商品的一种价值关系属性，而这种价值关系属性正是商品对于卖者的交换价值实体。如果说商品的质量、形状等是商品的固有属性，是商品的第一性质；商品的颜色等是商品的事实关系属性，是商品的第二性质；商品对于使用者的使用价值是商品的价值关系属性，是商品的第三性质[②]；那么，商品对卖者的交换价值则是以商品对他人的（使用）价值关系属性为实体的价

[①] 王海明：《新伦理学》，商务印书馆2008年修订版，第231页。
[②] 同上书，第232页。

值关系属性，可以称为商品的第四性质。

事物的第三性质——单主体价值关系属性——是一个事物对单个主体的价值关系，这一价值关系不依赖于其他主体而独立存在，这对应于我们提出的个体性财富概念；事物的第四性质——主体间性价值关系——是一个事物对多个主体复杂的价值关系，一个事物对于一个主体的价值依赖于这个事物对于其他主体的价值，因而这个事物对于某个主体的价值不能独立存在，这对应于我们提出的社会性财富概念。

我们对于事物第三性质与第四性质的区分，有助于厘清商品的使用价值与交换价值这两个概念，并且也有助于对一般哲学价值关系的精细考察。

（二）价值理论

说到价值，首先涉及主体、客体两个概念。主体是指能够分辨好坏利害自主的活动者，客体是指主体的活动所指向的对象。① 对于什么是价值，伦理学与哲学界大致提出了四类观点，即客观价值论、主观价值论、关系价值论与客体效用价值论。下面分述。

1. 客观价值论

客观价值论认为，客体的价值存在于客体之中，与主体的需要、欲望、目的没有关系，是客体的事实属性。客观价值论的极端情形是所谓的客观实在论，实在论认为价值完全是客体自身的固有属性，与主体没有任何关系。

马克思对商品价值的定义是，价值是凝结在商品中无差别的人类劳动。这一定义所揭示的价值，与主体的需要、欲望、目的显然没有关系，因此这种商品价值的定义是一种客观价值论。马克思的《资本论》以下面两个命题作为基础：（1）价值是凝结在商品中无差别的人类劳动；（2）劳动创造价值。把这两个命题结合起来就是，劳动创造凝结在商品中无差别的人类劳动，说到底就是"劳动创造劳动"。这显然是一个同义反复，逻辑学上称为 Tautology，张五常汉译为"套

---

① 王海明：《伦理学原理》，北京大学出版社 2011 年版，第 19 页。

套逻辑"。如果上述"套套逻辑"成立，那么我们同样可以定义价值为凝结在商品中的 X，然后我们可以说 X 创造价值。比如说，定义价值为凝结在商品中无差别的碳元素，然后我们可以说碳元素创造价值。这样的命题虽然在逻辑真值上绝对为真，相当于一个数理逻辑上的重言式，但这样的命题显然不能作为一门学科的基础。

2. 主观价值论

主观价值论认为，价值、善、美存在于主体之中，只要主体感觉到价值、善、美，那么就存在价值、善、美。主观价值论虽然认识到价值依赖于主体的需要、欲望和目的，但完全将价值与客体割裂，将价值归结于主体的性质，这显然比客观价值论错得更多。

与主观价值论相联系的还有主观幸福论。主观幸福论认为只要主体认为幸福那就一定是幸福的，这完全忽视了幸福的客观内容，是不合理的。比如假设一个人生活在发展中国家，遭受环境污染，导致这个人生病，但这个人认识不到自己生病的原因，还通过各种宗教信仰和心灵鸡汤，每天感受到快乐与幸福，最后他不到中年就去世了。他每天感受的幸福是真的幸福吗？显然不是。他实际上是一个非常不幸的人。

3. 关系价值论

关系价值论认为，价值存在于主体与客体的关系之中，存在于主观与客观、主体与客体的统一之中。关系价值论比客观价值论和主观价值论更全面，但实际上也是错误的。因为虽然价值存在要以主体与客体的关系为前提条件，但价值并非主体与客体的关系本身。

4. 客体效用价值论

客体效用价值论认为，价值是客体的属性，是客体与主体的需要、目的、欲望发生关系时所具有的属性。价值是客体的事实属性满足主体的需要、欲望和目的具有性质，或者说，如果一个客体的事实属性能够满足主体的需要、欲望和目的，那么这个客体对于主体就是有价值的。价值既不是客体的固有属性，也不是客体与主体的关系，而是客体的价值关系属性。客体效用价值论是西方经济学所特有的价值理论。我们认为，这是目前最科学的价值理论。

有一个问题值得讨论，客体的效用价值到底是基数效用还是序数效用，王海明在《新伦理学》中并没有明确说明，但从其后面道德终极标准最大化社会总利益来看，他采取的应该是基数效用论。如果是基数效用价值，则人际价值就可以比较与加总；如果是序数效用价值，则人际价值就无法比较与加总。基数效用价值论不同于客观价值论，客观价值论认为价值完全脱离于主体而独立存在，而基数效用价值则认为客体的价值是客体的事实属性满足主体需要、欲望与目的程度。基数效用价值论虽然不同于客观价值论，但在人际比较与加总方面却与客观价值论具有完全相同的效果。

（三）价值矩阵与价值评价张量

按照客体效用价值论，假设有两个人甲与乙，甲用 X 交换乙的 Y，于是存在四个价值关系，即 X 对甲的价值、X 对乙的价值、Y 对甲的价值、Y 对乙的价值，这四个价值形成一个客体—主体价值关系矩阵。如表 6-5 所示。

表 6-5　　　　　　　　　　价值矩阵

		主体	
		甲	乙
客体	X	X 对甲的价值	X 对乙的价值
	Y	Y 对甲的价值	Y 对乙的价值

一般而言，N 个客体 M 个主体构成一个 N×M 维价值矩阵，其中第 i 行第 j 列表示第 i 个客体对于第 j 个主体的价值，可记为 V(i, j)。

每个主体可以对每个价值进行评价或进行认识，每个主体 j 所认识到的第 i 个客体对于第 k 个主体的价值，可记为 E(i, k, j)，这是一个 N×M×M 维张量，称为评价张量。比如在上例中，有 X、Y 两个客体，甲与乙两个人，则评价张量的 8 个元素构成如下：

（1）甲对 X 对甲的价值的评价 E(X, 甲, 甲)；

（2）甲对 X 对乙的价值的评价 E(X，乙，甲)；
（3）甲对 Y 对甲的价值的评价 E(Y，甲，甲)；
（4）甲对 Y 对乙的价值的评价 E(Y，乙，甲)；
（5）乙对 X 对甲的价值的评价 E(X，甲，乙)；
（6）乙对 X 对乙的价值的评价 E(X，乙，乙)；
（7）乙对 Y 对甲的价值的评价 E(Y，甲，乙)；
（8）乙对 Y 对乙的价值的评价 E(Y，乙，乙)。

价值矩阵是二阶张量，而评价张量是一个三阶张量，相当于客体集合、主体集合、主体集合这三个集合做笛卡尔集。

四 公正理论

公平理论研究利益与财富如何分配才是公平公正的问题。本书将公平、公正、正义这三个术语等同起来使用。

（一）各种正义理论

正义理论可以分为一元正义论、多元正义论与正义怀疑论。一元正义论认为对于任何情境都只存在单一的正义原则；多元正义论认为对于一种情境可能存在多种正义原则可供人们选用；正义怀疑论认为不存在客观的正义原则，正义在这个世界上根本不存在。

一元正义论大致又有需要论、付出论、努力论、平等论、品德论、才能论、贡献论、自由公正论等理论。需要论认为，按照每个人的需要进行分配才是正义的分配，这显然是错误的，因为它忽略了资源的稀缺性。付出论认为，根据每个人的付出来分配或获得报酬是正义的，这显然也是错误的，因为一个人付出得再多，如果他的付出对社会和他人没有价值，那么他也不能够获得报酬。努力论认为，应该按照每个人的努力程度来分配，其错误与付出论是一样的，努力程度再高，如果努力的结果对社会和他人没有意义，也不应该获得报酬。平等论中的平等如果是指平均，即所有人平均分配才是正义，那么肯定是错误的。但如果平等论中的平等是指按照贡献比例平等，则是贡献论，是正确的。品德论与才能论是适合于公共职位在不同人之间分配的理论，是说社会公共管理的职位应当由品德和才能高的人担任才是正义的。这基本是合理的，因为领导人的品德和才能都决定了他为社会谋利益的程度，品德高的人，才不会为自己谋私利，才能高的人，才可能为社会带来更合理的公共政策。贡献论认为，利益分配应该按照人们对利益创造的贡献成比例分配，分为两个层次：一是每个人为社会的存续所做出的基本贡献完全相同，因此，人的基本利益或称人权应该完全相同；二是每个人的非基本权利应当按照贡献成比例分配。自由公正论认为，无论分配比例如何，只要是大家一致同意的分配方案，就是正义的。贡献论与自由公正论是两种最主要的分配正义理论。

"按劳分配"一直是社会主义理论所主张的分配正义原则。但"按劳分配"其实存在歧义：如果是指按劳动付出分配，那么无疑按劳分配是错误的；如果是指按劳动贡献分配，无疑就是贡献论的表现形式，是合理的。至少到目前为止，学界似乎还没有精确区分"按劳分配"的这两种含义。

（二）交换价格事实上如何决定和应该如何确定

对于实践中价格是如何决定的，新古典经济学根本不使用商品价值的概念而只使用保留价格的概念；对于价格应该如何决定的问题，西方主流政治哲学和主流经济学根本不使用等价交换的概念，而使用自由交换价格即公平价格的观念。设甲将物品 X 卖给乙，甲对 X 的保留价格为 a，乙对 X 的保留价格为 b。甲作为卖方的保留价格是指，要让甲愿意卖，甲愿意接受的最低价格；乙作为买方的保留价格是指，要让乙愿意买，乙愿意支付的最高价格。甲把物品 X 卖给乙，本质上是将物品 X 的所有权卖给乙（甲也可以将物品 X 的使用权卖给乙即将物品 X 租给乙）；很明显只有当乙的保留价格 b > 甲的保留价格 a 时，交换才可能发生；交换产生的剩余收益为 b - a，这是交换所新增加的经济蛋糕；交换价格肯定位于区间 [a，b]，但到底在哪一个价格成交则取决于双方的谈判能力；而谈判能力受社会制度、权力结构、竞争格局、谈判技巧等因素的影响，这就是价格决定的实证规律；设价格为 p，则买方获得的剩余收益为 b - p，卖方获得的剩余收益为 p - a，价格实际上决定了交换的总剩余收益 b - a 在买卖双方的分配，这称为价格的分配功能；之所以买方希望价格越低越好，是因为价格越低买方能够获得更大的剩余收益,之所以卖方希望价格越高越好,是因为价格越高卖方能够获得更大的剩余收益;交换能产生剩余收益,所以买卖双方的交换是一个正和博弈;所谓公正的交换价格问题,实际上是指什么是公正的交换剩余收益分配比例的问题;贡献论认为应该按照双方为交换所做贡献的比例来分配交换的剩余收益才是公正的。自由公正论认为,只要双方平等协商、没有欺诈、自愿达成的交换价格都是公正的。可以看到,从实证的角度来看,价格总是位于买卖双方的保留价格之间,并由很多影响因素共同决定,这里根本不需要价值的概念;如果价值非要出场的话,那只能是研究价值如何影响到保留价格,而买卖双方的保留价格决定的是价格的上限与下限,从而在复合函数的意义上,价值决定的也是价格的上限与下限,绝对不可能出现价值决定价格在某一点附近波动这样的事情。

我们认为,物品 X 和货币对于买卖双方的 4 个价值会影响到买卖双方对于这 4 个价值的评价,两个人对于两种商品(物品 X 和货币)对两个人的 4 个价值的评价是 $2 \times 2 \times 2$ 维张量,共有 8 个评价。而这 8 个评价影响到了买卖双方的保留价格,而买卖双方的保留价格决定了成交价格的上下限,双方在谈判中会有出价,买方出价 $bp1$ 会低于买方保留价格 b,卖方出价 $sp1$ 会高于卖方保留价格 a,若买方出价高于卖方出价($bp1 \geq sp1$),则立即成交,并设成交价格 = ($bp1 + sp1$)/2。但若买方出价低于卖方出价,则〔买方出价 $bp1$,卖方出价〕确定了成交价格可能区间。随着谈判的进行,买方出价会增加到 $bp2$,卖方出价会降低到 $sp2$,于是新的成交价格可能区间就是〔$bp2$, $sp2$〕,这是原来的成交价格可能区间的子区间。随着谈判的进行,一系列成交价格可能区间就形成一个闭区间套,只要谈判不断地进行下去,按照数学分析上的闭区间套原理,这一系列闭区间套的交集不为空,因此总存在一个最终的成交价格。双方的谈判能力决定了在成交价格可能区间中哪一个价格成交,而谈判能力受社会制度、权力格局、组织谈判的权利、供求竞争、谈判技巧、出价策略等许多因素决定。这就是我们提出的价格决定规律。价值,虽然可能影响到买卖双方的评价,但由于认识能力局限性、信息不完全不对称、欺骗性宣传等因素导致人们对于价值的评价可能失真,比如购买三鹿奶粉的孩子家长对于三鹿奶粉价值的评价就离三鹿奶粉的真实价值相差太远,他们购买三鹿奶粉后,据报道导致几十万婴儿的泌尿系统出现疾病。①这说明,价值真的离价格决定太遥远,因此,西方主流经济学在边际革命之后,逐渐放弃了用价值来解释价格决定的方法。

从经济人从事交换的目的来看,经济人愿意交换肯定是因为交换所带来的利益大于不交换的利益,从而实现帕累托改进。如果交换是等价的,那么交换双方在交换中所获得的价值等于所付出的价值,交换没有任何好处,交换就没有存在的必要,因此,交换必然是不等价的。只有不等价交换才可能产生交换的剩余收益,而交换的公平性即是指交换剩余收益的分配的公平性。只要交换实现了帕累托改进,从经济效率的角度看,就已经实现了经济效率的改进,社会总福利也增加了;但交换实现了帕累托改进,并不必然意味着交换剩余收益的分配是公平的。因此,效率问题与公平问题的确是两个不同的问题。但如果交换中的某一方对于剩余收益分配的公平性很在意,或者说交换的某一方可能拒绝不公平的交换,那么交换剩余收益分配的公平性就可能影响到交换本身能否实现,从而公平性可能影响到帕累托改进或经济效率的实现,可见公平与效率这两个问题也有相互关联的一面。

商品价值的客观价值论(如劳动价值论)却试图将实证问题与规范问题合在一起,用商品的客观价值既解释事实上价格如何决定的实证经济学问题,也解释价格应该如何决定的规范经济学问题。设甲将物品 X 卖给乙,从客观价值论来看,同一个物品 X 的价值是客观实在,无论在甲看来还是在乙看来其价值都是 V,而这个价值 V 就决定了价格 p 应该等于 V。通过交换,买方乙获得的价值是 V,付出的价值是 p,因此买方通过交换获得的净价值为 V – p;卖方获得的价值是 p,付出的价值是 V,因此卖方通过交换获得的净价值为 p – V。显

---

① 百度百科,三鹿奶粉词条,http：//baike.baidu.com/link? url = TweWQVvqCtSYA5Y_ Df5658zNMrtOBqDIw31YuaOD5FqjQtgj9ggrHvryEzFHHqdLkQZqFEq8hys0ESkAF _ 2wAk1 - zHCCNuI – Lg5S71yQOJQ8xGKNzzvHlLYNchyTytBa。

然，(V−p)＋(p−V)＝0，可见，马克思在《资本论》所提供的交换理论中，甲与乙双方交换（流通领域）是零和博弈，不产生任何剩余价值。买方乙希望价格越低越好，是因为当价格 p 低于价值 V 时，买方通过交换能够获得多余价值 V−p；而卖方希望价格越高越好，是因为当价格 p 高于价值 V 时，卖方通过交换能够获得多余价值 p−V。在自由市场上，哪一方能获得交换的正价值，那么这一方的人数就会增多，价格机制就会使价格朝向不利于人数增多的一方变化，正价值就会正得越来越少而趋向于 0；反之，哪一方获得负价值，哪一方的人数就会减少，价格机制就会使得价格朝向有利于人数减少的一方变化，负价值就会负得越来越少而趋向于 0 变化。于是，在自由进出市场，双方充分竞争时，买卖双方都不能获得正价值，也不可能获得负价值，因此从实证经济学角度，马克思就证明了长期竞争性均衡价格 p 等于商品价值 V，当然，在短期价格可能围绕商品价值 V 上下波动；而当价格 p 等于 V 时，是典型的等价交换，从而实现了公平的交换价格。

劳动价值论（客观价值论）同时解释了价格事实如何决定和应该如何决定的问题，看起来非常优美，但对于解释经济效率的改进而言却远远不够，因为在等价交换之下，没有人能够增加价值，那么甲与乙为什么要交换呢，甲与乙交换的动力是什么呢？马克思也承认交换双方是追求自己的利益增加。于是马克思区分了使用价值与价值，马克思认为，公平的交换是按照商品价值（作为客观价值的劳动价值）等价交换，而乙之所以愿意交换是因为物品 X 对于乙的使用价值超过货币 p 对于乙的使用价值，甲之所以愿意交换是因为货币 p 对于甲的使用价值超过了物品 X 对于甲的使用价值，这样交换双方都在交换中增加了自己的使用价值，从而双方愿意交换。或者更一般地讲，当甲用物品 X 去交换乙的物品 Y 时，假设这个交换是公平的等价交换，即 X 的价值等于 Y 的价值，而甲之所以愿意交换是因为物品 Y 对于甲的使用价值要大于物品 X 对于甲的使用价值，乙之所以愿意交换是因为物品 X 对于乙的使用价值要大于物品 Y 对于乙的使用价值。由此可见，马克思虽然使用劳动价值论（客观价值论）解释了价格事实如何决定的实证经济问题和价格应该如何决定的规范问题,但马克思却不得不使用另外的理论解释交换的动力源泉问题和经济效率问题,这一点不如新古典经济学,后者用客体效用价值论同时解释了事实上价格如何决定的问题和交换的动力源泉问题。

表6-6列出了马克思主义政治经济学与新古典经济学在解释交换的动力源泉、交换如何使经济效率改进、事实上价格如何决定、价格应该如何决定(公平价格)这几个问题时所利用的理论观点。

表6-6　　　　劳动价值论与效用价值论的作用比较

	交换的动力源泉	交换使效率改进	事实上价格如何决定	价格应该如何确定（公平价格问题）
马克思主义政治经济学	使用价值论（效用价值论）		劳动价值论	
新古典经济学	效用价值论			自由公正论

实际上,马克思政治经济学用来解释交换动力和效率改进的使用价值本质上就是效用价值,因此,单从劳动价值论与效用价值论的解释能力来看,效用价值论完胜。

这里再讨论一下马克思主义政治经济学者与西方经济学者经常争论的一个问题,即哪种价值更容易测度的问题。马克思主义政治经济学者总是声称劳动价值使用劳动时间来测度价值具有客观准确性,而效用价值则主观性太强,不可捉摸。事实果真如此吗？我们认为,无论是劳动价值论还是效用价值论,都无法真正地测度价值,都是人们用来解释现实的不现实的理论工具。马克思认为,商品价值是由社会必要劳动时间决定的,但在计算社会必要劳动时间过程中,涉及复杂劳动与简单劳动的换算问题,至今马克思主义政治经济学者也不能准确地对各种复杂劳动与简单劳动的换算比例进行计算,不同的人对于复杂劳动与简单劳动换算比例的观点可能大相径庭,不同复杂程度劳动时间的换算比例具有相当大的主观任意性。只要各种复杂程度不同的劳动之间的换算比例无法客观准确的计算,那么社会必要劳动时间就无法真正地准确计算。因此，劳动价值并不像马克思主义政治经济学者所宣称的那样比效用价值更容易测度。劳动价值测度的困难在于复杂劳动与简单劳动换算比例的困难性，而效用价值测度的困难在于基数效用测度的复杂性（甚至不可能性）。

实际上，从现实来看，影响价格决定的因素实在很多，以价值作为主要因素来解释事实上价格如何决定的问题，实在是既没有必要，也不符合现实情况。中国经济学者左大培认为，"边际效用价值论的分析表明，通过把使用价值主观化，也可以消除使用价值与价值之间的悖论，说明价格决定的经验现象，从而不需要使用劳动价值论来解释价格决定上的经验事实"。左大培深刻地认识到劳动价值论的基本目的并非解释事实上价格如何决定的实证经济学问题，而是"强调劳动是人类及其社会存在和发展的决定因素，认为个别生产者对社会的真正贡献只能是他的劳动"。"劳动价值论本质上是一个为人类发展而设置的评价体系，它在评价个人对社会的作用上将劳动看作唯一的标准，认为个别生产者对社会的真正贡献只能是他所投入的劳动"。[1] 这实际上是一个规范的伦理学问题而非经验性的经济学问题。

马克思在《资本论》第三卷修改了第一卷价格围绕价值波动的说法，改成认为价格围绕生产价格波动，这个生产价格实际上相当于新古典经济学中的长期均衡价格。按照马克思在《资本论》中的说法，一种商品的生产价格是部门平均生产成本与平均利润之和。这里的平均成本实际上是厂商在参与市场竞争过程中所形成的，因为平均成本中包含了生产要素的价格，因此必须得先有生产要素的价格才可能知道生产消费品的平均成本。要计算平均利润，就是要计算所有厂商或资本的利润之和，再除以资本总量之和，而要计算总利润就必须计算总收益和总成本，因为利润等于收益与成本之差。而要计算总收益，必须首先知道市场价格。因此，平均成本、平均利润与要素价格、商品价格相互影响，应该在一个一般均衡分析模型中同时决定，而绝对不可能出现由平均利润来单方面决定市场价格的情况。但如果将生产

---

[1] 左大培：《重新理解劳动价值论》，《社会科学战线》2002 年第 6 期。

价格理解成长期均衡价格，而短期价格围绕长期均衡价格上下波动，也可以成立，但新古典经济学得出这样的结论根本不需要劳动价值论，甚至都不需要任何价值理论。虽然新古典经济学用边际效用价值论来说明需求，用生产费用论来说明供给，但所谓效用在新古典经济学教材中的定义是消费者对于商品满足人的欲望的能力（即使用价值）的评价，而非商品对于消费者的使用价值本身。而我们前面说过，消费者对于商品使用价值的评价，完全可能脱离商品真实的使用价值。可见，真正用商品价值解释价格决定的方法，在边际革命发生之后，就已经完全退出了主流经济学理论的舞台。从价格决定的实证经济学来看，商品价值在经济分析中的地位就已经完全没有必要了。

在将商品价值完全排除在价格事实上如何决定的问题之外以后，商品价值还想发挥作用，就只剩下一个机会，即看它能否在什么是公平价格这样的规范问题上提供一点解释。

（三）贡献论与自由公正论的价值论基础

我们认为，贡献论的价值论基础应当是客观价值论而不是效用价值论。王海明在《新伦理学》中的元伦理学部分，采取的是功利主义的效用价值论，而在规范伦理学的公正理论部分，王海明首先定义了"公正即等利害交换"，等利交换是积极公正，等害交换是消极公正。并在此基础上，对公正理论采取了贡献公正论的观点。我们只要能证明等利害交换与贡献公正论的价值论基础是客观价值论而不是效用价值论，那就证明了王海明精心构筑的《新伦理学》大厦出现重大的逻辑漏洞。

当甲用 X 交换乙的 Y 时，采取效用价值论，则其价值矩阵中存在 4 个价值，如果等利交换的"利"是指价值，那么等利交换到底是指哪两个价值相等呢？再说双方可能都认为自己提供的物品的价值高，而对方提供的物品的价值低，那么双方对于价值本身的认定，实际上只是评价。如果等利交换的"利"是指效用，而效用按照现代经济学的定义，其本质是主体对于客体价值的评价或认识。而两个人两物品的交换模型中，评价张量里面有八个元素，是两个人对四个价值分别做出的评价，那么等利交换到底是哪两个评价相等呢？因此，可以清楚地看到，等利害交换绝对不可能以效用价值论作为基础。要使交换中的利害相等，利害的价值大小必须是第三方可测的客观价值，否则等利害交换就无从说起。再看作为公正理论的贡献论，每个人在分工合作交换中所得到的剩余收益应该与其所做贡献成比例。设有 M 个人，第 i 个人的贡献设为 G_i，第 i 个人的剩余收益设为 H_i，按照王海明在《新伦理学》元伦理学部分所建立的效用价值理论，第 i 人的贡献 G_i 对于第 j 个人的价值设为 $V(G_i, j)$，即贡献的价值是一个矩阵，请问贡献与剩余收益比例相等，是指 M^2 个贡献价值中哪 M 个价值与这 M 个人的剩余收益相等呢？可以肯定的一点是，与第 i 个人获得的剩余收益做比较的绝对不可能是第 i 个人的贡献对于他自己的价值。除去这种情况之下，还剩下 $M(M-1)$ 个贡献的价值，选择哪 M 个价值来与这 M 个剩余收益 H_i 相比较呢？王海明之所以提不出这样的问题，原因在于他在讨论公正原则时，完全忘记了自己在前面所提出的效用价值论，而暗中按照客观价值论来叙述作为公正的等利害交换。而他之所以犯这样的逻辑错误，原因就在于他根本没有想到价值矩阵与评价张量的问题。价值矩阵与评价张量的存在，使等利害交换和剩余收益按贡献成比例分配就成为无所适从。这表明，等利害交换的公正定义和剩余收益按贡献成比例分配的公正原则，必须以客观价值论作为基础。这就证明了王海明《新伦理学》的效用价值论与公正理论存在不可调和的矛盾。

除此之外，等利害交换的公正定义和剩余收益按（客观）贡献比例分配的公正原则，也无法与帕累托效率改进相容。前面讨论了以劳动价值论为基础来建立等价交换论所导致的问题，当甲用 X 交换乙的 Y 时，等价交换意味着甲的 X 的价值等于乙的 Y 的价值，结果交换之后，双方价值并没有增加，等利交换事实上使交换无利可图，并不能增加社会总利益，因此等价交换与交换实现帕累托改进不相容。而等害交换会使双方利益损害相同，社会总利益减少。因此，如果公正是等利害交换，那么公正就使得社会福利不可能增长。但王海明在论述公平与效率的关系时，认为公正能促进效率，使社会总利益增加，或者说公正会促使帕累托效率改进，这难道不是明显的矛盾吗？再看按贡献比例分配剩余收益，这里要先特别说明一下，按贡献成比例分配，这个贡献一定是客观贡献，否则就会出现对贡献的评价矩阵的问题（即不同人对于每个人的贡献的评价不同），按贡献成比例分配就无所适从。仍以甲用 X 交换乙的 Y 为例，则甲为交换所做的客观贡献即是甲将 X 支付给乙，使乙获得了 X 的收益，而甲获得的报酬就是乙支付给甲的 Y；反过来，乙为交换所做的贡献就是甲收到的利益 Y，乙获得的报酬就是乙收到的 X。甲的贡献与报酬之比为 X/Y，乙的贡献与报酬之比为 Y/X，两者相等才公平，于是有 X/Y = Y/X，即 X = Y，这样一来，每个人的贡献与报酬完全等价，每个人在交换中都无利可图。或者也可以这样分析，在客观价值论的基础上，甲的贡献为 X，甲的收益为 Y；乙的贡献为 Y，乙的收益为 X。要使双方交换实现帕累托效率改进，甲的收益必须大于贡献即 Y > X，乙的收益也必须大于贡献即 X > Y。两个不等式显然矛盾。因此，客观价值论和客观贡献论无法与交换中每个人都希望报酬的价值大于贡献的价值从而在交换中获得剩余收益的愿望相容，即客观价值论与客观贡献论与交换导致帕累托效率改进无法相容。

马克思提出了一种方法来解决上述问题。在马克思看来，上述问题只是说明，客观价值论必然导致在交换或流通领域不可能创造剩余价值。马克思提出工人的贡献即劳动所创造的价值要大于工人劳动获得报酬的价值即工资，即剩余价值只可能在工人出卖劳动力给资本家之后在生产中创造出来。而这又明显与现实中太多的旧货交易相矛盾。因为旧货从某种意义上讲，其中所包含的剩余价值早就实现了，消费者使用久了的旧货相互之间交换，完全与剩余价值的实现无关，把旧货交易也解释成剩余价值的实现太过于牵强。

平等原则是公正原则的重要内容，其具体内容包括政治平等、经济平等和机会平等。王海明在谈到平等原则时，从客观贡献论的角度认为，人们的基本权利或人权应该完全平等，是因为每个人从一出生开始就为社会创建做出了完全相同的贡献；而非基本权利应该比例平等，即每个人的权利与其所做贡献比例相同。我们认为，平等论可以分为定性平等论与定量平等论：定性平等论是指每个人拥有权利的类型、数目方面应该完全一样；而定量平等论是指对每种权利享有的程度进行具体规定，比如规定权利与贡献成比例。基本权利完全平等的观点是一种定性平等论，无论是从贡献论还是从自由公正论的角度来看，都是成立的。基本权利完全平等既与客观价值论相容，也与效用价值论相容。但非基本权利比例平等的观点则是一种定量平等论，其基础只可能是客观价值论，而不可能是效用价值论。非基本权利比例平等的观点从贡献论角度来看显然成立，但从自由公正论角度来看，有可能成立也有可能不一定成立，关键是看非基本权利的比例如何计算，计算结果是否能得到大家的认可。

总之，无论是等利害交换还是按照客观贡献成比例分配剩余收益，都必须要以客观价值论作为基础。因此，王海明将公正定义为等利害交换，把按照客观贡献成比例分配报酬视作公正原则，其暗含的价值理论基础是客观价值论，而不是《新伦理学》在元伦理学部分所提出的效用价值论，这说明王海明《新伦理学》的元伦理学效用价值论与其规范伦理学中的公正理论存在不可调和的逻辑矛盾。虽然王海明的《新伦理学》也受到许多人的批判，但到目前为止，其他批判王海明《新伦理学》理论体系的人还没有真正认识到《新伦理学》的根本缺陷之所在。更不要说那些赞赏《新伦理学》的人，他们更不可能看到《新伦理学》所隐藏的巨大逻辑漏洞了。

我们认为，虽然效用价值论与等利害交换公正论和贡献公正论不相容，但效用价值论却与自由公正论和帕累托效率改进相容，从而效用价值论能够为自由公正论提供理论基础，而自由与效率的正相关关系在王海明《新伦理学》论述人道和自由原则的部分已说得非常清楚了。也就是说，如果将《新伦理学》中的公正原则改成自由公正论，其逻辑矛盾就会烟消云散。此时，自由既是公正的原则，也是人道的原则，自由在伦理学中的地位就显得更加重要了。

我们在前面以甲用 X 交换乙的 Y 为例已经描述过效用价值或使用价值影响到评价，而评价决定了保留价格，保留价格影响到出价，而双方出价则确定了价格或成交价格可能区间，所谓公正价格，按照自由公正论，通过平等自由谈判，协商一致的价格都是公平的价格。而双方的谈判能力影响到成交价格，而谈判能力与社会制度、权力结构、竞争格局、谈判技巧等因素相关，因此要保障公正，关键就是要在社会制度、权力结构等方面保证谈判各方的平等地位，特别是要保障弱势群体组织起来与强者进行谈判的自我组织的权利。发达国家工人有组织工会的权利，这就使工人在与资本家谈判时，能够相对减弱自身的弱势地位，使谈判结果更为公平。以自由公正论为公正原则，就可以说明禁止人们自我组织，妨碍人们言论自由等限制自由的做法实际上是不公正的。按照自由公正原则，人们出于增进自己利益的需要，自由地协商、分工、合作与交换，从而自由公正必然会促进帕累托效率改进。

在考察权利或利益分配是否公平时，贡献论可以说是一种客观公正论，是力图找到一种客观的公正标准，是否公正并不取决于主体自己的认识和评价，这只能以客观价值论作为基础；而自由公正论则认为是否公正取决于主体对权利或利益的认识和评价，并非寻求当事人之外的一种客观标准，这只能以客体效用价值论为基础。

自由公正论与贡献论相比，在现实中更具有可操作性。贡献论看起来非常理想，也一直被世界各种文化传统所孕育和信奉，但关键问题是现实中对于如何客观地确定每个人的贡献非常困难。很明显，至少目前还不存在使用一种客观的工具像测量长度和重量一样测量每个人在分工合作中的贡献。经济学家阿尔钦专门研究过团队生产问题，发现在多人分工合作所生产的产品中，要区分出每个人的贡献到底是多少，非常困难。这时即使按照贡献论来分配剩余收益，也需要人们在一起协商谈判，共同议定每个人的贡献份额，然后按照每个人的贡献份额来分配剩余收益。但当人们通过协商谈判来确定分配方案时，已经是按照自由公正论的原则来确定分配方案了。人们按照自由公正论的原则，自由协商，形成对每个人贡献份额的一致同意的方案，即使这种分配方案与人们的实际贡献不相吻合，按照自由公正论也是公正的。由于每个人的贡献难以使用仪器由第三方进行客观的测量，即使每个人的分配份额在事实上与贡献不成比例，这一点也很难被举证。因此，从公正实现的交易成本来看，以自由公正论为原则比以贡献论为原则，交易成本更低。保障协商公平性的关键就是保证每个人的谈判地位对等，而相对增强弱势群体的谈判能力以与强势群体有更对等的谈判地位就成为基本思路。人类发明了两种方法来增强弱势群体的谈判地位，一是通过宪政民主制度，通过司法的力量来保障弱势群体能够与强势群体大致相同的谈判地位；二是通过宪政民主制度来保障弱势群体自我组织的权利和能力，弱势群体能够通过组织的力量来相对减弱其弱势地位，从而达到更为公正的结果。

此外，公平通常还有起点公平、过程公平与结果公平的区别。我们认为，结果公平与贡献论相关，以客观价值论为基础；而自由公正论注重的中心是过程公平。至于起点公平，有定性的公平，也有定量的公平，定性的起点公平与效用价值论相容，而定量的起点公平，则只能以客观价值论为基础。

因此，伦理学与政治哲学应以效用价值论为基础，以自由公正论代替贡献论作为根本的伦理原则，这能够为经济学建立起逻辑一致的理论基础。

五 公平的系统层次性

本书以自由公正论作为公正原则，主张凡是人们自愿、平等协商，在没有强迫与欺诈和信息充分条件下达成权利或利益的分配协议，就是公平的。公平必须以谈判各方足够的理性能力为基础，以社会制度保障各方平等的谈判地位为条件。一个人具有与别人平等的谈判地位，其实表明这个人的自由权利与别人相同。因此，自由公正性就与自由权利在不同人之间的分布状况有关：如果所有人的自由权利种类相同，这就是公平的；如果没有特别的原因（比如一个人伤害了别人他将被剥夺自由），人们的自由权利种类数目不同，那就是不公平的。除了自由权利在人们之间的分布状况，整个社会作为整体的自由程度，也影响到自由公正性。如果所有人的权利范围相同，但都很少，虽然从公正角度来看是公平的，但从效率和人道角度来看，却是无效率和不人道的，这表明这个社会整体的自由公正性程度很低。

因此，公平的系统层次性，就可以从两个角度进行划分：一是从自由权利在不同人之间的分布来看，不同人享有的权利种类的差异程度，可以定量计算（比如方差），以此来表示社会的公平程度，从而建立起公平的系统层次性，即不同人享有的权利种类的差异程度越小，社会越公平；反之，不同人享有的权利种类的差异程度越大，社会越不公平。自由权利在人际分布，说到底就是平等原则。二是从社会整体的自由程度来看，本质上也是从效率和人道的角度来看，假设所有人享有的权利种类一样，而所有人完全相同的权利种类越多，那么社会公平的层次越高；反之，所有人完全相同的权利种类越少，则社会的公平层次越低。许多发展中国家既没有平等，也没有自由，这大大地阻碍了发展中国家的发展。从整体上讲，是否建立起了宪政民主的国家制度和这些制度是否运行良好，决定了发展中国家能否走向稳定发展的康庄大道。

虽然效用与福利无法进行人际间比较和加总，但是，收入和物质财富却可以方便地进行人际比较和加总。因此，人们在收入和财富分配上的公平性，可以通过计算如基尼系数进行定量测度。此外，联合国有各种人类发展指数，其中有些发展指数能够反映出一个社会的公平程度。

下面大致列举一些自由权利，而通过考察这些自由权利在人际的分布和社会整体拥有这些权利的多少，可以大致判断一个社会的自由程度和公平程度：（1）拥有和使用自然资源、人造物品、金融工具、社会资源的自由权利（私有产权）；（2）对人造物品、自然资源、金融工具进行自由买卖和议价的权利；（3）对劳动、服务自由买卖、议价的权利；（4）开展人际交往、沟通的自由权利；（5）帮助和接受帮助、捐赠和接受捐赠的自由权利；（6）职业与工作岗位自由竞争的权利（比如被选举为总统的权利）；（7）自由从事各种产品、服务的生产、销售、储存等商业活动的权利；（8）利用各种媒体进行言论、表达和出版的自由权利；（9）自由结社、建立各种组织的权利；（10）获取信息、监督他人和政府的权利；（11）受教育和教育、从事文艺创造和参与各种文化活动的权利；（12）决定国家政治、经济、法律制度的权利；（13）司法独立程度，人们在法律面前的平等程度；（14）国有、私人资本进入行业自由经营的权利；等等。这些权利之间的平等原则，概括起来就是政治平等、经济平等和机会平等。

我们也可以按照前面一般均衡分析的系统层次性来理解自由公正的层次性，在每一个系统层次我们都可以考虑公平问题。按照两个维度：(1) 起点公平、过程公平、结果公平；(2) 政治平等、经济平等、机会平等，可以建立一个矩阵，然后用这个矩阵作为标准去考察每个系统层次的公平问题。

第九节　理论模型评判的多维标准与理论坐标系

由前面的讨论可见，对于理论的评判存在多个维度。一般而言，均衡分析比决策模型与非均衡模型更为可取。非均衡模型不同于反均衡分析。非均衡分析是用系统的一部分解释另一部分，而且被解释的变量之间也没有相互影响相互作用的复杂反馈机制，不是通过各种两难冲突因素之间的权衡折中来分析问题。反均衡分析是关于时间特性的讨论，前面已详细论述。

评判理论的第一个维度：是考虑系统时间的速度阶次是否更接近其本征阶次。如果忽视了系统演化速度的不同阶次，用低速度阶次的均衡分析代替高速度阶次的动态均衡分析，则容易出现误导人的结论。

评判理论的第二个维度：系统的空间层次大小。

评判理论的第三个维度：一般均衡分析内生变量的精细程度。

评判理论的第四个维度：经济理论的组织严密程度或形式化程度。

这四个维度组成一个多维空间，称为理论坐标系。不同理论根据其特性，都可以找到其在理论坐标系中的位置。理论坐标系本质是对理论进行多标准复合划分而形成的分类网格；在两个标准的情况下，组成一个分类矩阵。

理论坐标系构成一个偏序集而不是全序集，因此类似于复数无法比较大小一样，不同理论可能由于在不同的标准维度上排序不同，因而无法对两个理论的水平高低做严格比较。这是笔者对库恩的范式之间不可通约性做出的一种理解。只有当如下情况出现时，才容易比较不同理论的水平高低，那就是某一理论在四个标准维度上都比另一个理论更好。显然，新兴古典经济学在四个标准维度上都不比新古典经济学差，而且至少在变量精细程度上比新古典经济学要好，因此可以很容易判断新兴古典经济学比新古典经济学要好。

新兴古典经济学、信息社会经济学和新制度主义发展理论的比较如表6-7所示。

表6-7　新兴古典经济学、信息社会经济学与新制度主义比较

	新兴古典经济学	信息社会经济学	新制度主义
第一维度：时间速度阶次	没有考虑	考虑得最好	中等
第二维度：空间范围	经济系统之内	人类系统	制度与经济
第三维度：变量精细度	最高	很低	中等
第四维度：理论组织严密度	最高	较高	最低

袁葵荪称自己的理论范式不同于西方经济学，如果用我们上面提出的多维标准来看，所谓范式不同，实际上是在建立理论时，对于不同维度的关注程度不同，从而使其理论在理论坐标系中所处位置无法与其他理论比较高低。

新古典经济学除变量精细度比新兴古典经济学稍差比其他理论要好以外，在其他方面与新兴古典经济学是一样的。因此，新古典经济学同新兴古典经济学一样，与信息社会经济学、新制度主义在理论水平上很难有高低之分。

西方发展经济学的结构主义与依附理论则更多地使用非均衡分析与决策分析，其理论组织严密程度最低，很多时候只是一些片面的局部分析，其理论解释能力最低。

我们很难判定不同标准之间的重要性程度，从而给不同标准赋以不同权数，给不同理论进行综合评分，以便综合比较不同理论之间的

高低（即将偏序集全序化）。因此，我们这里对于不同理论之间的综合比较存而不论。

第十节 经济学理论发展趋势与经济学理论扩展的一个途径

经济学理论发展的趋势是所考虑的时间速度阶次越来越接近系统的本征速度阶次，空间范围越来越大，变量越来越精细，理论组织程度越来越高。其中前面几项意味着理论将越来越现实。后一项意味着原来只是思辨式哲学讨论的形而上学理论可能由于数学技术的进步而被形式化。

经济学将考虑社会经济生活与人类活动中越来越多的两难冲突，并把越来越多的两难冲突形式化。而经济学理论扩展的一般途径即是发现新的两难冲突，或者把原来没有形式化的两难冲突形式化。前一点是经济思想发现，是最为困难的，笔者很难有什么话可说。而对于后一点，即把原来没有形式化的两难冲突形式化，却是有希望不断改进的。因为关于原来没有形式化的两难冲突的思辨讨论在经济学界已经进行了很长时间，只要其所需要的数学工具已经发明，并且对两难冲突进行形式化的思路有路可循，形式化成功的希望就很大。超边际分析对于边际分析的发展，为我们提供了把原来没有形式化的两难冲突形式化的极佳范例，因此，循着杨小凯开创的道路，站在巨人的肩膀上，后学是有望把更多的两难冲突形式化的。

笔者认为，对于那些已经发现但还没有形式化的两难冲突，在试图对其形式化时，可能存在如下问题：（1）如何精确定义两难冲突的各个因素，这个定义如何用相应的数学手段表示。（2）在数学上，如何把两者之间的冲突性表达出来，从而通过一个求最值过程，在两个因素之间找到一个权衡折中点。

对于边际分析类型的两难冲突，其规律是：可能存在某一个基本变量（如 X 商品消费量），两难冲突的因素（X 与 Y 商品消费量）一个是基本变量的单调增函数另一个是单调减函数，而两难冲突因素对于同一个指标函数（效用）的影响方向相同；或者，基本变量对两难冲突因素的影响相同，两个相互冲突的因素对同一个指标函数有正反不同的影响，然后通过对这个指标函数求最大值，就可以求得两难冲突的一个最优折中点。

对于超边际分析或者说结构类型的选择，其规律是：肯定需要在不同结构类型之间进行总成本收益分析。

第七章 经济增长理论比较研究

经济增长理论是研究经济增长的机制，是宏观经济学和发展经济学重要的基础理论。现代经济增长理论经历了一个内生化程度不断提高的发展历程，对于经济增长理论的比较研究，最能体现本书所提出的一般均衡分析的系统层次模型的思想。

第一节 增长理论概论

一 经济增长理论的性质

经济增长理论与模型的目的，是要解释经济增长发生的原因与方式。

所有解释经济增长原因的理论可以分为两类：一是生产要素决定论；二是制度决定论。生产要素决定论认为生产要素的数量与质量决定了技术进步，而技术进步决定了经济增长。制度决定论认为，生产要素的数量与质量对于技术进步固然重要，但如何组织和协调生产要素进行生产的制度框架对于技术进步更为重要。生产要素决定论认为，增加储蓄、增加物质资本投资、增加人力资本投资、增加科学技术研发投资能够促进技术进步和经济增长，生产要素决定论包括储蓄决定论、投资决定论、技术决定论等具体的增长理论观点。制度决定论认为，宪政转轨、产权保护（如专利制度）、学术自由等制度变革和制度环境能够促进技术进步和经济增长。

二 古典经济增长思想

虽然古典经济学的中心思想是研究国民财富如何增长，但在拉姆齐（1928）之前，经济学界没有出现任何数理经济增长模型。因此，古典经济学家对于经济增长的思想，是通过文字描述和思辨来表达的，只是提出了一些基本观点，没有严格的数理增长模型。

三 新古典增长理论

现在经济学中称为新古典增长理论的，有两部分理论模型：一是以索洛模型、索洛 AK 模型为代表的方程组模型，储蓄率、技术进步率都是外生变量；二是以拉姆齐模型、卡斯—库普曼斯模型为代表的消费者总体动态最优化决策模型，将储蓄率内生化。新古典增长理论将技术进步看成是外生变量，不能将企业和个人的决策作为解释技术进步的基础（事实上人类社会技术进步是个人与企业决策的结果），这成为新古典增长理论最大的缺陷。新古典增长理论以完全竞争作为基本的制度背景，企业在完全竞争市场上不能获得超额利润，因此企业没有投资于技术研发的动力，完全竞争的市场假设从制度根源上不可能将技术进步内生化。

四 新古典框架下的新增长理论

新古典框架下的新增长理论的基本目的是要将技术进步内生化。其基本做法是放弃完全竞争的市场假设，主要以垄断竞争为基础，此时企业以追求利润最大化为目标，有动力投资于技术研发，消费者以追求效用最大化为目标，能够边干边学投资于人力资本，厂商与消费者动态最优化决策相互作用的长期动态一般均衡，能够将技术进步内生化。新增长理论是决策均衡模型，这些模型将新古典经济学的一般均衡理论从不包含个体决策推广到包括个体决策之间的相互作用，从静态推广到动态，从而不仅推动了经济增长理论的进步，也推动了经济学基础理论的进步。

五 新兴古典框架下的新增长理论

杨小凯所开创的新兴古典分析框架将生产—消费者选择专业化模式作为经济分析的起点，杨小凯—博兰模型运用新兴古典分析框架，以专业化经济和经验积累作为经济增长的根本动力源泉，以生产—消费者专业化模式选择和分工结构选择作为经济增长的基础，能够产生长期自发性技术进步和经济增长。这是新兴古典分析框架下决策相互作用的一般均衡模型。

六 新制度经济增长理论

以诺斯为代表的新制度主义学派和新经济史学派认为宪政转轨、产权界定和保护、专利保护等制度变革和制度环境是经济增长的根本动力，因为宪政转轨和产权保护能够促进资源的有效配置，从而能够鼓励人们投资于对长期经济增长有利的科学技术研究和发明创造。但新制度经济学认为制度决定经济增长的思想并未形式化，目前还没有系统的数理经济模型来表达这一增长思想。

后面几节简要介绍有代表性的一些数理经济增长模型，对于没有数理经济模型的增长理论不再赘述。

第二节 数理经济增长模型的分类标准

一 模型描述

数理经济增长模型可以按照如下标准进行比较分析：

（一）生产函数：规模报酬递减、不变（如 AK 型与 CES）、递增

在假定劳动力要素外生增长时，规模报酬不变的 C—D 函数也不能产生内生经济增长，因此判断一个生产函数能否产生内生增长，不是看这个生产函数是否规模报酬不变或递增，而是看除去外生变化的生产投入因素之外的内生投入因素的规模报酬情况，不妨称为可决策生产要素的规模报酬。按这个标准，一般可决策生产要素的规模报酬递减的生产函数不能产生内生自发性增长，此时增长模型要产生经济增长只有两种情况：（1）经济增长受自动增长的外生因素如技术进步的推动；（2）增长发生在经济状态转型期，或外生参数发生变化的时期，如外生储蓄率的增加，此时，外生参数的变化实际上改变了经济增长的路径。而可决策生产要素规模报酬不变或递增的生产函数能产生内生的自发性增长。实际上，可决策生产要素规模报酬不变或递增的生产函数设定，其技术水平本身就比递减规模报酬生产函数的技术水平更优，这种生产技术水平更优的设定，产生内生自发性经济增长

也是理所当然了。

内生自发性增长与增长过程中的静止性稳定增长路径一般是矛盾的。规模报酬递减的生产函数是产生静止性稳定增长路径的必要条件，而规模报酬不变或规模报酬递增的生产函数则没有静止性稳定增长路径，但有内生自发性增长。

（二）增长因素：物质资本、人力资本、边干边学、研发

索洛模型中内生的增长因素主要是物质资本，索洛剩余是指不能为经济学家所理解的除去物质资本与普通劳动力因素之外的对增长有贡献的因素，一般被称为"技术"，但这个技术是那么捉摸不透，所以，引起许多经济学家的不满。于是有许多经济学家为了解决这个不满，就引入了许多可能影响知识积累和技术进步的因素来具体解释索洛剩余这个非常神秘莫测的东西。他们争论说，索洛剩余的贡献因素可能有人力资本投资、教育部门投资、边干边学的经验积累、研发部门的促进作用，甚至他们还考虑了技术扩散、移民、产品质量提高等促进经济增长的因素。

在所有的新古典经济模型中，各个增长因素对生产率起作用的动力源泉是规模报酬或规模效应。

（三）建模方法：物理经济方程组、最优决策、一般均衡

所有数理经济模型可以按照是否涉及最优化决策划分为三类：一是方程组模型，不涉及经济主体的最优决策；二是个体最优决策模型；三是决策均衡模型。决策均衡模型又可以分为瓦尔拉斯均衡和博弈论模型：瓦尔拉斯均衡模型中个体最优自利决策之间是通过市场价格机制进行相互作用相互影响；博弈论模型中，不同经济主体最优自利决策之间直接相互作用相互影响形成纳什均衡。在决策均衡模型中，又可以按照分析框架是新古典框架还是新兴古典框架可以分为新古典模型和新兴古典模型。这样，决策均衡模型就可以分为新古典瓦尔拉斯均衡模型、新兴古典瓦尔拉斯均衡模型、新古典博弈论模型、新兴古典博弈论模型四种。

数理经济增长模型同样分为上述三类：一是以多—哈模型和索洛模型为代表的方程组增长模型；二是以拉姆齐模型为代表的最优决策

增长模型；三是决策均衡增长模型。决策均衡经济增长模型目前主要是瓦尔拉斯均衡增长模型，有新古典瓦尔拉斯均衡增长模型和杨小凯—博兰的新兴古典瓦尔拉斯均衡增长模型。

以多—哈模型、索洛模型为代表的方程组模型不考虑经济生活中人的能动作用，他们用类似于理想气体状态方程的物理方法来建立经济增长模型，这样的方法是凯恩斯宏观经济学方法的动态版本。

而以拉姆齐模型为代表的动态最优自利决策模型则用社会经济计划者的最优决策来模拟现实中人们对经济生活的能动选择，因此它一般表示一个统制经济模型而不是分散决策均衡模型。后来追随拉姆齐模型的经济学家则用分散经济中消费者与厂商的最优自利决策的交互作用来描述经济增长，这就是以罗默为代表的新古典瓦尔拉斯均衡增长模型。杨小凯与博兰的新兴古典分散决策均衡模型是用个人选择专业化模式的决策和社会分工组织结构的演进来解释经济增长。

经济学家在研究经济增长理论时，为了考察内生交易费用或帕累托效率损失，经常使用的方法是通过比较分散决策均衡模型中的效用水平和中央计划者统制决策（最优决策模型）所产生的效用水平来定义内生交易费用或效率损失。经济学家们发现，往往在分散经济中产生的人均效用水平或社会福利要低于中央计划者的统制决策所产生的效用水平和社会福利，因此，经济学家就以中央计划者独裁决策所产生的社会福利作为最优经济效率，将统制决策的社会福利减去分散决策均衡模型产生的社会福利的差作为分散决策的内生交易费用。当然，这种方法只是我们在第六章所论述的内生交易费用系统层次模型中的一个层次而已。

（四）时间尺度和动态最优化求解方法

在包含消费者和厂商动态最优化决策的经济增长模型中，对于时间变量有两种类型：一是连续时间；二是离散时间。对于时间长短的处理也有两种方法：一是无限时间；二是有限时间。其中无限连续时间通常称为无限期界模型，有限离散时间模型通常称为世代交叠模型。离散时间动态最优化模型的最优化方法主要是动态规划方法（贝尔曼原理）；连续时间动态最优化模型的最优化方法是变分法和最优控制原理（庞特里亚金原理）。杨小凯认为，变分法主要求解动态内点解，而最优控制原理则可以求解动态内点解和角点解，因此他把变分法与最优控制原理的区别看作类似于边际分析与超边际分析的区别。

无限期界动态模型的结果通常是帕累托最优的，而有限期的世代交叠模型的结果通常不是帕累托最优的，这说明短期利益和目光短浅常会带来内生交易费用。这样的结果有点类似于无限期囚徒困境重复博弈和有限期囚徒困境重复博弈的关系。

（五）决策相互作用均衡模型中的市场假设

在最优自利决策相互作用的一般均衡增长模型中，对于市场结构的假设也影响到增长模型的结论。新古典增长理论以完全竞争市场为基本假设，此时要素价格等于边际产量。杨小凯与博兰的新兴古典增长模型也是以完全竞争条件下的瓦尔拉斯均衡为基本假设，根据市场出清条件和效用相等条件来建立市场均衡。新古典框架下的新增长理论，区分了最终产品和中间产品，最终产品市场仍然保持完全竞争，但中间产品市场则放弃完全竞争的假设，以垄断竞争为背景。

（六）新古典增长理论与新兴古典增长理论

新古典增长理论以消费者与厂商两分作为基本分析框架，而且通常消费者是代表性消费者，厂商是代表性厂商，从而无法解释经济增长与专业化分工的关系。杨小凯—博兰模型以杨小凯开创的新兴古典消费者—生产者合二为一的分析框架为基础，以经验积累和专业化分工为基本增长动力源泉，开创了新兴古典经济增长理论。

二　模型结论：外生增长模型与内生增长模型

在现代经济增长理论中，内生增长模型有两个含义：一是在模型各参数不外生变化时，各主要经济状态指标会自发地随着时间流逝而增长变化，表现在增长模型的相图上，其均衡状态是不稳定的；二是以个人的动态最优决策为基础。根据我们在第六章说明的一般均衡分析的系统层次性，经济理论模型存在许多层次的内生化程度，只是由于经济学作为研究个人行为的科学，最优化决策非常重要，才将包含有个人动态最优决策的模型称为内生增长模型。而各模型参数不外生变化，各内生变量自发随着时间流逝而增长变化，应该说这称为自发增长或自动增长模型可能更为恰当。

我们可以根据各个模型所内生的指标或现象的多少及其重要程度来对各个经济增长模型的内生化程度进行排序，理论上讲这样排序的结果应该是一个偏序集而不一定是全序集。在经济学发展历史上，经济增长模型的内生化程度并不是一个直线的前进过程。比如，索洛模型（1956）由于没有最优化决策，因此是有最优化决策的拉姆齐模型（1928）的倒退。从含有动态最优自利决策来说，拉姆齐模型的内生化程度比索洛模型要高，因为最优化决策往往能内生储蓄率，而索洛模型中储蓄率是外生的。

在静止性稳定增长模型的相图中，其均衡点是稳定的。增长的源泉有两个：一是模型设计了外生因素自动增长，如自动性技术进步的推动；二是外生参数的变化引起经济的静态转型，如外生储蓄率提高引起人均收入与人均资本上升，但转型过程一旦完成，经济重新稳定在静止状态（或仅仅依靠外生技术进步推动而增长），这种效应称为增长的水平效应。而内生自发性增长模型中经济增长的源泉，主要是对代表生产技术水平的生产函数设计了规模报酬递增或专业化经济。由此可见，任何经济增长模型所产生的经济增长本质上都是事先设计好外生原因所产生的。外生增长模型与内生增长模型的区别仅在于，外生增长模型的增长源泉是外生参数的自发性增长，而内生增长模型的增长源泉是生产函数所表示的生产技术水平较高（规模报酬不变、递增或专业化经济，专业化经济在形式上与规模报酬递增类似）的结果，自发性增长内含在生产函数的设计中了，因此就不需要外生参数的自发性增长了。

在静止性稳定增长模型中，外生参数的变化导致经济静态转型，外生参数变化引起的是静止性人均收入水平的变化，经济学理论通常将这称为具有水平效应而无增长效应。而在内生自发性增长模型中，外生参数的变化导致动态经济转型，引起自发性增长路径的变化，这就是所谓的比较动态分析。

三 规模效应

新古典经济学经济增长与经济发展模型通常显示规模效应，并用规模经济来解释经济发展。杨小凯总结了五类规模效应。①

第Ⅰ类规模效应是指人均真实收入、人均消费或人均收入的增长率随着人口规模或增长率的增加而上升。第Ⅱ类规模效应是指生产率或增长的表现与企业的平均规模呈正相关。第Ⅲ类规模效应指收入在工业部门中的份额与工业企业的平均规模之间呈正相关,或城市化程度和企业的平均规模之间呈正相关。第Ⅳ类规模效应是指人均收入的增长率随着投资率或储蓄率的增长而增加。第Ⅴ类规模效应是指人均收入的增长率随着研究与发展部门的增长规模增加而增加。

第三节 新古典方程组增长模型

方程组经济增长模型由哈多德—多马模型所开创,以索洛—卡斯—库普曼斯模型为基准,后来有人使用人力资本投资、研发投资等对索洛模型中的技术进步因素进行解释。这里主要介绍索洛模型。

一 模型基础

下面这些符号在后面大多数模型中都有共同的含义。

(1) L_t:第 t 期一个社会劳动力数量。

(2) K_t:第 t 期的资本总量。

(3) Y_t:第 t 期总产出,或 GDP。

(4) $Y_t = F(K_t, L_t)$:第 t 期总量生产函数,设函数映射规则不变,因此表示各期生产函数相同,这时不用生产函数随时间的变化来解释经济增长。新古典增长模型中,经常令总量生产函数为一次齐次函数。n 次齐次函数定义为满足恒等式 $F(\lambda K_t, \lambda L_t) = \lambda^n F(K_t, L_t)$ 的函数 $F(K, L)$,定义方程两边分别对 K、L 求偏导数,可得:

$$F_1(\lambda K, \lambda L)\lambda = \lambda^n F_1(K, L) \Leftrightarrow F_1(\lambda K, \lambda L) = \lambda^{n-1} F_1(K, L)$$

$$F_2(\lambda K, \lambda L)\lambda = \lambda^n F_2(K, L) \Leftrightarrow F_2(\lambda K, \lambda L) = \lambda^{n-1} F_2(K, L)$$

---

① 杨小凯:《发展经济学》,社会科学文献出版社 2003 年版,第 318—319 页;杨小凯:《经济学》,社会科学文献出版社 2003 年版,第 414 页。

可见，若 F(K, L) 是 n 次齐次函数，则其一阶偏导数为 n-1 次齐次函数。特别地，当 n = 1 时，有 $F_1(\lambda K, \lambda L) = F_1(K, L)$、$F_2(\lambda K, \lambda L) = F_2(K, L)$ 为 0 次齐次函数。

对 $F(\lambda K_t, \lambda L_t) = \lambda^n F(K_t, L_t)$ 两边对 λ 求导，则有：

$$F_1(\lambda K, \lambda L)K + F_2(\lambda K, \lambda L)L = n\lambda^{n-1}F(K, L)$$

将 $F_1(\lambda K, \lambda L) = \lambda^{n-1}F_1(K, L)$ 和 $F_2(\lambda K, \lambda L) = \lambda^{n-1}F_2(K, L)$ 代入上式，有：

$$\lambda^{n-1}F_1(K, L)K + \lambda^{n-1}F_2(K, L)L = n\lambda^{n-1}F(K, L) \Rightarrow F_1(K, L)K + F_2(K, L)L = nF(K, L)$$

（5）W_t：工资总额。

（6）$k_t = \dfrac{K_t}{L_t}$：人均资本。

（7）$y_t = \dfrac{Y_t}{L_t}$：人均收入。

（8）$w_t = \dfrac{W_t}{L_t}$：人均工资。

（9）经济变量 X_t 的增长率 $\dot{X} = \dfrac{\frac{dX_t}{dt}}{X_t} = \dfrac{d\ln X}{dt}$，定义为这个变量对于时间的导数除以这个变量。$\dfrac{dX_t}{dt}$ 是经济变量对于时间的变化率，而 $\dfrac{d\ln X}{dt}$ 则是相对增长率。

（10）$L_t = L_0 e^{nt}$：劳动力对时间的外生函数，$n = \dot{L}_t = \dfrac{\frac{dL_t}{dt}}{L_t} = \dfrac{d\ln L_t}{dt}$ 定义为外生劳动增长率。

（11）设技术进步系数为 A(t)，其增长率为 $g = \dfrac{d\ln A_t}{dt}$，或 $A = e^{gt}$。当技术进步主要作用于劳动上时，定义 E = AL 为有效劳动，此时生产函数具有形式 Y = F(K, AL)。有效劳动力 E = 人口数量 L × 劳动力技术水平系数 A。则外生有效劳动力增长率 = 人口增长率 + 技术水平进步率, 即 $\ln E = \ln L + \ln A$, $\dot{E} = \frac{d\ln E}{dt} = \frac{d\ln L}{dt} + g = n + g$。当技术进步作用于资本上时,则称 AK 为有效资本,此时生产函数具有 $Y = F(AK, L)$ 这样的形式。当技术进步作用于整个生产函数时,生产函数具有 $Y = AF(K, L)$ 这样的形式。罗默认为,这种外生技术相当于具有非排他性的公共产品,私人厂商在享受这种技术好处的同时不需要付出成本(Romer, 1990)。

(12) s: 储蓄率。

(13) $C + S = C + I \Rightarrow I = S = sY$: 两部门国民收入恒等式,s 为储蓄率。

(14) $\frac{dK_t}{dt} = I_t - \delta K$: 资本改变量 = 投资 – 折旧,其中 δ 是折旧率,若不考虑折旧则为 $\frac{dK_t}{dt} = I_t$。

(15) 人均资本增长率的推导过程: $k_t = \frac{K_t}{L_t} \Rightarrow \ln k_t = \ln \frac{K_t}{L_t} = \ln K_t - \ln L_t$,方程两边对时间 t 求导数得, $\dot{k} = \dot{K} - \dot{L} = \frac{I_t}{K_t} - n = \frac{sY_t}{K_t} - n = \frac{sY_t/L_t}{K_t/L_t} - n = \frac{sy_t}{k_t} - n$。若考虑折旧,则 $\dot{k} = \dot{K} - \dot{L} = \frac{\frac{dK_t}{dt}}{K_t} - n = \frac{I_t - \delta K_t}{K_t} - n = \frac{I_t}{K_t} - (\delta + n) = s\frac{y_t}{k_t} - (\delta + n)$。若用有效劳动 E 代替普通劳动 L,则 $k = \frac{K}{E}$, $\ln k = \ln K - \ln E = \ln K - \ln L - \ln A$,两边对时间求导数则有 $\dot{k} = \dot{K} - n - g = \frac{sy_t}{k_t} - n - g$。若同时考虑折旧和有效劳动,则 $\dot{k} = \frac{sy_t}{k_t} - (\delta + n + g)$。

二 哈罗德—多玛模型

(一) 模型描述和推导

(1) 模型性质: 方程组模型,不存在最优化,有国民收入均衡。

(2) 模型假定:

固定投入比例生产函数：$Y_t = \min\left\{\dfrac{L_t}{a}, \dfrac{K_t}{v}\right\}$

（3）供给方面最优生产条件：$Y_t = \dfrac{L_t}{a} = \dfrac{K_t}{v} \Rightarrow \dfrac{dY_t}{dt} = \dfrac{1}{v}\dfrac{dK_t}{dt} = \dfrac{1}{v}I_t = \dfrac{sY_t}{v}$

国民收入均衡条件：$I_t = S_t = sY_t \Rightarrow Y_t = \dfrac{I_t}{s} \Rightarrow \dfrac{dY_t}{dt} = \dfrac{1}{s}\dfrac{dI_t}{dt}$

结合供给方面最优条件和国民收入均衡条件可得：$\dfrac{dY_t}{dt} = \dfrac{1}{v}I_t = \dfrac{1}{s}\dfrac{dI_t}{dt}$

定义投资增长率 $\dot{I} = \dfrac{\frac{dI_t}{dt}}{I_t} = \dfrac{s}{v}$

由供给最优条件 $\dfrac{dY_t}{dt} = \dfrac{sY_t}{v} \Rightarrow$ 定义产出增长率 $g = \dfrac{\frac{dY_t}{dt}}{Y_t} = \dfrac{s}{v}$

均衡时投资增长率 = 产出增长率 g = 劳动增长率 $n = \dfrac{s}{v}$

（4）外生变量：劳动—产出系数 a、资本—产出系数 v、资本劳动投入比例 v/a、储蓄率 s、外生技术进步率 = 外生产出增长率 g、外生人口增长率 n。

（二）模型结论

经济要均衡增长，三个外生参数——外生的劳动增长率 n、储蓄率 s、资本—产出系数——必须满足 $n = \dfrac{s}{v}$。若外生劳动增长率 $n > \dfrac{s}{v}$，则失业率将会上升；若外生储蓄率过高使得 $n < \dfrac{s}{v}$，则投资回报率将下降。若这三个外生参数偏离了 $n = \dfrac{s}{v}$，则很难自动回到 $n = \dfrac{s}{v}$，这表明多—哈模型的均衡是不稳定的，因此，多—哈马模型被称为刀锋式增长。出现这一结果的原因在于多—哈模型的生产函数设计成一个固定投入比例的生产函数。索洛模型与多—哈模型的主要区别就在于，索洛模型将多—哈模型的生产函数从固定投入比例的生产函数改

成生产要素可相互替代的一次齐次生产函数。

三 索洛模型

(一) 模型描述和推导

(1) 模型类型：方程组模型，无最优化，有国民收入均衡，用人均资本增长率 = 0 定义均衡增长。

(2) 模型假定：

①新古典生产函数：$Y_t = F(K_t, L_t)$ 为一次齐次函数，满足 $F(\lambda K_t, \lambda L_t) = \lambda F(K_t, L_t)$。

生产函数满足 $\frac{\partial F}{\partial K} > 0$，$\frac{\partial F}{\partial L} > 0$，$\frac{\partial^2 F}{\partial K^2} < 0$，$\frac{\partial^2 F}{\partial L^2} < 0$。

一次齐次函数满足欧拉方程 $F(K, L) = \frac{\partial F}{\partial K}K + \frac{\partial F}{\partial L}L$。

②市场完全竞争，产品市场每时每刻都处于均衡，劳动与资本生产要素市场始终保持均衡，或称序贯瓦尔拉斯均衡，这种设计方式在后续新古典经济增长模型和杨小凯的新兴古典动态模型中成为通则。劳动工资等于劳动的边际生产力，利息或资本价格等于资本的边际生产力。

(3) 由生产函数的一次齐次性，在方程 $F(\lambda K_t, \lambda L_t) = \lambda F(K_t, L_t)$ 中令 $\lambda = \frac{1}{L}$ 可得 $y_t = \frac{Y_t}{L_t} = \frac{1}{L_t}F(K_t, L_t) = F\left(\frac{K_t}{L_t}, \frac{L_t}{L_t}\right) = F\left(\frac{K_t}{L_t}, 1\right) = F(k, 1) = f(k_t)$。

将 $\dot{k} = 0$ 定义为均衡增长状态，则 $\dot{k} = s\frac{y_t}{k_t} - n = \frac{s \cdot f(k_t)}{k_t} - n = 0$，得到资本积累方程或称基本方程为 $f(k_t) = \frac{n}{s}k_t$ 或 $sf(k) = nk$。若考虑折旧则为 $\dot{k} = s\frac{y_t}{k_t} - (\delta + n) = \frac{s \cdot f(k_t)}{k_t} - (\delta + n) = 0$，则基本方程为 $sf(k) = (n + \delta)k$。若考虑有效劳动而非普通劳动，则有 $\dot{k} = \frac{s \cdot f(k_t)}{k_t} - (\delta + n + g) = 0$，此时基本方程为：$sf(k) = (n + \delta + g)k$。基本方程又称为资本积累方程，它表明总资本积累 $sf(k)$ 分为三部分，δk 是折旧

用于弥补资本无形损耗，nk 称为资本广化，是用于装备新增人口的资本，gk 称为资本深化，是由于劳动技术水平提高，工人增加了机器操控能力后所需要增加的资本。

由基本方程 sf(k) = (n + g)k 可解出均衡增长时的有效人均资本 $k_t = k^*$，这是最主要的内生变量。请注意，在经济达到均衡增长时，有效人均资本量 $k_t = k^*$ 是一个常数，这相当于说，在经济达到均衡增长后，有效人均资本将保持不变，此时有效人均收入也保持不变。但人口却按照增长率 n，劳动技术却按照增长率 g 在外生稳定增长，因此，有效人均资本 k 与有效人均收入 y 保持为常数表明总资本 K 和总收入 Y（或 GDP）也是按照常数增长率 n + g 在增长。但是，总资本 K 和总收入 Y 的增长原因完全是外生的，是由外生假定人口增长率 n 和技术进步率 g 决定的。

这个状态是稳定的，因为当 $f(k_t) > \frac{n+\delta+g}{s} k_t$ 时，$\dot{k} > 0$，随着时间流逝，人均资本会增加；当 $f(k_t) < \frac{n+\delta+g}{s} k_t$ 时，$\dot{k} < 0$，随着时间流逝，人均资本会减少，最后达到均衡点 $k_t = k^*$；当储蓄率 s 增加时，$k_t = k^*$ 会递增。

(4) 人均投资 i_t = 人均储蓄 = $\frac{I_t}{L_t} = \frac{sY_t}{L_t} = sf(k_t)$，在均衡增长时，sf(k) = nk，即 i = nk，即 $\frac{I}{L} = \dot{L} \frac{K}{L}$，即 $I = \dot{L}K$，即 $\frac{I}{K} = \dot{L}$。而 $I = \frac{dK}{dt}$，因此，$\dot{K} = \frac{\frac{dK}{dt}}{K} = \frac{I}{K} = \dot{L}$，或者说直接由 $\dot{k} = \dot{K} - \dot{L} = 0$ 得出 $\dot{K} = \dot{L}$。即在均衡增长时，劳动与资本实现同步增长，达到了多—哈模型均衡增长所要求的结果。但多—哈模型的资本—劳动投入比例是外生的，而索洛模型的资本—劳动投入比例则是内生的。索洛模型的均衡增长状态是稳定的，从而索洛模型实现了劳动与资本稳定的同步增长，而多—哈模型中劳动与资本同步增长是不稳定的。

(5) 均衡增长条件下的人均工资 w 与利润率。在完全竞争市场上，资本价格 r = 利润率 = 资本边际回报率 $MP_K = \frac{\partial Y}{\partial K} = \frac{\partial\left(L \cdot \frac{Y}{L}\right)}{\partial K} = \frac{\partial(L \cdot y)}{\partial K} = \frac{\partial[Lf(k)]}{\partial K} = Lf'(k)\frac{1}{L} = f'(k)$。同理可得，人均工资 w = 劳动边际回报率 $MP_L = \frac{\partial[Lf(k)]}{\partial L} = f(k) + L \cdot f'(k) \cdot \left(-\frac{K}{L^2}\right) = f(k) - kf'(k) = f(k) - rk$。人均收入 f(k) = 人均工资 w + 人均利润 rk，其中利润率 r 是 y = f(k) 切线斜率，人均工资 w 是 y = f(k) 切线的纵截距。在均衡增长时，由于人均资本 k^* 与人均收入 y^* 是稳定的，因而工资率与利润率也是稳定的。

均衡增长时，在由基本方程确定的人均资本 $k_t = k^*$ 点，利润率 $r = f'(k^*)$，工资率 $w = f(k^*) - k^* f'(k^*)$。由于 f'(k) 随 k 的增加递减，所以如果储蓄率增加，使得均衡人均资本 $k_t = k^*$ 增加，结果利润率 r 会下降，人均工资 w 上升；反之，随着储蓄率下降，利润率 r 会上升，工资率相对下降。

(6) 均衡增长时的人均消费。只考虑普通劳动，则绝对人均消费 $c_t = \frac{C_t}{L_t} = \frac{Y_t - S_t}{L_t} = \frac{(1-s)Y_t}{L_t} = (1-s)y_t = (1-s)f(k_t)$。若考虑有效劳动，则有效人均消费 $\frac{C_t}{E_t} = \frac{C_t}{e^{gt}L_t} = (1-s)f(k_t)$，此时绝对人均消费为 $c_t = e^{gt}(1-s)f(k_t) = e^{gt}[f(k_t) - sf(k_t)]$。在均衡时，$sf(k_t) = (n+g)k_t$，此时人均消费 $c_t = e^{gt}[f(k_t) - sf(k_t)] = e^{gt}[f(k_t) - (n+g)k_t]$，令 $\frac{\partial c_t}{\partial k_t} = 0$ 可得到最大人均消费均衡增长满足的必要条件为 $f'(k_t) = n + g$。如图 7-1 所示。

其中，直线 BH 是 y = f(k) 的切线，其斜率为 $f'(k_t) = n + g$，与直线 OD 平行。

在人均消费最大化时，人均消费 c = 工资率 w，而人均投资 i = 人均利润 rk。其经济学含义是将工资所得消费掉，而把利润所得拿来投资，此时将获得人均消费最大化均衡增长。此时储蓄率 $s = \frac{i}{y} = \frac{rk}{y} =$

$\frac{P}{Y}$，从总量上看人均消费最大化时，储蓄率（按国民收入恒等式等于投资与产出之比）等于总利润 P 与总产出 Y 之比。

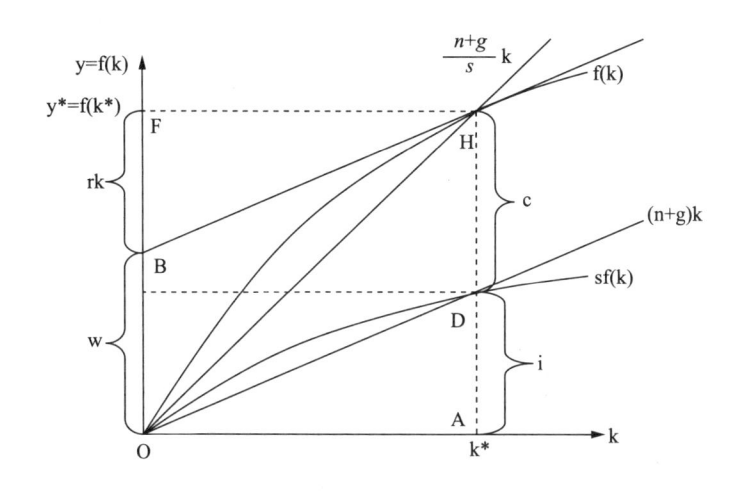

图 7 -1　最大化人均消费 c 时：c = w, i = rk

（7）外生变量：储蓄率 s，外生人口增长率 n，外生技术进步率 g（体现为劳动技术进步）、外生折旧率 δ。在多 - 哈模型中的外生变量资本劳动投入比例、资本产出系数、劳动产出系数被内生化了。

（二）模型结论

索洛模型显示经济增长有两个源泉：(1) 资本总量 K 和总收入 Y（或 GDP）会按增长率 n + g 外生增长，这是外生假定人口增长率为 n、技术进步率为 g 导致的，正是在上述意义上，索洛模型才被称为外生经济增长模型。(2) 当储蓄率 s 增加时，稳定状态时的常数人均资本 $k_t = k^*$ 会增加，从而常数人均产出会增加，这是外生参数变化时暂时发生的静态经济转型，这表示储蓄率变化在经济增长中只有水平效应而无增长效应。

索洛显示出第Ⅳ类规模效应：当储蓄率 s 上升时，稳定状态时的人均资本 $k_t = k^*$ 会增加，从而人均产出会增加；反之则降低。当人口增长率 n 和劳动技术进步率 g 上升时，人均资本会下降，这显示出第

Ⅰ类规模效应的反效应。

从分配来看,在发展中国家初级阶段,人均资本比较少,$k_1 <k^*$,此时利润率较高,而随着经济发展,人均资本越来越高,从而利润率会越来越低,劳动工资率相对会越来越高。

(三) 中性技术进步

中性技术进步是指在技术进步过程中,劳动收入 wL 和资本收入 rK 在国民收入 Y 中的份额 $\frac{wL}{Y}$、$\frac{rK}{Y}$ 不变,当 $\frac{wL}{Y}$、$\frac{rK}{Y}$ 不变时,劳动收入与资本收入的比值 $\frac{wL}{rK}$ 也不变。事实上,由于 Y = rK + wL,因此 $\frac{wL}{Y}$、$\frac{rK}{Y}$、$\frac{wL}{rK}$ 三者只要有一项不变,其余两项就不变。技术进步可以用生产函数向上移动来表示,经济学家定义了三种不同的中性技术进步,分别从几何上用生产函数向上移动时的几何特征来表示。在总量生产函数是一次齐次函数时,可以将生产函数 Y = F(K, L) 化为人均变量的函数 y = f(k) 表示。

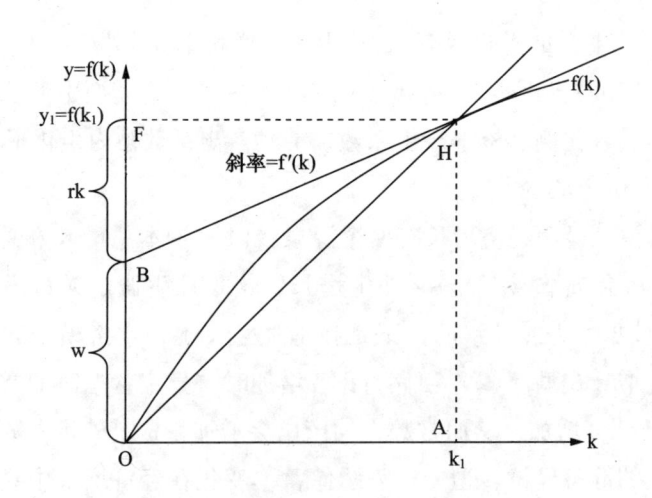

图 7-2 工资与利润在 k-y 图中的表示

设 y = f(k) 在点 k_1 处的切线为 BH,切点为 H,斜率为 $f'(k_1) = r$,则 BH 的方程为:

$$y - y_1 = f'(k_1)(k - k_1) = r(k - k_1)$$

切线的纵截距 OB = $y_1 - f'(k_1)k_1$，y_1 是人均资本为 k_1 时的人均收入，其中 $f'(k_1)k_1 = r \cdot k_1$ = BF = 人均利润，所以，纵截距 OB = $y_1 - f'(k_1)k_1$ = 人均工资 w。

在总量生产函数是一次齐次函数时，三种中性技术进步描述如下：

1. 哈罗德中性技术进步

若技术进步保持 Y/K = y/k 的比例不变，要使收入份额 $\frac{rK}{Y}$ 不变，必须使利率 r 不变，这种技术进步称为哈罗德中性技术进步。而利率 r 可用 y = f(k) 的斜率表示，因此在几何上，就表示在 k - y 平面上，从原点出发的射线 ODH 保持 Y/K = y/k 不变，这一射线与 y = f(k) 和技术进步之后的生产函数 y = f_1(k) 都相交，设交点为 D、H，则 y = f(k) 在 D 的切线与 y = f_1(k) 在 H 点的切线的斜率相等。如图 7 - 3 所示。

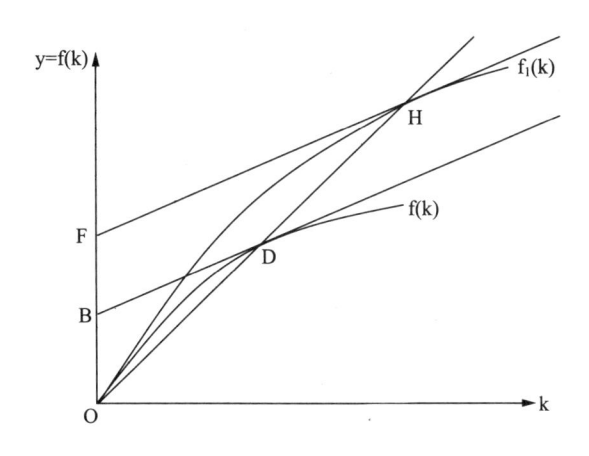

图 7 - 3 哈罗德中性技术进步

若一次齐次生产函数可表示成 $Y_t = F(K_t, A_t L_t)$，则必体现为哈罗德中性技术进步。证明如下：

在 $Y_t = F(K_t, A_t L_t)$ 两边同乘以 1/L，则有 y = F(k, A)，仍为一

次齐次函数。当 A 增加时 y = F(k, A) 表示 k - y 平面上的生产函数图形向上移动,这表示技术进步。只要证明了 y = F(k, A) 的切线斜率 = 利润率 r 在 A 变动之后仍然保持不变,即证明了生产函数 Y_t = F(K_t, $A_t L_t$) 体现为哈罗德中性技术进步。由于 F_1(K, AL) 是 0 次齐次函数,有利润率 r = F_1(K, AL) = F_1(K/L, AL/L) = F_1(k, A) 仍为 0 次齐次函数,要证明 $\dfrac{dr}{dA} = \dfrac{dF_1(k, A)}{dA} = 0$。

由 F_1(λk, λA) = F_1(k, A):两边对 k 求偏导得,F_{11}(λk, λA)λ = F_{11}(k, A) ⇒ F_{11}(λk, λA) = F_{11}(k, A)/λ;两边对 A 求偏导得,F_{12}(λk, λA)λ = F_{12}(k, A) ⇒ F_{12}(λk, λA) = F_{12}(k, A)/λ。对 F_1(λk, λA) = F_1(k, A) 两边对 λ 求偏导,得:

$$F_{11}(\lambda k, \lambda A)k + F_{12}(\lambda k, \lambda A)A = 0$$

将 F_{11}(λk, λA) = F_{11}(k, A)/λ、F_{12}(λk, λA) = F_{12}(k, A)/λ 两式代入上式得:

$$F_{11}(k, A)k + F_{12}(k, A)A = 0 \Rightarrow \frac{k}{A} = -\frac{F_{12}(k, A)}{F_{11}(k, A)}$$

由 y = F(k, A) 是一次齐次函数,有 F(k, A) = F_1(k, A)k + F_2(k, A)A。在保持 Y/K = y/k = e 常数时,则 y = ek 与 y = F(k, A) 的交点横坐标 k 由方程 F(k, A) = e·k 决定,交点 k 可写成 k(A),方程 F(k, A) = e·k 两边同时对 A 求导数,得到:

$$F_1(k, A)\frac{dk}{dA} + F_2(k, A) = e\frac{dk}{dA} \Rightarrow \frac{dk}{dA} = \frac{F_2(k, A)}{e - F_1(k, A)}$$

对 r = F_1(k, A) 对 A 求全导数,得:

$$\frac{dr}{dA} = F_{11}(k,A)\frac{dk}{dA} + F_{12}(k,A) = F_{11}(k,A)\left[\frac{F_2(k,A)}{e - F_1(k,A)} + \frac{F_{12}(k,A)}{F_{11}(k,A)}\right]$$

$$= F_{11}(k,A)\left[\frac{F_2(k,A)}{e - F_1(k,A)} - \frac{k}{A}\right] = F_{11}(k,A)\frac{F_2(k,A)A - k[e - F_1(k,A)]}{[e - F_1(k,A)]A}$$

$$= \frac{F_{11}(k,A)}{[e - F_1(k,A)]A}[F_1(k,A)k + F_2(k,A)A - ek]$$

$$= \frac{F_{11}(k,A)}{[e - F_1(k,A)]A}[F(k,A) - ek] = 0$$

得证。说明可表示成 $Y_t = F(K_t, A_tL_t)$ 的生产函数表示哈罗德中性技术进步。

2. 希克斯中性技术进步

若生产函数向上移动时在要素投入比例 K/L = k 不变时,要使 $\frac{wL}{rK}$ 不变,就必须使要素价格 w/r 保持不变,这种类型的技术进步称为希克斯中性技术进步。而要素价格之比在完全竞争市场上等于边际产量之比,即 $\frac{w}{r} = \frac{MP_L}{MP_K}$,而 r 在几何上是 y = f(k) 切线的斜率,w 则是 y = f(k) 切线的纵截距。

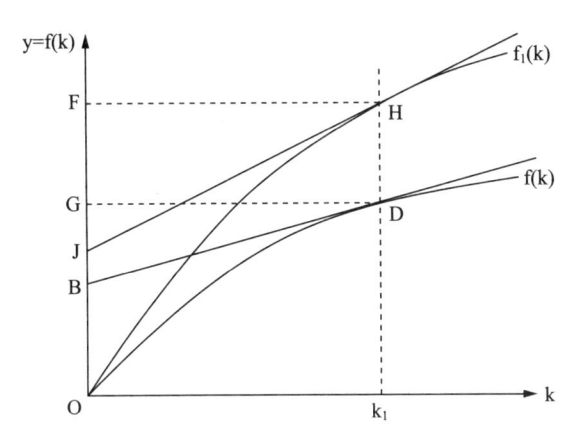

图 7-4 希克斯中性技术进步

垂直线人均资本 k = k_1 交 y = f(k) 于 D 点,交 y = f_1(k) 于 H 点,切线 BD 纵截距为 B,切线 JH 纵截距为 J 点。技术进步前的人均工资 w = OB,利润率 r 为 BD 的斜率,人均利润 r · k_1 = BG;技术进步后的人均工资 w_1 = OJ,利润率 r_1 为 JH 的斜率,人均利润 r_1 · k_1 = JF,则要素价格保持不变要求 $\frac{r}{w} = \frac{r_1}{w_1}$,即有 $\frac{r \cdot k_1}{w} = \frac{r_1 \cdot k_1}{w_1}$,即 $\frac{BG}{OB} = \frac{JF}{OJ}$。

若生产函数可表示成 $Y_t = A_tF(K_t, L_t)$,此生产函数表现出希克斯中性技术进步。可证明如下:

由 F(K, L) 的一次齐次性,有 $y = \frac{Y}{L} = AF(k, 1) = Af(k)$,表示随着

技术进步即 A 增加，生产函数 y = Af(k) 会往上移动。利润率 r = Af'(k)，而 w = A[f(k) - kf'(k)]，则在保持资本-劳动投入比例 K/L = k 不变时，要素价格之比 $\frac{w}{r} = \frac{f(k) - f'(k)k}{f'(k)}$，由于 k、f(k) 与 f'(k) 都不含有 A，因此要素价格之比在 A 变化时保持不变，或 $\frac{d(w/r)}{dA} = 0$。得证。

3. 索洛中性技术进步

若劳动的平均产量或劳动生产率 Y/L = y 保持不变，要使收入份额 $\frac{wL}{Y}$ 不变，必须使人均工资率 w 不变，这种技术进步称为索洛中性技术进步。人均工资表示 y = f(k) 切线的纵截距。设 y = y₁ 水平线与 y = f(k) 交 D 点，与 y = f₁(k) 交 J 点，y = f(k) 过 D 点的切线纵截距为 B 点，技术进步后的生产函数 y = f₁(k) 过 J 点的切线纵截距也为 B 点，这表示技术进步前后的人均工资都是 OB。如图 7-5 所示。

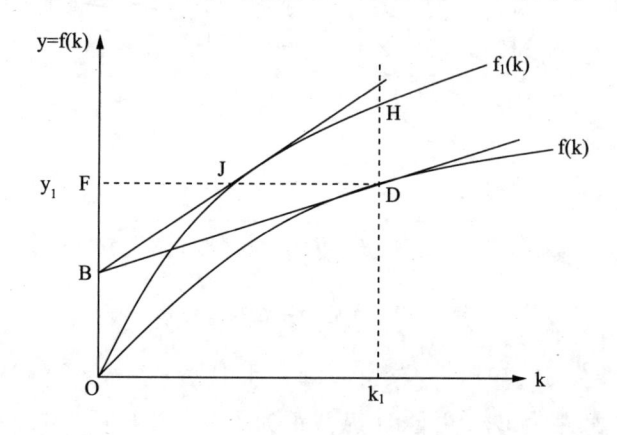

图 7-5　索洛中性技术进步

若生产函数能表示成 $Y_t = F(A_t K_t, L_t)$，则体现为索洛中性技术进步。可证明如下：

由 Y/L = F(AK, L)/L 可得，y = F(Ak, 1) = f(Ak)。当 A 增加时，在 k-y 平面的生产函数会向上移动，表示技术进步。在某一点 k_1 的斜率 $r_1 = f'(Ak_1) A$，切线方程为：

$$y - y_1 = f'(Ak_1) A(k - k_1)$$

人均工资 w = 切线纵截距 = $y_1 - f'(Ak_1)Ak_1$，对于一般的 k 处，切线纵截距或人均工资 w = $f(Ak) - f'(Ak)Ak$。设人均收入 y = Y/L = $f(Ak) = h$ 为常数，则 $\frac{dy}{dA} = \frac{dh}{dA} = f'(Ak)\frac{d(Ak)}{dA} = 0$，由于 $f'(Ak)$ 不可能为 0，因此有 $\frac{d(Ak)}{dA} = 0$，即 Ak 为一个常数。因此人均工资 w = $f(Ak) - f'(Ak)Ak$ 也是一个常数。故在技术进步系数 A 增加时，$\frac{wL}{Y} = \frac{w}{h}$ 为常数，即工资占总收入份额为常数。

评论：令人感到奇怪的是，经济学家们可以在经济增长理论中用生产函数随时间的外生变化来解释技术进步，但这种方法却不被经济学家们运用到效用函数外生变化中来表示偏好、宗教信仰等主观因素的外生变化。就算后来的所谓内生增长模型逐渐解释了生产函数取得技术进步的原因，但却从来不解释人们偏好、价值观、宗教信仰等变化导致事后效用函数的变化。

四 索洛 AK 模型

若将索洛模型中的生产函数 Y = F(K, L) 从规模报酬不变改为规模报酬递增，那么从索洛模型出发，也可以产生自发性经济增长。

设 Y = AK，则 y = Y/L = AK/L = Ak，其中 A 为技术系数，增长率为 g。则 $\dot{k} = sA_t - (\delta + n)$，此时要实现稳态增长 $\dot{k} = 0$，必须要求外生参数 $sA - (\delta + n) = 0$，这种情况完全相当于多—哈模型，很难实现。当外生参数 s、技术系数 A（ = e^{gt} 由技术进步率 g 和时间决定）、折旧率 δ、人口增长率 n 确定后，人均资本增长率 $\dot{k}$ 可以大于 0 也可能小于 0，若外生参数不改变，人均资本增长率 $\dot{k} > 0$，则人均资本将永远自动增加，经济达不到均衡；若人均资本增长率 $\dot{k} < 0$，则人均资本将永远自动减少，经济同样达不到均衡；除非外生参数碰巧满足 $sA - (\delta + n) = 0$ 苛刻条件，索洛 AK 模型是一个发散的经济增长模型。索洛 AK 模型能够产生自发性增长，但这个自发性增长与多—哈模型一样，是由外生参数决定的，因此也是典型的外生自发性增长模型。

五　曼昆—罗默—韦尔（MRW）模型

曼昆（Mankiw）、罗默（Romer）、韦尔（Weil）（1992）通过在索洛模型的生产函数中增加一个人力资本投入要素，试图用人力资本投资来解释索洛剩余存在的原因。

（一）模型设定和求解结果

（1）生产函数设为 C—D 型生产函数 $Y = K^\alpha H^\beta (AL)^{-\alpha-\beta}$，设 $\dot{L} = n$，$\dot{A} = g$，常数物质资本投资率 $\dfrac{dK/dt}{Y} = s_k$，常数人力资本投资率 $\dfrac{dH/dt}{Y} = s_h$。设 $y = Y/AL$ 为有效人均收入，设有效人均物质资本 $k = K/AL$，有效人均人力资本 $h = H/AL$ 按以下公式变化：

$$\dot{k} = s_k y_t - (n + g + \delta) k_t$$

$$\dot{h} = s_k y_t - (n + g + \delta) h_t$$

（2）从上面人均物质资本和人均人力资本的微分方程可以解出其稳定状态为①：

$$k^* = \left(\frac{s_k^{1-\beta} s_h^\beta}{n + g + \delta}\right)^{1/(1-\alpha-\beta)}$$

$$h^* = \left(\frac{s_k^\alpha s_h^{1-\alpha}}{n + g + \delta}\right)^{1/(1-\alpha-\beta)}$$

将上面两式代入生产函数并取对数可得：

$$\ln\left(\frac{Y}{L}\right) = \ln A(0) + gt - \frac{\alpha+\beta}{1-\alpha-\beta}\ln(n+g+\delta) + \frac{\alpha}{1-\alpha-\beta}\ln s_k + \frac{\beta}{1-\alpha-\beta}\ln s_h$$

这表示人均收入依赖于各个外生参数，包括人口增长率 n、技术进步率 g、物质资本投资率 s_k、人力资本投资率 s_h 等。

（3）MRW 模型只是部分解释了索洛模型中的技术进步系数 A 存在的原因，除此之外，其在本质上与索洛模型完全一样：①MRW 模

---

① N. Gregory Mankiw, David Romer, David N. Weil, A Contribution to the Empirics of Economic Growth, *The Quarterly Journal of Economics*, Vol. 107, No. 2 (May, 1992), pp. 407–437.

型与索洛模型一样能产生稳定的均衡增长;②MRW 模型仍然不能产生自发性增长,其增长仍然来自于外生变量的增长设定。因此,MRW 模型相对于索洛模型并没有本质进步。

(二) 模型结论

曼昆、罗默、韦尔用 1960—1985 年美国的数据对上述模型进行了计量检验,结果强烈支持上述人力资本索洛模型的结论。这样他们用人力资本部分解释了索洛剩余存在的原因,即技术进步的一部分来自于人力资本投资,其中特别是教育支出。

六 对索洛模型中技术进步原因的解释

索洛模型之后,一些人使用研发投资、边干边学经验积累等因素解释索洛模型中技术进步的原因,或者同时在生产函数上使用 AK 函数,这样组合起来就有四种类型的修正,即研发投入索洛模型、干中学索洛模型、研发投入索洛 AK 模型、干中学索洛 AK 模型。比如研发投入索洛模型的基本设定为:生产函数 $Y = [(1 - a_K)K]^{\alpha}[A(1 - a_L)L]^{1-\alpha}$,其中,劳动技术进步由下面的研发生产函数解释,$\dot{A} = B[a_K K]^{\alpha}[a_L L]^{\gamma} A^{\theta}$,$B > 0$,投资 $I = \dfrac{dK}{dt} = sY$,外生人口增长率 $\dot{L} = n$。这个模型的本质是将索洛模型中劳动技术进步这一个外生参数,转化成技术生产函数中的外生参数 B 和 A^{θ}。

索洛 AK 模型能够产生自发性增长,使用研发投入和干中学来解释技术进步原因之后,当然,同样能产生自发性增长。这些对索洛模型的修正本质上只是在索洛模型的框架之内对技术进步的原因做进一步解释,在模型的分析框架上并无实质性进步。

第四节 新古典动态最优化增长模型

一 拉姆齐模型

(一) 模型设定和求解结果

(1) 模型性质:总量决策模型,规模效应,没有自发性增长。

（2）模型设定：生产函数设定与索洛模型完全一样，为一次齐次函数，$Y = F(K, L)$，可简写为人均生产函数 $y = f(k)$，$f'(k) > 0$，$f''(k) < 0$。拉姆齐模型不同于索洛模型的地方在于不再将储蓄率看成一个常数，$I = S$ 不再等于 sY，而是 $I = S = Y - C$，从而 $I = \frac{dK}{dt} + \delta K = Y - C$，这样，外生储蓄率 s 在模型中不再出现，代之以消费为内生变量，当消费确定之后，储蓄就确定了。而消费则是以资本积累方程 $I = \frac{dK}{dt} + \delta K = Y - C$ 为约束条件，通过消费者的动态最优化决策来决定，这就是 RCK(Ramsey – Cass – Koopmans) 模型的本质。

资本积累方程 $\frac{dK}{dt} = Y - C - \delta K$ 两边同除以有效劳动 AL，左边分子分母同乘以 K，则结果为 $\frac{\frac{dK}{dt}}{K} \frac{K}{AL} = \dot{K}k = \frac{Y}{AL} - \frac{C}{AL} - \delta\frac{K}{AL} = y - c - \delta k = f(k) - c - \delta k$，再将 $\dot{k} = \dot{K} - \dot{A} - \dot{L} = \dot{K} - g - n$ 移项为 $\dot{K} = \dot{k} + g + n$，代入资本积累方程得 $(\dot{k} + g + n)k = f(k) - c - \delta k$，移项得 $\dot{k}k = \frac{\frac{dk}{dt}}{k}k = \frac{dk}{dt} = f(k) - c - (\delta + n + g)k$。

消费者的效用函数为 $u[c(t)]$，满足 $u'(c) > 0$，$u''(c) < 0$。效用折现系数为 r，这样消费者的效用最大化决策就可以表达为：

$$\underset{c(t)}{\text{Max}}V = \int_0^T u[c(t)]e^{-rt}dt$$

s.t. $k' = \frac{dk}{dt} = f(k) - c - (\delta + n + g)k$

（3）求解消费者动态最优化决策。上述消费者动态最优化决策可以用变分法来求解。将约束条件 $k' = \frac{dk}{dt} = f(k) - c - (\delta + n + g)k$ 中的 c 解出来，$c = f(k) - (\delta + n + g)k - k'$，代入目标函数中，可将有约束条件的泛函极值问题化为无条件极值问题：

$$\underset{c(t)}{\text{Max}}V = \int_0^T u[c(t)]e^{-rt}dt \Rightarrow$$

$$\underset{k(t)}{\text{Max}} V = \int_0^T u[f(k) - (\delta + n + g)k - k']e^{-rt}dt$$

对于泛函极值 $\underset{x(t)}{\text{Max}} V = \int_0^T F[t, x(t), x'(t)]dt$，其一阶条件为欧拉方程 $\dfrac{\partial F}{\partial x} = \dfrac{d\left(\dfrac{\partial F}{\partial x'}\right)}{dt}$。

则上述消费者动态最优决策中决策变量为人均资本函数 k(t)，而被积函数为：

$$F(t, k, k') = u[f(k) - (\delta + n + g)k - k']e^{-rt}$$

$$\frac{\partial F}{\partial k} = u'(c)\frac{\partial c}{\partial k} = u'(c)[f'(k) - (\delta + n + g)]e^{-rt}$$

$$\frac{\partial F}{\partial k'} = u'(c)(-1)e^{-rt}$$

$$\frac{d\left(\dfrac{\partial F}{\partial k'}\right)}{dt} = u''(c)c'(t)(-)e^{-rt} + u'(c)(-1)(-r)e^{-rt}$$

则欧拉方程为 $\dfrac{\partial F}{\partial k} = \dfrac{d\left(\dfrac{\partial F}{\partial k'}\right)}{dt}$，即：

$$u'(c)[f'(k) - (\delta + n + g)]e^{-rt} = u''(c)c'(t)(-)e^{-rt} + u'(c)(-1)(-r)e^{-rt}$$

即 $u'(c)[f'(k) - (\delta + n + g + r)] = -u''(c)c'(t)$。

约束条件资本积累方程两边对时间 t 求导，得 $c' = f'(k)k' - (\delta + n + g)k' - k''$，将此式代入欧拉方程，可得关于 k(t) 二阶微分方程，一般情况下很难求出解析解，因此，在 k 和 c 的平面上进行相图分析。为此将上面的欧拉方程和约束条件联立变成关于 k 和 c 的一阶微观方程组的形式：

$$\begin{cases} k' = f(k) - (\delta + n + g)k - c \\ c' = -\dfrac{u'(c)}{u''(c)}[f'(k) - (\delta + n + g + r)] \end{cases}$$

令 k'=0，可以在 k-c 坐标系中画出一条曲线 f(k) - (δ+n+g)

$k-c=0$。令 $c'=0$，由于 $u'(c)$ 不为 0，则只好 $f'(k)-(\delta+n+g+r)=0$，此时 $k=f'^{-1}(\delta+n+g+r)=k_1$ 为常数，可以在 $k-c$ 坐标系中画出 $c'=0$ 为一条垂直直线。

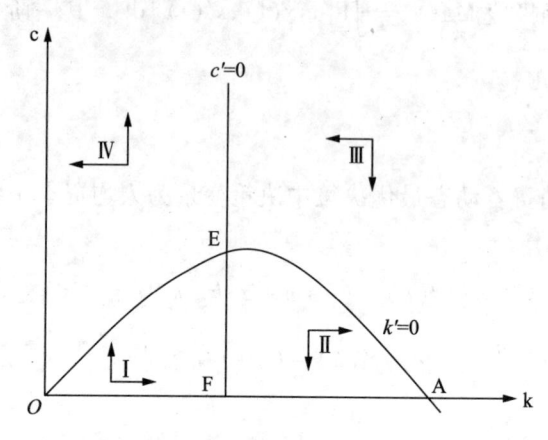

图 7-6 拉姆齐模型的相图

曲线 $k'=0$ 与 $c'=0$ 将 $k-c$ 空间第一象限划分成四个部分。其中在曲线 $k'=0$ 上方，$c>f(k)-(\delta+n+g)k$，即 $k'=f(k)-(\delta+n+g)k-c<0$，因此在曲线 $k'=0$ 上方人均资本趋于减少。由于 $-\dfrac{u'(c)}{u''(c)}>0$，$f''(k)<0$ 即 $f'(k)$ 是减函数，因此在曲线 $c'=0$ 右边的人均资本 $k>k_1$ 时有 $f'(k)<f'(k_1)$，因此 $c'<0$。从而相图上每个区域中 k 与 c 随时间的变化方向如相图中箭头所示。可见，均衡点 E 是一个鞍点，即在 I、III 区域中的 (k,c) 组合会向均衡点 E 演化，而在 II、IV 区域中的 (k,c) 组合会远离均衡点 E。

如果初始的 (k,c) 组合位于 II 区域，结果随着时间流逝，人均消费会趋于 0，而人均资本会趋于 A 点所示的人均资本量，到达 A 后人均资本与人均消费（=0）不再变化。如果初始的 (k,c) 组合位于 IV 区域，结果随着时间流逝，人均资本会趋于 0，而人均消费会趋于无穷大不可能，因此实际上相当于储蓄越来越少，最后储蓄趋于 0，人均 k、c 等达到静止状态。

（4）拉姆齐模型将储蓄率内生化了，因为当 (k,c) 组合确定时，人均收入和人均储蓄（投资）就确定了。但拉姆齐模型的人口增长率 n 和劳动技术进步率 g 仍然是外生的。

(二) 模型结论

拉姆齐模型显示出两种增长方式：(1)在经济未达均衡点 E 时，经济能够产生自发性增长，随着时间流逝，(k, c)组合会朝向或远离 E 点增长，但最终将达到静止的(k, c)组合状态，这在本质上仍然是一种静止经济转型；(2)在均衡点 E，k' = 0 与 c' = 0，人均资本 k_1 与人均消费 c_1 都不会改变，其中均衡人均资本 k_1 由 $f'(k) - (\delta + n + g + r) = 0$ 决定，且 k_1 是 $\delta + n + g + r$ 的减函数，此时经济中资本量 K 完全依靠外生参数规定的劳动技术进步率 g 和人口增长率 n 以增长率 n + g 增长。因此，在本质上拉姆齐模型的自发增长性与索洛模型一样，都是静止性均衡增长模型，不产生长期自发性增长。拉姆齐模型相比于索洛模型的主要优势是考虑了消费者动态最优化决策，从而将索洛模型中的外生参数储蓄率 s 内生化了。

人均消费 c 增加到 $f(k) - (\delta + n + g)k$ 之上时，或人均储蓄过少时，人均资本增长率会下降，从而人均收入增长率也会下降，这显示出第Ⅳ类规模效应。

由 $f'(k) - (\delta + n + g + r) = 0$ 确定的均衡人均资本 k_1 是 $\delta + n + g + r$ 的减函数，当人口增长率 n、折旧率 δ、劳动技术进步率 g、效用折现率 r 增加时，人均消费和人均收入增长率会下降，这是第Ⅰ类规模效应的反效应，这一结论与索洛模型的结论相同。而且外生参数变化对于人均收入和人均资本只有水平效应而无增长效应。

二 拉姆齐 AK 模型

设生产函数为 Y = AK 或 y = Ak，效用函数设为 $\frac{c^a}{a}$，$a \in (0, 1)$，则 $u'(c) = c^{a-1}$，$u''(c) = (a-1)c^{a-2} < 0$，$f'(k) = A$，则欧拉方程 $u'(c)[f'(k) - (\delta + n + g + r)] = -u''(c)c'(t) \Rightarrow c^{a-1}[A - (\delta + n + g + r)] = (1-a)c^{a-2}c'(t) \Rightarrow c'(t) = \frac{A - (\delta + n + g + r)}{1-a}c(t)$，于是 $c(t) = c_0 e^{\frac{A - (\delta + n + g + r)}{1-a}t}$，其中，$c_0 > 0$ 是初始人均消费。可见，消费增长率是一个常数 $\frac{A - (\delta + n + g + r)}{1-a}$。

为求解 k(t)可将 c(t)代入资本积累方程得到 k(t)的非齐次一阶线性微分方程 $k' = [A - (\delta + n + g)]k - c_0 e^{\frac{A-(\delta+n+g+r)}{1-a}t}$，也可以对资本积累方程对时间 t 求导，从而得到 k(t)的二阶齐次线性微分方程，解得结果相同，如下：

$$k(t) = c_1 e^{(A-\delta-g-n)t} - c_2 \frac{1-a}{a(A-\delta-g-n)-r} e^{\frac{A-(\delta+g+n+r)}{1-a}t}$$

其中，常数 c_1、c_2 由初始条件确定。

在 $A - (\delta + n + g + r) > 0$ 时，人均消费能够实现自发性增长，但常数的人均消费增长率与经验不符。在参数 $A - (\delta + n + g + r) > 0$ 时，人均资本和人均收入也能够实现自发性增长。可见，拉姆齐 AK 模型能够产生自发性内生增长。外生参数的变化会导致内生变量增长率的变化而不是内生变量水平的变化，因此外生参数变化会引起增长效应而不是水平效应。

人口增长率 n 上升时，人均消费增长率会下降，这显示出拉姆齐 AK 模型仍然具有第Ⅰ类规模效应的反效应。

由于生产函数 $Y = AK$，因此有 $\dot{Y} = \dot{A} + \frac{\frac{dK}{dt}}{K} = g + \frac{\dot{I}}{K} = g + \frac{I}{Y}\frac{AY}{AK} = g + A\frac{I}{Y}$ 即总收入增长率是投资率或储蓄率 $s = \frac{I}{Y}$ 的增函数，这显示出拉姆齐 AK 模型有第Ⅳ类规模效应。

拉姆齐模型与拉姆齐 AK 模型的区别主要是生产函数的区别，拉姆齐模型中人均产出函数是规模递减，而 AK 模型中人均生产函数是规模报酬不变，可见，规模递减的生产函数不能产生自发性增长，而规模报酬不变或递增生产函数能产生自发性增长。

三 拉姆齐模型加入研发投入和干中学等因素解释技术进步

由于拉姆齐模型只是通过消费者最优化决策将储蓄率内生化了，并没有将技术进步的原因内生化，因此，通过干中学、研发投入等因素来解释拉姆齐模型中的外生技术进步，从而在拉姆齐模型的基础上产生很多变形。但这些增长模型在分析框架上与拉姆齐模型一样，仍然只是总量决策模型，不涉及经济主体动态最优化决策之间的相互作用达成的均衡。

四 新古典一般均衡增长模型

这里介绍罗默模型（1990）的巴罗和萨拉—马丁版本（1995）。①这类经济增长模型的基本做法是，通过消费者与厂商最优自利决策相互作用达到长期均衡，然后证明这样的动态一般均衡能够产生自发性长期增长，其中技术进步是由于厂商的利润最大化决策主动选择的，从而实现了技术进步的内生化。

（一）模型假定与推导

（1）动态一般均衡的决策主体有三类：消费者人数即人口总数为L，一个最终产品厂商生产唯一的最终产品 y，有 m 种中间产品，每种中间产品生产商只有一个。

（2）最终产品是完全竞争市场，中间产品是垄断市场，但中间产品市场可以自由进入，从而在长期均衡时，最终产品与中间产品都无超额利润。

（3）生产函数：最终产品 $y = AL_y^{1-\beta} \sum_{i=1}^{m} x_i^{\beta}$，生产最终产品需要劳动和中间产品 x_i，参数满足 $0 < \beta < 1$。中间产品生产函数 $x_i = y$，即生产一单位中间产品只需要一单位最终产品，不需要劳动，这样假定是为了避免计算的复杂性。设劳动力供给量 = 人口数量 = L 为外生参数，并且人口按增长率 n 外生增长。

在罗默（1990）的原文中，最终产品的生产函数没有 A，A 用人力资本代替了，同时用中间产品代替了索洛模型中的物质资本 K。

（4）效用函数：$u(c) = \dfrac{c^a - 1}{a}$，效用的时间折现率为 ρ。

（5）消费者的动态最优化决策如下：

$$\operatorname*{Max}_{c(t)} U(T) = \int_0^T \frac{c^a - 1}{a} e^{-\rho t} \, dt$$

s. t.　$c + s' = rs + w$

---

① 转引自杨小凯《经济学》，社会科学文献出版社 2003 年版，第 421 页。

其中，$c(t)$是消费，$s(t)$是储蓄，r是利息率，假设只有一单位劳动，从而劳动收入为工资率w。约束条件右端表示消费者每个时刻的总收入为劳动收入w与利息收入rs之和，左端表示每个时刻的总收入分为消费$c(t)$和增加储蓄s'两部分。

上述动态最优化问题可直接将约束条件中的消费函数c代入泛函中的被积函数之中，运用变分法原理求解，直接得出欧拉方程。也可以运用最优控制原理求解。最优控制原理最简单的情况是：

$$\underset{u(t)}{\text{Max}}\int_0^T F[t, u(t), x(t)]dt$$
$$\text{s. t. } x'(t) = f[t, u(t), x(t)]$$

其中，$u(t)$称为控制变量，$x(t)$称为状态变量。在控制函数$u(t)$和状态变量的初值条件确定后，关于状态变量$x(t)$的微分方程$x'(t) = f[t, u(t), x(t)]$有唯一解。约束条件实际上表达了状态变量的变化率受状态变量和控制变量的影响。

最优控制原理首先定义汉密尔顿函数为：

$$H[t, u(t), x(t), q(t)] = F[t, u(t), x(t)] + q(t)f[t, u(t), x(t)]$$

其中，$q(t)$称为协状态变量，类似于静态规划中的拉格朗日乘子，表示状态变量的影子价格。庞特里亚金最大值原理告诉我们，原泛函极值的一阶条件为：

① $\dfrac{\partial H}{\partial u} = 0$，在控制变量$u$是内点解时的最优条件。

② $q'(t) = -\dfrac{\partial H}{\partial x}$，协状态方程。

③ $x'(t) = \dfrac{\partial H}{\partial p}$，状态方程(相当于重复约束条件)。

在上述消费者最优化决策中，消费c是控制变量，储蓄s是状态变量。设协状态变量为λ，则汉密尔顿函数为：

$$H = \frac{c^a - 1}{a} e^{-\rho t} + \lambda(rs + w - c)$$

一阶条件为：

① $\frac{\partial H}{\partial c} = c^{a-1}e^{-\rho t} - \lambda = 0$;

② $\frac{\partial H}{\partial s} = \lambda r = -\lambda'$;

③ $c + s' = rs + w$。

由式②可直接得到协状态变量的解为 $\lambda(t) = \lambda(0)e^{-rt}$，代入式①可得到控制变量的解为 $c(t) = [\lambda(0)]^{\frac{1}{a-1}}e^{\frac{r-\rho}{1-a}t} = c(0)e^{\frac{r-\rho}{1-a}t}$，或有消费增长率 $\frac{c'(t)}{c(t)} = \frac{r-\rho}{1-a}$。

代入式③可解得状态变量 $s(t)$ 为：

$$s(t) = -\frac{w}{r} + c(0)\frac{1-a}{\rho - ar}e^{\frac{r-\rho}{1-a}t} + e^{rt}$$

（6）最终产品厂商的利润最大化决策为：

$$\underset{L_y, x_i}{\text{Max}} \quad \pi_y = y - wL_y - \sum_{i=1}^{m} p_i x_i = AL_y^{1-\beta}\sum_{i=1}^{m} x_i^{\beta} - wL_y - \sum_{i=1}^{m} p_i x_i$$

其中，最终产品为计价物，价格设定为 1，p_i 为中间产品 x_i 的价格。需要考虑三个条件：劳动市场出清条件、完全竞争厂商零利润条件、利润最大化的一阶条件（每种投入的边际收益等于边际成本）。考虑到劳动市场出清条件 $L_y = L$ 和中间产品的对称性（即 $x_i = x_j$、$p_i = p_j$）之后，厂商利润最大化决策的两个一阶条件为：

① $(1-\beta)AL_y^{-\beta}\sum_{i=1}^{m} x_i^{\beta} - w = 0 \Rightarrow w = Am(1-\beta)\left(\frac{A\beta}{p_i}\right)^{\frac{\beta}{1-\beta}}$

② $A\beta L_y^{1-\beta}x_i^{\beta-1} - p_i = 0 \Rightarrow x_i = L\left(\frac{A\beta}{p_i}\right)^{\frac{1}{1-\beta}}$（中间产品需求函数）

将上面两式代入零利润条件 $y = wL_y + \sum_{i=1}^{m} p_i x_i$，可得最终产品 $y = AL\left(\frac{A\beta}{p_i}\right)^{\frac{\beta}{1-\beta}}$。

（7）中间产品厂商的利润最大化。假设每种中间产品需要研发成本为 b，只有一个厂商生产，因此，中间产品是垄断者，具有价格制定权。但中间产品之间在生产最终产品时具有替代性，从而中间产品市场的自由进入会使得每种中间产品的长期均衡利润为 0。生产一单位中间产品的投入品为一单位最终产品，由于中间产品价格为 p_i，最终产品价格为1，因此中间产品销售毛利为 $(p_i-1)\ x_i$。根据中间产品需求函数 $x_i = L\left(\dfrac{A\beta}{p_i}\right)^{\frac{1}{1-\beta}}$ 可知中间产品的毛利最大化决策为：

$$\operatorname*{Max}_{p_i}\pi_i = (p_i - 1) L\left(\dfrac{A\beta}{p_i}\right)^{\frac{1}{1-\beta}}$$

一阶条件为：$\dfrac{\partial \pi_i}{\partial p_i} = \dfrac{L\left(\dfrac{A\beta}{p_i}\right)^{\frac{1}{1-\beta}}}{p_i}\dfrac{1-p_i\beta}{1-\beta} = 0 \Rightarrow$ 均衡中间产品价格 $p_i = \dfrac{1}{\beta}$

这意味着每个时刻中间产品的价格都相同，也表明模型相对于每个时刻是对称的。最优价格代入毛利表达式后，可得到每个时刻的毛利为：$\pi_i = \dfrac{1-\beta}{\beta}L(A\beta^2)^{\frac{1}{1-\beta}}$，中间产品均衡数量为 $x_i = L(A\beta^2)^{\frac{1}{1-\beta}}$。从而使中间产品从变得有用的那一刻起总价值就是其市场价值：

$$V(t) = \int_t^T L\dfrac{1-\beta}{\beta}(A\beta^2)^{\frac{1}{1-\beta}}e^{-r(h-t)}dh = L\dfrac{1-\beta}{\beta}(A\beta^2)^{\frac{1}{1-\beta}}\int_t^T e^{-r(h-t)}dh$$

$$= -L\dfrac{1-\beta}{\beta}(A\beta^2)^{\frac{1}{1-\beta}}\dfrac{e^{r(t-T)}-1}{r}$$

当 T→0 时，$V(t) = \dfrac{L}{r}\dfrac{1-\beta}{\beta}(A\beta^2)^{\frac{1}{1-\beta}}$。

由于自由进入，中间产品的毛利在 t 时刻的总价值应该等于研发成本 b，即有：

$$\dfrac{L}{r}\dfrac{1-\beta}{\beta}(A\beta^2)^{\frac{1}{1-\beta}} = b$$

可以解出均衡利息率 $r = \dfrac{L}{b}\dfrac{1-\beta}{\beta}(A\beta^2)^{\frac{1}{1-\beta}}$。

（8）最终产品的市场出清条件。在时刻 t 消费者或人口总量对最终产品的需求为 Lc。注意到均衡中间产品价格 $p_i = \dfrac{1}{\beta}$，在时刻 t 间已有中间产品对于最终产品的需求为 $mx_i = nL\left(\dfrac{A\beta}{p_i}\right)^{\frac{1}{1-\beta}} = mL(A\beta^2)^{\frac{1}{1-\beta}}$。

在时刻 t 新增中间产品种类数为 $\frac{dm}{dt}$，发明一个中间产品需要 b 单位最终产品，因此时刻 t 新增中间产品对最终产品的需求为 $b\frac{dm}{dt}$。而最终产品的供给 $y = AmL\left(\frac{A\beta}{p_i}\right)^{\frac{\beta}{1-\beta}} = AmL(A\beta^2)^{\frac{\beta}{1-\beta}}$。因此，最终产品市场出清等式为：$y = Lc + mx_i + b\frac{dm}{dt}$，即有中间产品种类数满足的微分方程为：

$$AmL(A\beta^2)^{\frac{\beta}{1-\beta}} = cL + mL(A\beta^2)^{\frac{1}{1-\beta}} + b\frac{dm}{dt} \Rightarrow \frac{dm}{dt} = \frac{L}{b}\left[A(A\beta^2)^{\frac{\beta}{1-\beta}} - (A\beta^2)^{\frac{1}{1-\beta}}\right]m - \frac{L}{b}c = \frac{L}{b}A(1-\beta^2)(A\beta^2)^{\frac{\beta}{1-\beta}}m - \frac{L}{b}c$$

（二）模型结论

1. 规模效应

消费增长率 $\frac{c'(t)}{c(t)} = \frac{r-\rho}{1-a} = \frac{\frac{L}{b}\frac{1-\beta}{\beta}(A\beta^2)^{\frac{1}{1-\beta}} - \rho}{1-a}$ 是人口数量的增函数，这说明罗默模型有第 I 类规模效应，人口多的国家经济增长更快。

最终产品均衡数量 $y = AmL(A\beta^2)^{\frac{1}{1-\beta}}$，将 y、m 和 L 都视为时间 t 的函数，两边取对数，再对 t 求导数可得人均收入增长率 $\frac{\frac{dy}{dt}}{y} = \frac{\frac{dm}{dt}}{m} + \frac{\frac{dL}{dt}}{L}$，研发部门的规模是 $b\frac{dm}{dt}$，可知最终产品的增长率是研发部门规模的增函数，也是人口增长率的增函数。这显示罗默模型有第 V 类规模效应和第 I 类规模效应。

2. 内生增长

中间产品种类数 m 和消费 c 满足的微分方程组如下：

$$\frac{dm}{dt} = \frac{L}{b}A(1-\beta^2)(A\beta^2)^{\frac{\beta}{1-\beta}}m - \frac{L}{b}c$$

$$\frac{dc}{dt} = \frac{\frac{L}{b}\frac{1-\beta}{\beta}(A\beta^2)^{\frac{1}{1-\beta}} - \rho}{1-a} c$$

其相图如图2-7所示。

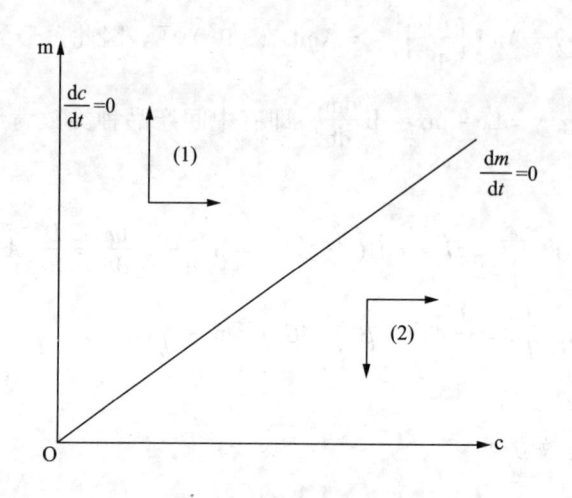

图7-7 罗默模型的相

在曲线 $\frac{dm}{dt} = 0$ 上面时 $\frac{L}{b}A(1-\beta^2)(A\beta^2)^{\frac{\beta}{1-\beta}}m - \frac{L}{b}c > 0$ 时，此时 $\frac{dm}{dt} > 0$，在曲线 $\frac{dm}{dt} = 0$ 下面时 $\frac{dm}{dt} < 0$。只要 $\frac{\frac{L}{b}\frac{1-\beta}{\beta}(A\beta^2)^{\frac{1}{1-\beta}} - \rho}{1-a} > 0$，则 $\frac{dc}{dt} > 0$。结果 c-m 空间第一象限划分成两个区域，在区域(1)，c与m都会随着时间流逝而自发性增大；在区域(2)，随着时间流逝，c会增大而m会减少到0。这说明唯一的均衡状态 c = m = 0 是不稳定的，这表明罗默模型能够产生自发性增长。而且人均消费与中间产品种类数的自发性增长是由三类经济主体的最优自利决策相互作用所决定的，因此在内生增长的两种意义上，罗默模型都是内生增长模型。

五 新古典经济增长模型的分类

表7-1列出主要的新古典经济增长模型及其评价。

表7-1　　　　　　　　典型的新古典经济增长模型

	方程组（一般外生储蓄率）	规模效应	最优化（一般内生储蓄率）	规模效应
静止性均衡增长模型	索洛模型：生产函数： $Y = F(K, AL)$ 人均形式：$y = f(k)$ 资本积累方程： $dK/dt = \dot{K} = sY - \delta K$ 人均形式： $k = K/L$, $\ln k = \ln K - \ln L$	水平反I、水平IV类规模效应	拉姆齐模型： $MaxU = \int_0^\infty u(c) e^{-\rho t} dt$ s.t. 资本积累方程 $\dfrac{dk}{dt} =$ $f(k) - c - nk$	水平反I、水平IV类规模效应
	加入人力资本的静止均衡模型： （曼昆—罗默—韦尔即MRW, 1992） $Y = K^\alpha H^\beta (AL)^{1-\alpha-\beta}$ $\dot{L} = n$, $\dot{A} = g$, $\dfrac{dK}{dt} = s_k Y$, $\dfrac{dH}{dt} = s_h Y$	水平反I、水平IV类规模效应		
内生自发性增长模型	索洛AK模型： $Y = F(K, L) = AK$ 人均形式：$y = Ak$ 资本积累方程： $dK/dt = \dot{K} = sY - \delta K$	I类反效应、IV类规模效应	拉姆齐AK模型： $MaxU = \int_0^\infty \dfrac{c^\alpha - 1}{\alpha} e^{-\rho t} dt$ s.t. $\dfrac{dk}{dt} + c + nk = Ak$	I类反效应、IV类规模效应
	知识积累R&D（罗默等）： $Y = [(1-a_K)K]^\alpha [A(1-a_L)L]^{1-\alpha}$ $\dot{A} = B[a_K K]^\alpha [a_L L]^\gamma A^\theta$, $B > 0$ $\dfrac{dK}{dt} = sY$, $\dot{L} = n$ AK模型R&D	I类、IV类、V类规模效应	拉姆齐R&D（罗默等）： $MaxU = \int_0^\infty \dfrac{c^\alpha - 1}{\alpha} e^{-\rho t} dt$ s.t. $\dfrac{dk}{dt} + c + nk = w + rk$ $Y = [(1-a_K)K]^\alpha [A(1-a_L)L]^{1-\alpha}$ $\dot{A} = B[a_K K]^\alpha [a_L L]^\gamma$, $\dot{L} = n$	I类、IV类、V类规模效应

续表

	方程组（一般外生储蓄率）	规模效应	最优化（一般内生储蓄率）	规模效应
内生自发性增长模型	干中学：$Y = K^\alpha [AL]^{1-\alpha}$ $A = BK(t)^\phi$, $\dot{K} = sY$, AK 模型干中学	Ⅰ类、Ⅳ类规模效应	干中学内生储蓄： $MaxU = \int_0^\infty \frac{C^{1-\theta}-1}{1-\theta} \exp(-\rho t) dt$ s.t. $\dot{K} + c + nk = w + rk$ $Y = K^\alpha [AL]^{1-\alpha}$ $A = BK(t)^\phi$, $\dot{K} = sY$	Ⅰ类、Ⅳ类规模效应
			宇泽宏文—卢卡斯模型 人力资本两部门模型，可简化为 AK 型	
			罗默内生中间品种类数模型 $MaxU = \int_0^T \frac{c^a-1}{a} e^{-\rho t} dt$ s.t. $c + s' = rs + w$ 最终产品：$y = AL_y^{1-\beta} \sum_{i=1}^m x_i^\beta$ 中间产品：开发成本 b，每单位生产耗费 1 单位最终产品	Ⅰ类规模效应 Ⅴ类规模效应

注："水平反Ⅰ"是指人口增长引起人均真实收入水平（而不是增长率）下降（而不是增加，如果是增加，则称为正的规模效应），以此类推。

第八章 人类发展本质与规律的认识

本章将比较不同发展经济学理论对于经济发展本质与规律的认识。对于这个问题的认识，是其他一切发展问题讨论的基础，决定了处理发展问题的策略。

第一节 对人类发展本质与目标的认识比较

一 发展观的演变

西方发展经济学自产生以来，对于"什么是发展、发展包括哪些方面"这个问题的回答经过了一个演变过程。

在1999年举行的关于"发展经济学的未来"的国际研讨会上，迈耶（Gerald M. Meier）把发展经济学关注的发展目标及演变顺序表述为：国内生产总值（GDP）→实际人均国内生产总值→非货币指标（人类发展指数）→减缓贫困→权利与能力→自由→可持续发展。

郭熙保认为，20世纪50年代，发展被等同于经济增长；60年代，发展考虑到经济增长过程中的结构变化；70年代，发展考虑到贫困、就业、分配不公问题的改善；80年代，开始强调环境保护与可持续发展；90年代，强调发展是以人为本的发展[1]，人的自由既是发展的目标也是发展的手段（阿玛蒂亚·森《以自由看待发展》）。

二 专业化与分工演进

杨小凯没有对发展观专门叙述，但是他在其《发展经济学》中，

---

[1] 郭熙保：《论发展观的演变》，《学术月刊》2001年第9期。

反复强调了发展是一个由制度环境改进交易效率而推动专业化分工不断演进的过程。杨小凯没有把发展意味着有哪些规范性目标纳入关注的视野中心，而只是客观、冷静地分析了发展的实际过程是一个专业化分工不断演进的过程，而评价专业化分工水平好坏的是人均效用水平，因此可以认为，杨小凯是以人均效用水平或人均真实收入作为发展的目标的，而不断提高专业化与分工水平成为提高真实收入和效用水平的手段。

三 知识增长

袁葵荪把经济发展定义为知识增长，这似乎概括了西方发展经济学对发展观讨论的各种观点。因为无论是经济增长、结构转变、贫困就业问题的解决，还是环境保护与可持续发展，都可以看作知识增长的各个侧面，而且要以知识增长为前提。知识增长不只是经济发展的一个方面，而是其全部。但是，对于知识增长与自由的关系，信息社会经济学可能强调说自由的获取也是要以知识增长为前提的，而且对自由本身的认识也是与知识增长有关的。

四 目标与手段

比较上述各种关于发展是什么，发展的目标与手段的叙述，我们感到有必要对于发展的目标与手段之间的关系进行深入的讨论。

正如阿玛蒂亚·森所说，自由既是发展的目标，也是发展的手段。本书认为，发展的目标与手段是分为多个层次的。最终的发展目标是个人全面自由发展，这其实正是马克思所讲的共产主义的特征。而生产力发展与知识增长仅仅是实现个人全面自由发展的手段。而专业化分工又是发展生产力与促进知识增长的手段。因此，对于什么是发展及发展的目标的讨论，不可避免地把我们带入到对社会主义本质的讨论之中。

五 发展目标的层次性

本书认为，发展目标可分为多个层次。

第一层次，经济与社会发展的终极目的增加每个人的利益，实现社会福利最大化。这既是经济效率的最高标准，也是功利主义的道德终极标准。王海明的《新伦理学》提出了一个新功利主义的道德终极标准，这个功利主义的道德终极标准实际上就是帕累托效率与社会福利最大化两种经济效率标准的一种整合，因此可以说，功利主义的道德终极标准就是经济效率标准。这不仅成为我们理解经济学与伦理学相互关系的基础，同时也成为我们理解发展的终极目的和判断发展好坏的终极标准。发展的终极目的是增加每个人的利益和社会福利最大化，评价发展模式、发展结果的终极标准正是道德终极标准，也就是经济效率标准。

第二层次，经济社会发展的具体目标在于实现个人全面自由发展，消除各种异化，本质上就是实现人道主义。异化是自由的反面，异化是指一个人的行为不是出于自己的意志，而是服从他人和社会的意志。异化有政治异化、经济异化、社会异化和宗教异化，我们认为政治异化是消除一切异化的根本途径。异化在程度上从浅到深可分为被迫异化、自愿异化和不觉异化。被迫异化感受痛苦最大，不觉异化感觉不到任何痛苦，自愿异化的痛苦程度在两者之间。

第三层次，实现社会公正，建设和谐社会。公正既是社会发展的目的，也是社会发展的手段。公正可分为社会公正与个人公正，社会公正是约束统治者的道德规范，社会公正要求一个社会的统治者必须要平等对待每一个公民，说到底这需要制度来保障，因此社会公正基本上就是制度公正。社会公正包括起点公正、程序公正和实体公正，主要是保证权利与义务要对等。公正的基本原则是平等，平等包括政治平等、经济平等和法律平等，政治平等包括要有平等的基本政治权利，人人都享有平等的自由权利，经济平等就是要"消灭剥削，削除两极分化，最终达到共同富裕"[1]，法律平等就是无论任何人在法律面前都应该获得平等的对待。创建和谐社会的关键就是实现社会公正和平等。社会公正还要求实现人类社会与生态环境和谐发展，因为生态环境的破坏实质上是当代人侵犯了后代人的生存权利，绿色GDP考

---

[1] 1992年，邓小平在南方谈话中指出："社会主义的本质，是解放生产力，发展生产力，消灭剥削，消除两极分化，最终达到共同富裕。"《邓小平文选》第三卷，人民出版社1994年版，第373页。

虑了环境破坏带来的代价,有助于实现环境享用的代际公平。这一层次的目标还包括解决就业、贫困等问题。

第四层次,生产力发展与经济增长。不断提高科学技术水平,提高生产力,提高人们的收入水平。

第五层次,提高交易效率和专业化水平,实现分工组织结构的改进,实现工业化、城市化和经济结构的转型。

第六层次,改进制度环境与经济政策。这是提高专业化分工的手段,对于促进最终发展目标至关重要。其中改进制度环境最重要的是实现宪政转轨,将社会制度从专制制度转型为宪政民主制度。弗朗西斯·福山在《历史的终结和最后之人》[①] 一书提出,人类社会经过几千年的发展和经验总结,在社会制度的理念上,很难超越自由民主制度。自由民主制度又称为宪政民主制度,其对于促进人的全面发展和知识增长的意义,从各种诺贝尔奖人数中的美国人占75%,从今天各种科学技术原创地来源,从今天美国成为全世界最强大最先进的国家等现实情况可见一斑。

以上六个层次,前面三个层次主要是从规范方面说明社会发展的道德价值,后面三个层次主要是从实证方面说明经济社会发展的规律。基本上后一个层次是实现前一层次的手段,第一层次是发展的终极目的。其中社会公正既是生产力发展的目的,也能够为发展生产力创造条件。

六 发展目标与社会主义本质的关系

如果我们把社会主义看成是一种超越资本主义,在资本主义高度发展的基础上,在保持资本主义现有优势的基础上,消除了资本主义的各种弊端的社会形态,那么可以说,经济社会发展的多层次目标,也是社会主义本质的多层次含义。这里我们是把社会主义作为一个褒义词在使用。北欧的民主社会主义,为这种褒义的社会主义树立了榜样。反之,如果社会主义是希特勒法西斯主义和斯大林主义(他们都声称自己搞的是社会主义),那么社会主义无疑是专制极权主义的代

---

① [美]弗朗西斯·福山:《历史的终结》,远方出版社1998年版。

名词，这时社会主义无疑是一个贬义词，这样的社会主义不要也罢。

本书认为，马克思的共产主义理想是很难超越的，马克思的历史唯物主义虽然在许多方面不够精细，但对于社会历史的预测却是正确的。目前我们可以在许多国家比如北美与欧洲的一些国家看到社会主义的萌芽。马克思主义是通过批判资本主义来预言共产主义的，资本主义的特点是通过所有权激励来提高经济效率，但在资本主义发展早期曾经存在着严重的人的异化现象。要进入社会主义，从现在的历史经验看来，是必须要经过资本主义这一关的。许多西方发展经济学认为发展中国家还存在着一些专制主义、超经济强制等前资本主义因素，国家机会主义、政府随意侵犯个人产权、官商勾结等现象还很严重，连资本主义的民主与自由都没有实现，更不要说超越资本主义实现比资本主义更加优越的社会主义了，这无疑是正确的。在资本主义高度发达的基础上，为社会主义与共产主义准备条件，并最终进入社会主义与共产主义，是经济发展与人类社会的最终目标。从某种意义上讲，马克思提出的基本原理（除通过阶级斗争建立无产阶级专政以外）是发展经济学最为基础的理论，而列宁主义、依附理论等激进主义则是对马克思理论的误用。目前，除马克思本人外，其他所有发展经济学理论对于经济发展与人类社会的最终目标与实现手段都没有正确的叙述。马克思明确指出资本主义的高度发达及生产力的极大进步、物质财富的极大丰富是实现社会主义的必要条件，但是列宁等篡改了马克思的思想，并最终导致了在不发达国家进行社会主义试验的悲剧。而且马克思本人的许多思想也是相互矛盾的，比如说，马克思恩格斯合著的《共产党宣言》应该在资本主义充分发展，生产力极大进步，物质财富极大丰富时才起作用，《共产党宣言》实际上说的是几百年甚至几千年以后的事情，但后来迫于阶级立场的压力，马克思又不得不对巴黎公社给予支持，虽然他内心深知当时搞革命是不可能有真正的社会主义前途的。

通过充分发展资本主义，把资本主义的积极的一面与消极的一面充分展现出来，当这个矛盾达到不可调和的时候，社会主义才能实现。经济社会发展是生产力与生产关系、经济基础与上层建筑（在找到更好的概念之前，让我们仍然采用马克思的概念）之间的两难冲突权衡折中的过程，自由市场、自由主义的社会机制会有效率地折中这些两难冲突，最终实现经济发展与社会主义。那种认为无产阶级应当主动革命，建立无产阶级专政的做法无论从理论与现实看都是不正确的。实现社会主义的关键是必须有一个自由主义的社会机制，通过充分长时间的权衡折中，最终会找到充分利用资本主义的效率优势并克服其弊病的社会制度与经济模式。因此，正如阿玛蒂亚·森所说，自由既是发展的目的，也是发展的手段；我们认为，自由（的社会机制），既是社会主义的目的，也是实现社会主义的手段。

第二节 评价发展绩效的标准

评价发展的绩效，就是看实际的发展状况是否达到了发展的目标，因此，评价发展绩效的标准实际上就与发展目标相对应，也存在多个层次。

评价经济社会发展的终极标准也就是经济效率标准和道德终极标准。本书在约翰·罗尔斯1971年《正义论》中提出的两个正义原则和王海明在2008年《新伦理学》（修订版）中提出的道德终极标准的基础上，通过细化帕累托标准，提出一个综合罗尔斯主义、王海明新功利主义和边沁传统功利主义的道德终极标准，并以其作为评价一切伦理行为包括经济社会发展的终极标准。

一 现有的各种正义标准

罗尔斯在1971年出版的《正义论》中提出两个正义原则：第一个原则——每一个人都有平等的权利去拥有可以与别人的类似自由权并存的最广泛的基本自由权；第二个原则——对社会和经济不平等的安排应能使这种不平等不但可以合理地指望符合每一个人的利益，而且与向所有人开放的地位和职务联系在一起。罗尔斯认为这两个原则要按照一种序列来安排，第一个原则优先于第二个原则。这种次序意味着，如果背离了第一个原则所规定的平等自由权体制，那么即使更大的社会和经济利益也不能对这种做法进行辩护或补偿。财富和收入的分配以及权力层系，必须符合于公民自由权和机会平等。[①] 王海明在2008年出版的《新伦理学》（修订版）中提出了一个道德终极标准体系，详见第六章。黄有光在其《福利经济学》中认为评价社会福利的终极标准应该是所有人的快乐水平或福利水平的总和，这实际上是坚持传统的边沁功利主义的观点。

比较罗尔斯、王海明、边沁、黄有光等的观点，他们都同意存量利益不存在冲突情况下的帕累托标准。但是在不同人的存量利益存在冲突时，罗尔斯主义、王海明的新伦理学和黄有光的福利经济学对于如何评判经济发展和公共政策的优劣却存在着冲突。

罗尔斯主义认为，不平等的安排应该有利于每一个人，即增加所有人的利益，这个强帕累托改进标准能够非常自然地被所有人所接受，但在不同人的存量利益存在冲突时不可能有利于每一个人，这时不平等的安排应该有利于境况最差者的福利增加，这一点被许多学者概括为"最大最小"原则，即使境况最差者的福利最大化。按照罗尔斯主义，如果一个社会有甲、乙、丙、丁、戊五个人，其初始的利益分配为10、10、10、10、10，为简化设五个人在分工合作产生剩余收益的过程中的贡献相等，A政策使得五人的利益变成20、30、40、50、60，而B政策使得五人的利益变成30、30、30、40、40，即使B政策的总和利益170小于A政策带来的总和利益200，但由于B政策中境况最差者的福利30大于A政策中境况最差者的福利，因此公共治理机构应该选择B政策而不是A政策。设C政策结果为9、9、9、9、9，总和为45，相对于初始状态而言是一种倒退，而D政策结果为5、5、5、20、485，总和为520，如果按照罗尔斯准则，那么C政策应该优于D政策，因为C政策中境况最差者的福利高于D政策中境况最差者的福利，这种情况显然很难被人接受。但罗尔斯主义的第一个原则要求每个人都必须平等具有最基本的利益或权利，比如，在

[①] [美]约翰·罗尔斯：《正义论》，何怀宏等译，中国社会科学出版社1988年版，第56—57页。

社会治理中每个人的收入不能低于联合国设定的贫困线标准，因此，社会治理中应该根据当时的社会发展状况设定一个基本利益底线，那些使得每个人基本利益底线得到保障的公共政策要优于那些使基本利益得不到保障的公共政策。

罗尔斯主义第一原则除对于每个人的基本利益底线有关照之外，第二原则对于利益分配不平等的程度也给予了关注，但本书认为，利益分配公平原则也不能绝对地高于功利主义的利益最大化原则，本书以国际普遍认可的基尼系数 0.4 作为利益分化程度容忍线，那些使得利益分配的基尼系数低于 0.4 的公共政策优于那些使基尼系数高于 0.4 的政策。国际上通常把基尼系数 0.4 作为收入分配差距的"警戒线"，根据黄金分割律，其准确值应为 0.382。一般发达国家基尼系数 0.24—0.36，美国偏高，为 0.4 左右。2012 年 12 月初，西南财经大学中国家庭金融调查与研究中心在京发布的报告显示，2010 年中国家庭基尼系数为 0.61，城镇家庭内部基尼系数为 0.56，农村家庭内部基尼系数为 0.60。分地区看，中国东部地区基尼系数为 0.59，中部地区基尼系数为 0.57，西部地区基尼系数为 0.55，各项基尼系数均大大高于 0.44 的全球平均水平，已跨入收入差距悬殊行列，财富分配非常不均。[①] 但在基尼系数低于 0.4 时，本书就不再以基尼系数高低对公共政策进行排序，而是按照利益总和最大化准则对公共政策排序；在基尼系数均高于 0.4 时，则先以利益增加的人数标准排序，再以利益总和最大化排序。

在两项非帕累托改进的公共政策评比中，王海明认为，应该使最大多数人的利益增加最大，即两项公共政策中，如果 A 政策使 X_1 人利益增加、X_2 人利益不变、X_3 人利益减少，B 政策使 Y_1 人利益增加、Y_2 人利益不变、Y_3 人利益减少（其中 $X_1 + X_2 + X_3 = Y_1 + Y_2 + Y_3 =$ 社会总人口），如果 $X_1 > Y_1$，则公共治理机构应该选择 A 政策而放弃 B 政策，或者优先考虑 A 政策。当 $X_1 = Y_1$ 时，则进一步选择利益总和更大的政策。本书修正了王海明的观点，同时考虑利益增加人数与

---

① 百度百科：《基尼系数》，http://baike.baidu.com/view/186.htm。

利益减少人数，不是仅仅比较利益增加人数，而是比较利益增加人数与利益减少人数之差，即如果 $X_1 - X_3 > Y_1 - Y_3$，则 A 政策优于 B 政策。

经济学家黄有光坚持传统的功利主义观点，根本不考虑境况最差者的福利、基本利益底线和利益增加的人数差别，只看所有人的利益总和，主张公共治理机构应该选择使所有人利益总和最大的政策。目前，这种单一规则很难被人们所接受。

二 发展绩效的一个综合评价标准

我们认为，一个完备的评价标准体系，应该能够对任何两种公共政策、社会治理和经济发展模式的绩效进行比较和判断，两种模式的绩效比较只有可能出现三种结果之一：一种模式优于另一种模式，一种模式劣于另一种模式，两种模式无差别。

综合比较罗尔斯、王海明和黄有光等的观点，本书准备采取如下终极规则来评价和比较社会治理、公共政策和发展绩效的优劣：

（一）利益总量增加准则

首先是利益增加总和规则，即利益增加总和大于 0 的公共政策（包括帕累托改进和卡尔多改进）比利益总和不变或减少的公共政策要好。

（二）帕累托标准

在利益总和都增加时，不存在有人利益减少的社会调整好于有人利益减少的社会调整，即帕累托改进优于卡尔多改进。在帕累托改进中，所有人利益都增加的强帕累托改进优于弱帕累托改进；在弱帕累托改进中，利益增加人数多的改进更优。在卡尔多改进时，利益增加人数与利益减少人数之差越大的公共政策更优。

（三）基本权利不公平零容忍准则

基本权利完全平等规则和基本利益底线规则，或称人权规则，即基本政治权利（主要是政治自由）平等规则、基本经济权利平等规则和机会平等规则。使所有人的利益都高于基本利益之上的公共政策优于有人处于基本利益底线之下的公共政策。如果有人处于基本利益底线之下时，则处于基本利益底线之下的人数越少的公共政策较优；如果处于基本权利底线之下的人数相同，则境况最差者的福利更高的公共政策更优（罗尔斯的最大最小准则）。也就是说，任何时候，有人处于基本权利底线之下的公共政策都是让人难以容忍的，即使这样的公共政策创造了很大的利益总和或者降低了基尼系数。基本权利优先满足规则先于降低基尼系数的规则。如果整个社会的财富总量平均分配给每个人之后，还达不到基本利益底线的要求，那么这时最合理的方式就是平均分配，所适用的终极准则就是平均主义。在两个公共政策都未实现平均分配时，则使境况最差者的福利更大的公共政策更优；若境况最差者的福利相同，则基尼系数越小的公共政策越好。作为终极标准的基本权利集应该是理想的人类社会应该实现的基本权利的集合，在某一个具体的历史时代，社会实际认可的基本权利集合可能不同于作为终极标准的基本权利集合，但它们都是作为终极标准的基本权利集合的子集。有些学者认为，不同的历史时代和不同的国家有不同的基本权利集，这个说法是不准确的，正确的说法是，不同的历史时代和不同的国家所认可的基本权利集不同，而作为评价社会治理、公共政策和发展绩效的终极标准的基本权利集在任何历史时代都是完全相同的，它超越时间和空间。

（四）非基本权利不平等程度容忍规则

在人均利益低于基本利益底线时，这时从整个社会来看，整个社会的利益都属于基本权利范围，因此适用的终极准则是平均主义；只有在人均利益高于基本利益底线之上时，才可能存在非基本权利分配不平等的容忍。非基本经济利益分配不平等程度容忍规则：如果非基本经济利益分配不平等程度在可容忍的范围内。具体来说，以基尼系数作为参考，在基尼系数处于 0.2—0.4 时，经济利益总和最大规则优于平等规则（基尼系数越小越优）；但在不平等程度超过国际通行的经验容忍程度之上，具体来说，基尼系数大于 0.4 时，则平等规则优于利益总和最大化规则。非基本政治利益分配不平等程度容忍规则：虽然作为选举人的投票权所有人都完全平等，但是，作为候选人的政治权利却不完全平等，比如要参加总统选举必须交纳一定的保证金以避免太多人竞选导致选举的管理成本太高，某些高级官员如农业部部长直接由政府首脑任命，不可能每个公民都完全公平地参与农业部部长的竞争。如果政府部长由政府首脑任命，则每个公民应该有参选政府首脑的权利。

我们在评价和比较公共政策、社会治理和发展绩效的优劣时,还要考虑所设定的初始状态与基本利益底线之间的比较,在初始状态中境况最差者的福利高于或低于基本利益底线时,判定规则之间的适用顺序稍有不同。如果初始状态境况最差者的福利高于基本利益底线,那么让其中一部分人利益减少的可接受程度就要大于初始状态境况最差者的福利低于基本利益底线时的可接受程度。

本书设定的判定公共政策和社会治理优劣的终极标准或终极规则可以用表8-1和表8-2表示。

如果要比较两个拥有不同人口数量社会的福利优劣,或者社会人口总量在发生变化,利益总和这一指标就必须用人均利益或人均福利这一指标代替。

上述每个人的"利益",在理论上是指每个人的需要、欲望和目的所满足的大小程度,即价值大小,即客观幸福快乐的程度,而不是指每个人的主观感受,每个人对于利益的主观感受是其对于利益的认

表8-1　初始状态境况最差者低于基本利益底线时的评价标准

人均利益达到基本底线之上		利益达到基本底线之上与之下的人数之差不同				≠
	利益达到基本底线之上与之下的人数之差相同	利益增减人数之差不同				≠
		利益增减人数之差相同	基尼系数<0.4	利益总和不同		≠
				利益总和相同	基尼系数不同	≠
					基尼系数相同	=
			基尼系数>0.4	基尼系数不同		≠
				基尼系数相同	利益总和不同	≠
					利益总和相同	=
人均利益未达基本底线之上		境况最差者的福利不同				≠
	境况最差者福利相同	基尼系数不同				≠
		基尼系数相同	利益总和不同			≠
			利益总和相同			=

注:"≠"表示参与比较的两个公共政策或发展结果可以比较,"="表示在本书设定的规则之下,两个公共政策或发展结果无法比较优劣。

表8-2 初始状态境况最差者大于基本利益底线时的社会治理评价标准

多个层次的评判准则							比较
利益总和增加	帕累托改进	利益增加人数不同						≠
^	^	利益增加人数相同	基尼系数<0.4	利益总和不同			≠
^	^	^	^	利益总和相同	基尼系数不同		≠
^	^	^	^	^	基尼系数相同		=
^	^	^	基尼系数>0.4	利益总和不同			≠
^	^	^	^	利益总和相同	基尼系数不同		≠
^	^	^	^	^	基尼系数相同		=
^	卡尔多改进	所有人都达利益底线之上	利益增减人数之差不同					≠
^	^	^	利益增减人数之差不同	基尼系数<0.4	利益总和不同		≠
^	^	^	^	^	利益总和相同	基尼系数不同	≠
^	^	^	^	^	^	基尼系数相同	=
^	^	^	^	基尼系数>0.4	利益总和不同		≠
^	^	^	^	^	利益总和相同	基尼系数不同	≠
^	^	^	^	^	^	基尼系数相同	=
^	^	有人达到利益底线之下	利益达到利益底线之上的人数不同					≠
^	^	^	利益达到利益底线之上的人数相同	境况最差者的福利不同				≠
^	^	^	^	境况最差者的福利相同	利益增减人数之差不同			≠
^	^	^	^	^	利益增减人数之差相同	基尼系数<0.4	利益总和不同	≠
^	^	^	^	^	^	^	利益总和相同	基尼系数不同	≠
^	^	^	^	^	^	^	^	基尼系数相同	=
^	^	^	^	^	^	基尼系数>0.4	利益总和不同	≠
^	^	^	^	^	^	^	利益总和相同	基尼系数不同	≠
^	^	^	^	^	^	^	^	基尼系数相同	=
利益总和不变或减少	利益再分配与倒退	利益达到基本底线之上的人数不同						≠
^	^	人均利益达到基本底线之上的人数相同	利益达到基本底线之上的人数相同	基尼系数<0.4	利益总和不同		≠
^	^	^	^	^	利益总和相同	基尼系数不同	≠
^	^	^	^	^	^	基尼系数相同	=
^	^	^	^	基尼系数>0.4	利益总和不同		≠
^	^	^	^	^	利益总和相同	基尼系数不同	≠
^	^	^	^	^	^	基尼系数相同	=

续表

多个层次的评判准则					比较
利益总和不变或减少	利益再分配与倒退	人均利益未达到基本底线之上	境况最差者的福利不同			≠
^	^	^	境况最差者福利相同	基尼系数不同		≠
^	^	^	^	基尼系数相同	利益总和不同	≠
^	^	^	^	^	利益总和相同	=

注:"≠"表示参与比较的两个公共政策方案可以比较,"="表示在本书设定的规则之下,两个公共政策无法比较优劣。

识,是对价值的认识评价。每个人的需要、欲望和目的所满足的大小程度即价值可能是一个不可测量的"物自体",而实际上能够测量的只能是人们的主观幸福。但是,对于主观幸福程度进行测量受到人们的信息知识的影响,因而只有在人们对于全球各国各地生活状况的信息知识都充分了解的情况下,主观幸福测定才可靠。为了避免由于信息知识不足而导致的主观幸福测量的困难,我们主要以满足人们的需要、欲望和目的的客体即价值物的量为依据来评价利益大小。现实中主要用人均财富、人均收入、法定最低工资、贫困线来测度经济利益大小,用言论、出版、结社、集会的自由程度来测度政治利益大小。

判定社会治理、公共政策和发展绩效的优劣标准,只要在表述方式上换一个说法,就可以成为社会治理、公共政策和经济发展的目标。本节所提出的评价标准与上节提出的发展目标相比,更加细化和更具有可操作性。

第三节 对发展阶段与模式的认识比较

对于发展所经过的阶段,存在两种根本对立的理论模式:一种是发展的线性模式,认为所有社会均经过相同的发展阶段,因此,发达国家的现在就是发展中国家的未来。马克思是持此种线性模式的最早理论家之一。这类观点的共同点就是,社会发展顺次经过从低级向高级的进化过程。另一种观点认为,不同文化可能有不同的发展模式,其中尤其以中国文明特殊论为代表。

一 发展的线性模式

受进化论的影响,发展的线性观认为,人类社会发展遵循统一规律,都是从低级向高级演化,而且总是从前资本主义向资本主义演化,现代化的标准模式就是西方资本主义文明模式,在经济上以市场经济为特征,在政治上以民主政治为特征,在文化上以自由、解放、理性为特征,这就是所谓资本主义现代性。

西方现代化理论把经济发展分为前现代化阶段与现代化阶段。而对于如何实现现代化,一些现代化理论家又做了一些阶段性划分。比如,1979年,布莱克在《比较现代化》中,把现代化进程分成四个阶段:准备时期、转变时期、高级现代化时期与国际一体化时期。

关于发展所经过阶段,罗斯托的划分最为经典。他提出经济发展顺次经过传统社会、为起飞创造前提、起飞、成熟、高额群众消费和追求生活质量六个阶段。

信息社会经济学只是把历史发展分为物质社会与信息社会两个时期,对于信息社会却没有进一步划分。因此,信息社会经济学对于经济发展的阶段性划分是比较粗略的,这无助于信息社会发展规律的深入认识。

上面这些理论流派都没有建立正式的理论模型来解释为什么经济发展会经过这些阶段,到底是什么样的发展机制使得经济发展会经过这些阶段。在袁葵荪那里,甚至物质社会与信息社会的外生区分只是他分析的前提,是一个理论起点,但是,对于为什么会从物质社会发展到信息社会,则没有解释,甚至他认为不需要解释。

杨小凯在其经济增长模型中,把经济发展分为经济起飞前的减速增长时期、平滑起飞时期、大推进工业化时期和经济成熟阶段的减速增长时期。

杨小凯对经济发展阶段的划分由其内生工业化与经济增长的数学模型推导出来,因此其理论可信度更高。本书认为,知识增长所经历的阶段采用此模式划分比较合理。前面关于信息社会经济学的介绍已经采用这种划分模式，在此不再赘述。

合理的阶段性划分理论，有助于清楚认识经济发展规律与动力机制，对于发展中国家的经济发展具有重要的指导意义。一旦当我们清楚认识经济发展的阶段性划分，以及导致阶段性划分的动力机制与原因以后，我们就可以主动地促进经济起飞的实现，早日实现经济发展。

本书认为，更好的发展经济学理论不仅要有合理的发展阶段性划分，而且最重要的是应该把经济发展从原始社会到共产主义社会（摩尔根），或者从物质社会到信息社会（袁葵荪）的演进内生化。马克思的历史唯物主义是目前唯一一个试图把人类社会从原始社会到共产主义社会的演进内生化的理论，他是从生产力与生产关系、经济基础与上层建筑之间两难冲突的权衡折中的角度进行内生化的。杨小凯的理论通过正式的数学模型从专业化分工与交易费用之间两难冲突的权衡折中的角度把经济发展的阶段性划分内生化了。杨小凯（YB 杨小凯—博兰）的模型没有把经济发展与制度（上层建筑）之间的相互关系内生化，而马克思模型的主要贡献就在于把制度（上层建筑）与经济发展的关系内生化了；但是，杨小凯的模型采用了数学形式，而马克思模型采用的则是哲学思辨形式，因此，从理论的精细程度与概念组织程度上看，马克思模型不如杨小凯模型。

二　发展的多线模式

许多第三世界国家学者，少数西方学者（比如英国历史学家汤因比和斯宾格勒）不满足于发展的线性模式，批评线性发展模式具有"西方中心论"甚至是"欧洲中心论"的印迹。他们主张，不同文化有其特定的发展轨道，不一定非要遵循在欧洲才具有的发展轨道模式。尤其是中国许多学者，认为中国文明不同于西方文明，中国文明具有自己独特的发展模式，这种模式导致中国文明是一种早熟的文明，很早就开始用更多文化的享受来代替物质的享受。中国文明虽然在近代落伍了，但是，中国文明在古代世界长期处于世界第一，取得了辉煌的成就。中国文明是世界唯一一个从古到今完整保持的文明形态，世界上其他优秀的古代文明如巴比伦文明、埃及文明、印度文明都没有连续地保持到现代。而且，即使经过近代以来西方列强的入侵，中国文明出现了某种中断与裂痕，但基本上仍然保持了一种连续性。而现在中国的改革开放使得中国开始复兴，将可能重新成为世界最强大的国家。因此，从中国文明这种顽强的生命力可以看出，中国文明的发展模式是一种不同于西方文明的发展模式。

而且世界上除中国文明模式以外，还存在着多种不同的文明发展模式。因此，用西方特殊的文明进化模式来规定其他发展中国家的现代化过程，要求发展中国家采取模仿西方的发展道路，是没有理论依据的。

目前没有任何理论真正全面准确有说服力地解释世界到底存在着多少种文明发展模式，为何有各种不同的文明发展模式。而且从目前世界经济一体化进程来看，也很难看到多线性发展模式的依据何在。

三 人类发展的多线融合模式——既非线性也非多线平行

本书认为，世界文明发展过程是一个不断融合、取长补短的过程，因此，所谓单线模式与多线模式之争其实只是一个规律的不同侧面。最为根本的规律就是攀比竞争的知识增长与知识传播机制，这是一种文明融合机制。在物质社会，由于不同大洲被地理所分割，于是不同文明模式各自独立发展，这时候我们可以说具有不同的文明发展模式。但是在全球化时代，或者随着世界的发展，世界最终肯定会出现全球化，这时候原来相互独立发展的不同文明必然会出现相互竞争、相互融合的过程，最后会汇集成一线，成为一个整体的地球文明。因此，世界文明的发展过程类似于一棵前向树，它既不是单线模式，也不是多线平行模式，更不是所谓扩散论模式。如图 8-1 所示。

在物质社会，知识传播具有地区性、充分性，在一定的信息半径之内，不同小文明模式融为一个较大一点的文明模式，随着信息技术、运输技术的进步，信息半径增大，较大的文明融合成更大的文明，这样一点一点地汇集，最后成为一个较大的文明模式，比如，中国文明在发展过程中就融合了许多外来文明。当西方资本主义开始全球化扩张以来，实际上只是意味着信息半径从地区扩展为全球。从而世界将融合成一个文明，那就是所谓地球文明。正如在中国文明里面存在着不同子文明模式一样，地球文明同样存在着不同子文明模式。就算是西方基督文明，不也存在着新教、天主教、东正教文明等子模式吗？无论如何，最终通过充分的知识传播，世界是一定会融为一体的，在这个最终融为一体的地球文明里面，既有西方基督文明的成分，也有中华儒家文明的成分。我们所需要的，不是争论谁是主流，谁是正统，因为根本就没有什么正统，根本就没有什么标准，未来的地球文明是什么样子谁也不知道；我们所需要的是对多元化文明的兼收并蓄，是对各种文明优点的尊重，既不能像西方中心论那样搞单线模式论，本质是文化霸权主义，也不能像那些极端的传统文化本位主义，拒绝外来文化，不承认西方文明的优点。

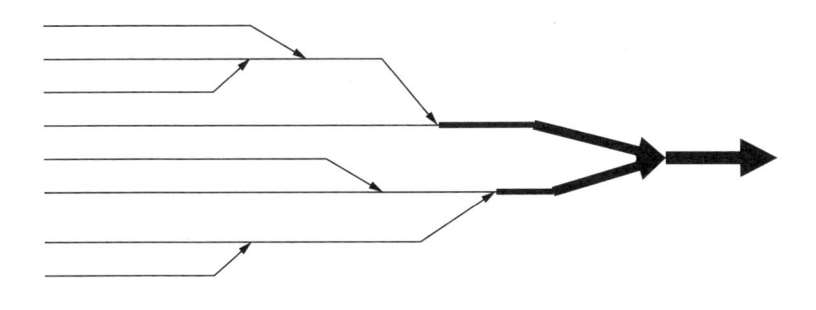

图 8-1　不同文明模式的融合

扩散论模式是说，所有文明可能有一个共同的根源性特征，在后来发展过程中，由于地理环境等各种因素导致了分化，形成了多样化的文明模式。我们认为，扩散论模式不如融合论模式更有说服力。

第四节　对发展中国家定义及落后根源的认识比较

一　发展中国家的本质和定义

西方发展经济学没有从学理上对发展中国家进行过定义，它们往往通过列举发展中国家的一些特征，比较发展中国家与发达国家在经济增长率、人均真实收入、适学儿童入学率等指标来认识发展中国家。或者采用一种描述方式，直接指明发展中国家的范围来认识发展中国家。比如，"发展中国家是指第二次世界大战之后，摆脱了帝国主义和殖民主义统治，在政治上走向独立、在经济上各自选择不同道路和方式谋求发展的新兴民族国家。"①

信息社会经济学第一次从学理上对发展中国家进行了定义。信息社会经济学把发展中国家定义为在信息社会全球化背景下没有出现经济起飞，外部存在着发达得多的外部世界的国家。

这样对发展中国家进行定义，能够把发展中国家与下列三种情况区分开来：（1）发达国家早期；（2）物质社会相对落后国家；（3）已经历经济起飞的新兴工业化国家如"亚洲四小龙"国家与地区。对此，在第五章对信息社会经济学的介绍中已做了详尽论述，不再重复。

这种区分，能够为发展模式与发展政策的制订提供理论基础。

杨小凯没有区分发展中国家与发达国家早期，他把发展中国家看成是一种没有经历工业化过程的绝对落后国家，因而发达国家早期在工业革命完成之前也曾经是发展中国家。在他的《发展经济学》教材中，经常以英国与法国早期发展为例说明制度环境对于经济发展的重要性，并认为发展中国家应该模仿发达国家早期的发展策略。杨小凯的发展经济学讲述的是一般发展理论，既适合于发展中国家，也适合于发达国家。

新古典主义对于发展中国家的认识与杨小凯的认识基本相同。

结构主义发展理论主要从是否经历工业化来区分发达国家与发展中国家。有些理论把发展中国家视作农业占主要地位的国家，以工农业相对比重大小来区分发达国家与发展中国家。中国学者张培刚把发展中国家理解为农业国，把经济发展过程理解为农业国工业化。

通过比较，可以看到，不同发展经济学理论对于发展中国家本质的认识是不同的，而且分歧相当大，这种分歧关系到发展策略的制

---

① 张培刚主编：《发展经济学教程》，经济科学出版社2001年版，第4页。

定，关系到对于发达国家与发展中国家关系的认识，从而有可能具有重大的国际政治意义。

分歧有三点：(1) 发达国家早期是否是发展中国家，发展中国家是否可以模仿发达国家早期实行过的发展策略；(2) 发展中国家的落后是没有经历工业化的绝对落后还是与发达国家相比较而表现得相对落后；(3) 发展中国家的落后是其自身内部原因造成的，还是发达国家的先进造成的（因为殖民主义）。

二　发展中国家落后的原因

依附理论显然不会同意杨小凯与新古典经济学混淆发展中国家与发达国家早期的做法。依附理论认为，发达国家通过对发展中国家殖民，造成了发展中国家的落后，因此必须认识到发展中国家是与发达国家相比较而存在的。

要澄清上面的分歧，只有通过下面的方式：假设发达国家当初没有对现在的发展中国家进行过殖民主义，发达国家是否会有今天的发展成就，发展中国家是否会有今天的落后。可惜，历史不能假设。

我们认为，发达国家有利于经济发展的制度因素与发达国家对发展中国家的掠夺，共同成为发达国家发达的原因，而由于历史不能重演，因此，我们不可能把这两因素对于发达国家的贡献分开。相应地，发达国家的掠夺与发展中国家的制度扭曲，共同造成了发展中国家的落后，我们也不可能把这两种因素对于发展中国家落后所起的作用分开。

新古典经济学、新兴古典经济学、新制度主义等自由主义发展经济学倾向于推卸发达国家的掠夺造成发展中国家落后的责任；而依附理论则倾向于强调发达国家的侵略对于发展中国家落后的责任。结构主义者、信息社会经济学对此意识形态的争论持中立态度。

从更一般的角度考虑，发达国家的制度因素确实是发达国家发达的根本原因，而发展中国家的制度因素是发展中国家落后的根本原因。因为正是发达国家的制度因素促进了发达国家的殖民主义行为，是发达国家的制度使得发达国家有能力对发展中国家进行殖民。在国际竞争中，殖民主义促进发达国家发展是符合优胜劣汰的竞争规律的，落后就要挨打，先进就可以打别人，这对于国际竞争而言是无可厚非的。那种认为发达国家应当为发展中国家落后负责任的观点，实际上已经诉之于道德谴责与规范分析，已经不属于发展经济学理论的实证分析。

实际上，在更高层次的动态一般均衡分析中，国家竞争导致的殖民与战争等因素是内生的。更为合理的发展经济学理论要能够解释为什么发达国家能够率先发展并对落后国家进行殖民主义掠夺，落后国家又应该如何摆脱殖民主义统治走向独立并发展经济。目前的发展经济学显然是把殖民主义与国际政治当成外生因素，没有在更广泛的动态一般均衡分析中考虑发达国家与发展中国家的相互关系。因此，从纯粹经济学理论的层次上比较，依附理论的观点也是比较片面的。

依附理论应该多从发展中国家自身寻找落后的原因，制度落后导致经济落后，落后就要挨打这本来就是铁的竞争规律。发达国家之所以能够对落后国家大打出手，原因在于其先进的制度保证了经济发展的高效率，使发达国家能够率先进入经济起飞，并相应发展强大的军事力量，进一步通过军事力量摧毁落后国家反对殖民主义的抵抗，通过掠夺发展中国家的资源，取得更大的发展，这种良性循环机制如下：有利于产权保护的制度环境→专业化与分工加速发展→经济起飞→经济实力增强→军事力量增强→能够对外殖民掠夺稀缺资源→加速专业化分工与生产力进步→进一步增加经济实力→进一步增加军事力量→进一步对外殖民掠夺更多资源……

因此，正是发达国家内部的制度发动了发达国家的良性循环。发展中国家不应该去抱怨发达国家对自己的掠夺造成了自己的落后，而应当抱怨为什么自己没有先进的制度，而且即使政治独立了仍然没有建立起有利于经济发展的制度。

本书不是鼓吹社会达尔文主义的伦理合理性。但是，国际竞争事实上从来都遵循社会达尔文主义法则。我们人类作为不同于动物的高等生物，显然要追求更加高尚的道德理想，但是主要作为实证经济学的发展经济学理论，必须要考虑发达与落后的真实根源。

第五节　对发展动力机制与必要条件的认识比较

一　结构主义对经济发展动力机制的理解

发展经济学刚产生时，人们把经济发展等同于经济增长。因此，经济增长的动力机制就是经济发展的机制。而当时经济学能够运用的经济增长理论就是哈罗德—多马模型与索洛增长模型。

哈罗德—多马模型强调经济增长过程中比例的协调和投资的重要性，而索洛模型则产生第Ⅳ类规模效应，认为储蓄能够提高生产力并促进经济发展。这使得在20世纪五六十年代，资本积累以促进工业化成为发展理论关注的焦点。这种理论认为，储蓄会自动变为投资并进而提高生产力，忽略了金融市场对于从储蓄到投资的传递作用，称为储蓄决定论；这种理论还认为投资会自动提高生产力，称为投资决定论。罗森斯坦—罗丹的大推进工业化理论、纳克斯的平衡增长理论、赫希曼的不平衡增长理论，都是典型代表。但是杨小凯批评说，投资不一定会提高生产力。

工业化意味着结构转变，从农业国转变为工业国。以刘易斯为代表的剩余劳动力转移模型承袭上述思路，进一步论述了农业剩余劳动力存在（非均衡）使得工业化扩张增加对劳动力的需求时，不会增加工资从而不会增加工业化扩展的成本。工业化的这种低成本扩张成为工业化与结构转变的动力机制。但是这种理论不能解释为什么农村存在着剩余劳动力，因而这是一个非均衡分析模型，本该内生的因素却成为外生假定。

拉尼斯—费的模型考虑了农业不仅提供剩余劳动力，而且提供了工业化投资所需要的一部分积累，并且农业还为工业化提供了市场。乔根森假设了农业外生技术进步，当农业中技术进步达到一定程度时，会出现农业剩余，它成为促进工业化的最初资本来源。

总之，二元经济模型对于经济发展动力机制的理解不超出储蓄决定论、投资决定论与技术决定论，只不过再加上了结构转变。对发展机制的这种理解遭受到两种批评：第一，正如杨小凯所指出的，储蓄与投资不一定能够提高生产力。古代中国人喜欢储蓄，但是古代中国的生产力很低。在上述发展理论指导下，20世纪五六十年代，很多发展中国家投资很多，但是最终结果都不理想，事实上并没有提高生产力。第二，储蓄、投资与技术进步，应该在更高层次的一般均衡分析中成为内生变量，被人们的专业化水平与分工水平所解释，而不应该成为外生变量，用来解释生产力与经济发展。至于结构转变，也是需要内生地被个人决策之间的相互作用所解释的。

二　新古典主义对经济发展动力机制的理解

新古典主义认为，自由市场灵活的价格机制是协调人们最优自利决策以达到资源最优配置的关键。因而经济发展的动力机制在于自由的价格机制有效协调各种稀缺资源的配置，自动实现市场出清，特别是金融市场的高效率使得储蓄充分转化为投资，投资则自动提高生产力。因此，以麦金龙和肖为代表的金融自由化理论加上投资决定论与技术决定论，成为新古典主义的主要发展动力机制。

新古典主义继承和发展了李嘉图的比较成本说，H—O提出了要素禀赋优势说，从而外生比较优势成为经济发展的动力机制之一。后来D—S模型、埃塞尔模型则通过规模经济促进贸易与分工，证明规模经济也是经济发展的动力因素。

总之，新古典主义经济学认为灵活自由的价格机制（包括金融自由化与金融深化）以及外生比较优势、外生技术进步、规模效应是经济发展的动力因素。灵活的价格机制导致资源优化配置，储蓄与投资自动实现技术进步，外生比较优势与规模经济导致贸易与分工发展，从而促进经济发展。

杨小凯对此提出了批评。杨小凯认为，市场搜寻最优分工组织结构的功能是比搜寻最优资源配置方式的功能更为重要的功能，虽然配置无效可能导致组织无效，但是，专业化水平决策导致的内生比较优势与分工组织结构的演进，对经济发展的意义比外生比较优势与规模经济更加重大。只是强调价格机制并不能清楚认识兰格市场社会主义理论的错误，因为虽然具有灵活的价格机制，但是，如果没有自由择业，仍然不可能形成有效的分工组织结构，因此，新古典主义只强调自由定价机制是不够的。规模经济在表达生产技术时也没有专业化经济更加基础。

新制度主义经济学则批评说，与其强调自由的价格机制，不如强调导致自由价格机制的制度条件，比如宪政民主秩序。

三　新制度主义对发展动力机制的理解

新制度主义包括十几个分支理论，它们从各个角度，论述了不同制度对激励提供与经济效率的促进作用。

产权经济学通过对产权激励功能的分析，认为产权制度决定了人们的努力水平，并决定了资源的配置效率。产权经济学认为，对于私人品而言，私人产权制度能够促进资源的有效配置，从而促进经济发展。

国家理论认为，国家为经济提供安全保障，并为社会提供产权制度和法律服务，即国家为社会经济发展提供公共产品而促进经济发展。

公共选择理论与宪政经济学分析了国家机会主义对于个人产权的侵犯，并导致资源的无效配置，因此不断改进民主宪政制度，有效地约束国家机会主义行为，能够促进经济发展。

总之，新制度主义认为制度是经济发展的动力因素，制度通过有效产权提供激励，促进资源有效配置，最终决定经济发展绩效。

四　信息社会经济学对经济发展动力机制的理解

信息社会经济学把经济发展定义为知识增长，经济发展的动力机制就是知识增长的动力机制，主要就是攀比竞争的知识增长与知识传播机制，这是一种知识差距缩小与知识差异扩大的过程。袁葵荪分析了决定知识增长的因素，包括人的素质、国际国内经济联系、社会生产基础设施与社会规范，这些因素的改进能够促进知识增长与知识传播的效率，从而促进知识增长。具体参见本书第五章第三节、第四节。

攀比竞争的知识增长与知识传播机制，意味着不同国家既可以通过独立的知识创新促进知识增长，也可以通过相互学习模仿促进知识增长与知识传播。对于发展中国家而言，其成本最低的知识增长方式，是通过模仿发达国家的制度规范，引进发达国家的生产技术，或者通过与发达国家开展贸易来获得快速的知识增长。不需要多少物质投资也可以大大提高人的能力素质，这会促进其接受知识、运用知识的效率。

五 新兴古典经济学对经济发展动力机制的理解

新兴古典经济学认为经济发展的动力机制如下：制度环境决定了交易效率、交易效率决定了专业化分工水平，专业化分工水平决定了其他发展现象。因此，要促进发展，最根本的是改进制度环境，最核心的是专业化与分工水平的改进。具体，见本书第四章第一节。新兴古典经济学对于制度促进经济发展的看法与新制度经济学一样，但是新兴古典经济学在新制度经济学基础上，进一步详细分析了交易效率对于专业化分工水平提高的意义，并把几十种发展现象看作是分工水平提高的伴随现象。因此，从某种意义上讲，新制度主义的结论构成了新兴古典经济学的底层论据，直接被新兴古典经济学所采用。

新兴古典经济学强调自由市场在搜寻最优的分工组织结构方面的功能，不仅主张自由价格机制对于经济发展的意义，而且认为自由择业对于经济发展的意义更大。杨小凯遵循斯密的结论，更加重视内生比较优势而不是外生比较优势对于经济发展的意义。专业化经济的存在，使一个人可以通过后天的学习，并专于一业，其劳动生产率也可以很高。

六 生产要素决定论与制度决定论

有关发展动力机制的理论可以大致分为生产要素决定论和制度决定论。生产要素决定论认为，发展的根本原因在于生产要素的数量与质量得到改善，主要表现为储蓄决定论、投资决定论、人力资本论、技术决定论、科教兴国论等。制度决定论认为，决定发展的根本原因在于社会制度（文化是制度的一种），其中最重要的社会制度是政治制度，发展中国家的宪政转轨是最重要的发展机制。

第九章　对人类发展过程中核心两难冲突问题的认识比较

人类社会的发展过程是一个充满矛盾与冲突的过程，这种矛盾与冲突在经济学中称为两难冲突。经济学是研究经济社会中各种两难冲突问题及其权衡折中的学问。[①] 人类发展过程本质上是各种两难冲突之间进行权衡折中的过程。

这些两难冲突可分为不同层次。本书拟按以下由低到高的顺序列出一些主要的两难冲突问题。

第一层次是经济个体决策中的两难冲突。个人决策分为专业化模式决策与资源配置决策两方面。

专业化模式决策意味着一个人必须要选择自己的专业或职业方向，这在现代社会非常重要。这里存在的两难冲突是：一个人在每种活动中存在专业化经济，专于一业能够更有效地提高劳动生产率，但同时过于专业化的活动会危害人的身心健康，不利于人的全面发展。著名的喜剧大师卓别林在《摩登时代》中精彩的表演给人留下深刻的印象，这部电影批判了工业化大生产中过细的专业化分工使得工人成为局部工人，虽然生产效率大大提高，但给工人身心健康带来很大危害，这反过来又会降低生产效率。亚当·斯密与杨小凯专业化分工模型大大歌颂了专业化经济对于人类社会进步的好处，而马克思的局部工人模型却认识到过细的专业化分工对人的全面自由发展的负面影响。因此，在更为全面的经济发展理论模型中，应该同时考虑专业化

[①] 杨小凯对经济学的定义是，经济学是研究社会经济活动中各种两难冲突问题的学问（参见《经济学》，社会科学文献出版社2003年版，第3页）。

的好处与坏处，用一个一般均衡模型把专业化生产的好处与坏处之间的两难冲突权衡折中形式化。对于专业化局部工人带给人身心健康的损害，杨小凯的新兴古典经济学没有充分考虑，这成为新兴古典经济学最为致命的局限性之一。杨小凯的新兴古典经济学模型只是考虑了专业化经济导致的分工经济与交易费用之间的权衡折中。马克思发展经济学模型则充分考虑了专业化对于提高生产率的好处以及不利于局部工人身心健康的坏处之间的两难冲突，但是，马克思模型没有把这种两难冲突数学模型化，因此，如何对这两者之间进行权衡折中，没有进行解释。社会需要一个恰当的专业化水平程度，在一个更为一般的发展经济学模型里面，不仅要解释专业化经济与交易费用之间的权衡折中，而且要考虑专业化经济与局部工人身心健康危害之间的权衡折中。

资源配置决策意味着，存在着享受多样化，不同用途对于提高个人效用有替代性，但资源总量有限，因此，一个人必须把自己稀缺的资源在各种竞争性用途中进行分配。一个人最初始的资源应该是劳动时间，在一个人选择专业化模式以后：如果没有实行完全专业化，这时候有两种两难冲突：一种是自给自足产品的生产时间与贸易产品的生产时间之间的两难冲突，贸易品生产越多，向市场销售越多，从而贸易收入越高，能够买到的自己不生产的消费品越多，但贸易品生产挤占自给自足产品的生产时间，而自给自足产品与购买产品对于提高效用都有好处；另一种两难冲突是如果存在多种自给自足产品，则它们之间在时间分配上也存在两难冲突。新兴古典经济学在一般均衡模型中把这些两难冲突进行权衡折中。新古典经济学考虑的资源配置的两难冲突很多时候不全面，把一些不应该外生的变量当成外生变量看待，结果其解释能力大大减弱。比如，人的资源禀赋应该只是时间，还有能够利用的自然资源，但是，新古典经济学却往往在消费者最优决策中把收入看成外生变量，在大多微观经济学（发展经济学的一个分支）中主要分析收入一定时，如何在两种商品中分配的问题。这显然是极为局限的。在一个更加一般的均衡分析模型中，收入是内生变量，它由分工组织结构和专业化模式所决定，由整个社会分工水平决

第九章 对人类发展过程中核心两难冲突问题的认识比较

定。在新古典的话语系统下，一个人的时间有限，多工作可以多获得工资收入（其实严格讲是贸易收入），能提高消费总额，但是会减少闲暇时间，而消费总额提高与闲暇增加都有助于增加效用，因此这两者之间存在两难冲突，需要权衡折中。最优决策确定了最优的工作与闲暇时间，进而决定了工资收入，决定了消费与储蓄总额。而储蓄与消费各自对效用都有正贡献，因为储蓄可以提高未来的消费，从而在未来消费与现在消费之间又存在两难冲突。一个涉及时间的最优化模型能够确定最优的现期消费与储蓄额。而当消费支出总额确定后，不同购买品之间的货币支出上面又存在两难冲突，于是进一步的最优化权衡折中确定不同商品消费比例。

厂商在生产过程中也存在一些两难冲突。(1) 厂商在生产模式决策中，自己生产还是外包，存在两难冲突。(2) 多产品生产决策中，每种产品都对提高利润有好处。在总成本一定时，生产不同产品之间存在两难冲突。(3) 在生产每一种产品时，不同投入要素使用量之间存在两难冲突。(4) 市场营销学中，在开发新客户与老客户之间维持关系之间具有两难冲突，等等。从某种意义上讲，现代管理学只研究决策中的两难冲突，而较少顾及不同企业决策之间，企业与消费者决策之间达到的一般均衡。企业管理学就是研究在企业决策中各种具体的两难冲突及其具体的权衡折中技术（即通常所讲的决策技术与方法）的学问，它通常是管理学院的研究工作，而经济学则更为广泛地考虑决策、均衡与社会中各种两难冲突问题。

新古典经济学未考虑个人选择专业化模式的决策，而新兴古典经济学系统研究了一个人在自给自足、对外贸易、当老板、当雇员等各种专业化模式之间的选择问题。

第二层次的两难冲突涉及不同个体决策之间的相互作用，主要涉及分工网络，但没有涉及制度背景、社会或国家。这一层次被有些经济学家称为中观，即是微观与宏观之间。这一层次的两难冲突有很多，这里不可能完全列举出来。比如有分工经济与交易费用之间的两难冲突（杨小凯），规模经济与消费多样化之间的两难冲突（DS 模型），分工网络扩大与分工网络协调失灵风险之间的两难冲突，在委托—代理合同中激励提供与风险分担的两难冲突，工作努力的负效用与工作努力对于提高生产率的正效用之间的两难冲突，工作努力的负效用与工作努力避免合作过程中的高风险的正效用之间的两难冲突，保险对于促进分工网络可靠性的正效应与道德风险带来的负效应之间的两难冲突等。杨小凯的新兴古典经济学主要就是分析分工经济与交易费用之间的两难冲突如何权衡折中。迪克西特—斯蒂格利茨（D—S）模型里面，在产品生产中存在无止境的规模经济，因此，从生产方面看，当然是每种产品规模越大越好，但是，在人口数量一定时，这意味着产品种类数很少，而人们在消费中存在多样化偏好，又希望产品种类越多越好，因此产品种类与每种产品的数量规模之间存在两难冲突，市场会权衡这种两难冲突，确定一个最优的产品种类数和垄断竞争程度。而人口规模的扩大则使这两者之间两难冲突权衡折中的余地加大，从而同时有助于产品种类数和每种产品数量增加。信息经济学则把工作努力的负效用与工作努力有助于提高生产率和避免风险这两者之间的两难冲突模型化了。这就是所谓的道德风险模型。代理人工作越努力，显然不利于代理的身心健康与效用提高，不利于增加代理人的闲暇，但是却有助于提高生产率，并能够避免一些外生风险，从而能够增加委托人的利益。西方信息经济学模型都是决策模型，不是均衡模型，但它通常是在博弈里面讲，因此，我们在这里把它归于涉及个人决策之间的相互作用。实际上，正如杨小凯所批评的，信息经济学模型是外生化程度很高的模型，因为它的委托—代理关系是外生的，这类似于新古典标准假定中厂商与消费者之间划分是外生的一样。信息经济学模型只是委托人的最优决策模型，更多地属于企业管理学范畴，它在参与约束中，把代理人在其他地方能够获得的最低效用当成外生参数，或者说是由经济系统的其他部分决定的，因此，信息经济学模型实际是用经济系统的其他部分来解释某一委托人代理人关系。

　　第三层次的两难冲突与整个社会有关。主要涉及公平与效率、剥削与激励、政府与市场、自由与福利的关系。马克思所说的生产力与生产关系、经济基础与上层建筑之间的两难冲突，也可以归入这个层次，由于马克思对于它们之间的关系已经作了较为充分的分析，因此，本章不再涉及。本章主要讨论公平与效率、剥削与激励、政府与市场、宪政民主与专制极权、自由与福利之间的两难冲突问题。

第四层次的两难冲突涉及国与国之间冲突、国与国之间分工合作与贸易的剩余收益如何分配的问题。这是国际贸易理论的主要议题。本章讨论中心国家与外围国家、资本主义与传统文化、后发优势与后发劣势之间的两难冲突问题。

第五层次的两难冲突涉及人类经济发展与生态环境、资源稀缺性导致的当代人与后代人之间的两难冲突，这是可持续发展经济学的主要议题。

第一层次与第二层次的两难冲突，是微观经济学、信息经济学等发展经济学分支的常规课题，因此，本书不专门论述。而第三、第四、第五层次的两难冲突由于涉及人类发展的核心，并且主流经济学很少系统论述，本章下面的内容专门对此进行讨论。

目前所有发展经济学模型都没有能把经济发展与生态环境、中心与外围国家、宪政民主与专制极权、政府与市场、公平与效率、自由与福利、剥削与激励之间的两难冲突在一般均衡分析模型中完全内生化，对这些两难冲突的全面认识和权衡折中，成为今天发展经济学的核心难题。

第一节　生态环境与经济发展

西方发展经济学在 20 世纪 80 年代之前没有注意到可持续发展问题，因此导致很多发展中国家在进行工业化促进经济发展的同时，造成环境破坏严重，出现水土流失、大气污染、大气层臭氧遭到破坏、河流湖泊淡水污染、海洋污染、不可再生资源过度开发使用等生态环境问题。这些情况不利于人类社会可持续发展。所谓可持续发展问题，本质上涉及两类两难冲突问题。一是经济发展与生态环境之间的关系，本质上是未来发展与现在发展的两难冲突问题，是及时享受与长期享受的关系问题。二是当代人享受与后代人享受之间的关系问题。

经济发展与生态环境之间的两难冲突主要体现在，生产技术一定时，经济发展会消耗自然资源，并构成对自然环境的污染，经济发展当然有利于人类福利的提高，但其可能导致的环境污染却不利于福利的提高。当然，也可以改进技术不污染环境，但使用不污染环境的技术成本很高，因此，存在着治理污染的成本与治理污染的好处之间的两难冲突。人们越是照顾到自然环境，则生产集可能缩小，或者增加生产成本，这不利于增加直接的消费品生产，从而不利于福利的提高，但是，这既能保持自然环境的优美性，又有助于福利的提高。

在自然资源有限，特别是不可再生资源有限的情况下，当代人享受与后代人享受之间就存在不可调和的两难冲突。这对当代人而言也是一个两难选择。因为增加当代人的自然资源的耗费，能够直接提高当代人的福利水平。但后代人是当代人的后代，人类与动物一样，都有一种关心自己后代的本性，每一代人都希望自己的后代过得更好，因此，后代的福利提高有助于当代人的福利。因此，当代人就必须在自己消费与留给后代消费之间做出权衡。这里只是从当代人福利提高的角度看问题，但是，一般情况下，每一代人只能看到其下面两三代人的福利状况，还有更多代次是当代人看不到的。因此，不仅从当代人的福利状况着眼，要考虑后代能够利用的资源，而且还要考虑代际公平问题。

生态环境污染与代际公平是融合在一起的，因为现在对环境的污染可能损害了后代人的生存环境。

同时，许多生态环境问题不是一个国家的问题，而涉及全球。因为大气会流动，河流也可能流经几个国家，海洋对于全球气候的影响从而影响到每一个国家的福利。因此，可持续发展问题涉及的两难冲突不仅有一个国家内部经济发展与环境污染的问题，而且有不同国家如何分担环境污染的坏处与分担治理环境污染成本的问题，它不仅是一个国家内部的发展问题，也是全球人类发展的大问题。

我们需要在一个更为一般的分析框架中考虑各种两难冲突，并用

第九章 对人类发展过程中核心两难冲突问题的认识比较

一般均衡模型来理解这些复杂因素之间的相互关系。比如,要考虑环境污染与经济发展的关系,必须清楚阐明,环境污染对于生产效率提高与福利增加的坏处。因此,在一个一般均衡模型中,环境污染既是人们选择专业化分工决策的后果,同时又反过来影响到人们的专业化分工决策,这种相互反馈机制需要在一般均衡模型中内生化。但是,令人遗憾的是,由于问题的复杂性,目前没有一个正式的发展经济学理论模型全面考虑了这些两难冲突。仅有的论述也是极为模糊的、思辨的,没有数学模型的精确性。

新古典主义、新制度主义只是提到公有资源容易遭到破坏性使用,因而把生态环境问题当成经济学中的外部性问题,并用外部性问题的解决手段来解决可持续发展问题。按照这样的逻辑,最好不应该存在公有资源,因此,只有把包括大气、公共海洋、海洋鱼群等自然资源的产权精确地划分给个人。新制度主义的代表人物张五常就有这样的极端观点,他说,海洋中的鱼群需要界定产权,归属于个人所有,只有这样,才能够形成一个合理的捕捞计划,避免过度捕捞影响海洋生态。但是,这样精确界定产权导致产权界定本身的费用很高,实际上过高的产权界定费用使得完全精确到个人的产权界定不可能。因此,张五常等主张外部性程度是内生的。杨小凯把张五常等关于外部性程度内生的观点数学模型化了。因此,目前西方主流发展经济学与新兴古典发展经济学是把生态环境问题当成外部性问题来研究和解决的。根据他们的理论,环境污染是一定存在的,存在着一个帕累托最优效率的污染程度。

新制度主义、杨小凯的新兴古典经济学和袁葵苏的信息社会经济学对于可持续发展持乐观态度,认为随着经济发展这些问题能够顺利得到解决,自由市场、国家自由谈判(国家谈判也是一种自由主义)等自由的社会机制会自动对各种复杂的生态环境问题进行权衡折中,以达到一个最有利于人类发展的环境污染程度和有效的资源使用程度。而依附理论、可持续发展经济学、一些非主流发展经济学如张祥平的比较制度经济学,对于可持续发展问题持悲观态度。

杨小凯的模型证明,随着自然资源的存量减少,反而会促进人类社会的分工，提高分工水平。因为自然资源减少，只能通过加速分工演进，提高专业化劳动生产率，才能使既有自然资源生产出更多消费品，从而提高社会福利。也就是说，在自然资源枯竭时，人类社会可以通过相互分工合作程度提高来抵消资源枯竭对于人类生存的压力。

袁葵荪的信息社会经济学认为，随着知识的不断增长，人类能够找到更好的生产技术，以避免污染环境，或者治理污染。因此，关键是不断促进知识增长，包括对于经济发展与生态环境之间关系的知识增长，当人类社会对于经济发展与生态环境之间关系的认识加深以后，自然会解决经济发展中的生态环境问题。至于代际公平问题也不需要担心，因为随着知识增长，技术水平的提高，后代人能够利用更高的技术，这时候生产受物质资源的约束很少，比如能够在实验室里面生产出吃不完的粮食，这时候农业根本不需要土地。

依附理论则把全球环境污染归罪于发达国家，认为发达国家把环境污染转嫁到发展中国家，因为发达国家倾向于把那些污染高的行业转移到发展中国家进行生产。同时，发达国家的消费量大，正是发达国家的高消费需求，使得发展中国家的许多人不惜破坏自己国家的生态环境去满足发达国家的消费需要。比如一些不法中国人经常捕捉藏羚羊用于满足发达国家人口对于毛皮制品的需要，导致可可西里的藏羚羊数量急剧减少。

张祥平认为，西方资本主义文化本质上是一种海盗文化，资本主义通过掠夺世界而起家。资本主义的本性是扩张，从欧洲到全世界的扩张是资本主义发展模式能够生存的基础。但是，现在地球已经被资本主义扩张完毕。如果人类还有另外一个地球，那么资本主义这种外向扩张型发展模式是可取的，因为人类可以向另一个地球殖民，通过利用另一个地球的资源而解决发展问题。但问题在于，人类只有一个地球，因此，资本主义的扩张性发展模式最终必然要遇到资源有限的约束。至少土地资源是有限的，而人口存在至少需要土地，这种基础性资源约束是任何生产技术都不可能克服的。张祥平认为，在人类只有一个地球的情况下，中华文明的内敛型发展模式是值得推崇的。中国大陆在物质社会的信息条件下，对于中国人来说，就成为其扩展生存空间的极限，因此不可能通过外向型扩张模式进行发展，而只能通过更多文化发展代替经济发展对于资源的掠夺性，在提高效用水平的同时又避免对于环境的过分破坏。今天地球村就类似于古代中国大陆，已经没有办法再进一步扩展，因此，中华文明囿于一个既有地理范围之内，通过文化享受代替经济物质享受以避免对自然资源的巨大需求这样一种发展模式就是人类未来最需要的发展模式。显然，这样一种观点是对人类知识增长与资源约束较为悲观的观点。

综合上面乐观与悲观的两类观点，本书认为，一方面，随着知识增长与技术进步，人类能够在既定资源存量时更多地通过人们之间的相互分工合作的专业化高效生产来抵消资源稀缺性带来的生存压力；另一方面，由于存在基础性资源的稀缺性，在人类社会发展到一定程度，人们之间通过分工合作专业化高效生产以抵消资源压力的潜力趋于耗尽时，人类确实需要如张祥平所讲，通过更多的文化发展来代替消耗大量自然资源的物质消费。

第二节 中心与外围、资本主义现代性与传统文化、后发优势与后发劣势

这一节讨论三个问题：一是发达国家与发展中国家的中心—外围关系，主要是贸易条件问题；二是资本主义现代性与传统文化的关系问题；三是发展中国家模仿发达国家的后发优势与后发劣势问题。由于这三个问题都涉及发达国家与发展中国家的关系，或者发达国家的制度文化与发展中国家的制度文化的关系问题，因此，本书把它们放在一起来讨论。

一 贸易条件与经济发展

关于发达国家与发展中国家的关系，最引人注目的争论是贸易条件的争论，贸易条件，简单地讲，就是发达国家出口商品与发展中国家出口商品之间的相对价格。依附理论认为，发展中国家与发达国家之间的贸易是一种不平等交换，发达国家通过贸易把财富从发展中

家转移到了发达国家,从而剥削了发展中国家。因为发达国家主要向发展中国家出口工业制成品,包括工业消费品和资本品(如机器),而发展中国家主要向发达国家出口一些初级产品。由于需求弹性的影响,即发达国家对发展中国家的初级产品的需求弹性很大,发展中国家的初级产品价格提高后,发达国家可以根本不进口;相反,发展中国家对于发达国家产品的需求弹性却很小,发达国家即使提高价格,发展中国家仍然得进口。因此,发达国家就可以通过提高出口价格,压低进口价格来剥削发展中国家。

杨小凯的新兴古典一般均衡模型批评了上述观点。杨小凯的模型表明,在从自给自足到局部分工,再到完全分工的演变过程中,发达国家与发展中国家的贸易条件可能出现锯齿状变化。也即贸易条件可能一会儿倾向于发达国家,一会儿倾向于发展中国家,或者说相对价格可能随着分工演进,先加大,再减小,再增大,再减小,没有一般规律,但无论是发达国家还是发展中国家,其人均真实收入或者效用水平则总是趋于增加的;相应地,发达国家与发展中国家人均真实收入差距在分工演进中,可能先拉大,再缩小,再拉大,再缩小,也是呈锯齿状关系,不是线性递增或递减,也不是库兹涅茨所提出的倒"U"形,即收入差距先拉大再缩小,但是,无论收入差距即相对收入怎样变化,发达国家与发展中国家的绝对人均真实收入都是上升的。而且,随着分工演进到完全分工,贸易条件会趋于相等,收入差距会最终消失。

袁葵荪的信息社会经济学观点与杨小凯的观点类似,但是,其分析没有那么细致入微。比杨小凯更进一步的分析在于,袁葵荪认为,发展中国家与发达国家进行贸易,其好处不仅在于获取直接的有形物品,最为关键的是一般知识增长。贸易条件的讨论本质上属于分配问题,而分配问题主要在物质社会才具有重要性,在信息社会,主要问题是知识增长,只要知识绝对增长,社会福利就会不断提高,即使贸易条件恶化也是没有关系的。只要发达国家的贸易有助于促进发展中国家知识绝对量的增长,就应该毫不犹豫地与发达国家进行贸易,而关于贸易条件的考虑实际上没有抓住问题的核心,是偏离发展目的的行为。

杨小凯与袁葵荪的观点是很有见地的。其实很容易批判依附理论的贸易条件恶化论。如果发展中国家觉得受到发达国家剥削，贸易条件不利，那么发展中国家可以自力更生，就像当年毛主席领导中国人民一样。但是发展中国家却仍然希望同发达国家贸易，这说明无论贸易条件多么恶化，发展中国家与发达国家贸易比不贸易要好，发展中国家与发达国家贸易，对于绝对地提高发展中国家的人均真实收入是有好处的。既然有好处，就应该贸易，你总不能既要获得与发达国家贸易的好处，又让发达国家在贸易条件上让你。因此，关键是看发展中国家绝对的生产力水平、绝对的人均真实收入是否通过与发达国家贸易而得到提高，而不是看发展中国家与发达国家的贸易条件是否恶化，相对收入差距是否拉大。因为绝对地提高自己的生产力与人均真实收入才是发展的最终目的。依附理论的贸易条件恶化论不是一般均衡观点，而是一种局部分析观点。贸易条件恶化论只是边际分析，是在分工组织结构与知识存量既定时，只看到贸易条件恶化对于每一次单个交易来说不利于发展中国家；它没有看到在超边际分析中，可以通过贸易条件恶化来改进发展中国家专业化水平与分工组织结构，从而促进发展中国家知识增长，这才是更大的好处。

二 关税保护与经济发展

关于发展中国家与发达国家贸易关系另一个引人注目的争论是有关关税政策的争论。依附理论、结构主义者、发展中国家都主张保护发展中国家的幼稚工业，认为发达国家的许多行业发展已经较为成熟，但相应行业在发展中国家却刚刚起步，因此，在发达国家这些行业的产品出口到发展中国家时，发展中国家需要实行高关税，以阻止发达国家优势工业品的进入，减轻国内相应工业面对的竞争程度，扶持国内工业的发展。这里面有这样一个经济学原理，那就是，竞争程度越大，价格越低，国内工业越不容易获得高额利润，从而不利于国内工业资本积累。

以李斯特为代表的国家主义经济学也主张对国内幼稚工业实行关税保护。

关税保护论者还列举了英国、法国、美国等欧美发达国家早期，也曾经是通过关税保护扶持国内幼稚工业从而促进经济发展的。甚至有人还举证说今天的美国等发达国家经常通过非关税壁垒来保护国内市场。

关税问题涉及贸易好处在参与贸易的两个国家之间如何分配的问题。这一问题的核心在于，首先，贸易能够产生剩余收益，能够产生不贸易所没有的潜在好处，这种好处是贸易国家通过贸易合作带来的。其次，在贸易好处（剩余收益）一定的情况下，如何分配决定了不同国家从贸易中获得的实际好处，而且一个国家所得正是另一个国家所失。因此，这种对贸易好处分配的争议可能使贸易本身不能实现，从而贸易的好处也不能实现，或者所有潜在贸易好处不能全部实现。这就是经济学上的内生交易费用模型。杨小凯在其《发展经济学》里系统分析了为了争夺分工合作的好处份额可能使得贸易合作的好处不能实现所引起的内生交易费用。关于贸易好处分配的内生交易费用问题与国际贸易中的关税"寻租"问题有关。"寻租"概念最初就是产生于克鲁格对国际贸易中保护主义的研究。其基本结论就是，国际贸易中，不同国家都可能倾向实行保护性关税来争夺国际贸易剩余收益的更大份额。这是一种"寻租"行为，这种"寻租"行为使得从整个世界来看，自由贸易的好处不能充分实现，从而导致了效率损失。

关于保护关税与自由贸易的争论与克鲁格曼和萨克斯、布莱斯特维兹之间关于国际竞争力的争论有关。克鲁格曼认为，一个国家应该集中精力促进自由贸易，强调国际竞争力则可能是一个"危险的迷途"。而萨克斯、布莱斯特维兹则认为，国际竞争力在提高一国福利上起着至关重要的作用。[1] 但关键是，什么是核心的竞争能力。杨小凯的模型显示，如果竞争能力是交易效率，那么提高交易效率确实对于发展中国家的福利是至关重要的，因此，杨小凯的模型支持萨克斯的观点。同时，杨小凯的模型也支持克鲁格曼的观点，即自由贸易也

---

[1] 参见杨小凯《发展经济学》，社会科学文献出版社2003年版，第49页。

第九章 对人类发展过程中核心两难冲突问题的认识比较

有助于增进发展中国家的福利。杨小凯的模型显示,在从自给自足到完全分工的转型期,即局部分工时期,那些交易效率低下的国家和产品可能被排除在分工网络之外,或者那些交易效率低下的国家得到的贸易好处可能要低于那些交易效率高的国家。而保护关税则降低了交易效率,因此,保护关税可以说不利于交易效率这一种竞争能力的提高。说到底,杨小凯的模型仍然是支持自由贸易。

因此,在关税保护的问题中,既存在着"寻租"导致的内生交易费用或者说效率损失,也存在着发展中国家通过关税保护而获得更多发展能力的问题。

新古典主义、新制度主义、新兴古典经济学都是自由主义经济学,倾向于肯定自由贸易对于发展中国家的好处,而保护性关税导致效率损失的结论。而信息社会经济学的观点与自由主义更为接近,认为国际贸易的好处主要是知识传播,它超过贸易所显示的直接有形的好处,因此,通过贸易保护限制国外产品进入,可能会使发展中国家失去很多学习知识的机会。同时,更为重要的是,发展中国家的幼稚工业,最关键的是提高其生产技术,提高其竞争能力,而这种知识的增长不一定只通过市场扩大所引起的资本积累来进行。

世界上绝大多数国家在发展早期都实行过保护性关税的事实告诉我们,保护性关税与自由贸易的两难冲突非常复杂,其本质是分工合作的好处如何分配的矛盾,对分工合作的剩余收益的份额的争夺有可能导致分工合作不能充分实现的内生交易费用。更为一般的均衡分析应该能够解释这个两难冲突,并把国际贸易政策内生化。

萨克斯与杨小凯等内生国际贸易政策的模型表明[1]:在没有关税时,在局部分工结构中,交易效率低的国家没有贸易好处,交易效率高的国家获得全部贸易好处;而在有关税时,交易效率低的国家可能通过关税提高自己的收入份额,从而获得大部分贸易好处。在转型期,低交易效率的国家通过关税来提高贸易好处的分享份额,而交易效率高的国家则可能实行单边自由贸易政策,两者同时并存。但随着

---

[1] 杨小凯:《发展经济学》,社会科学文献出版社2003年版,第49页。

交易效率的提高，双方可以通过关税谈判最终采取自由贸易政策。

也就是说，交易效率作为一种竞争力，与保护性关税在取得贸易好处份额上具有替代性。而交易效率又是由制度环境、运输技术、通信技术等决定的，因此，那些交易效率低，运输技术、通信技术条件不好，或者国内制度环境不好（比如国家机会主义严重）的国家更可能倾向于采取保护性关税。因此，发展中国家与其采取保护性关税，不如尽快提高自己的竞争力，而这需要其不断改进国内社会制度、政治制度、法律制度与经济制度，提高交易效率。但是，在发展初期，这些制度环境条件改变起来还比较困难，因此可以通过适度的保护性关税来提高自己在贸易好处中的份额。但是无论如何，发展中国家一定要明白，保护性关税仅仅是竞争力的临时替代品，因此它不是最根本的。在发展中国家交易效率提高以后，世界趋于完全分工，这时候贸易保护就全部让位于自由贸易。因此，贸易保护在时间上也只能是阶段性的、暂时性的。

三 资本主义现代化与传统文化之间的冲突

西方学界流行的现代化理论把世界发展看成一个单线过程，认为所有社会遵循相同的模式从低级向高级进化，发达资本主义国家的今天就是发展中国家的明天。西方现代化理论认为，发展中国家之所以落后，是因为发展中国家传统制度与文化的制约，因此，发展中国家要发展，必须极力模仿发达国家的一切，包括制度、文化、意识形态。西方现代化理论否认发展中国家传统制度文化的作用，认为它们是落后的根源，应该摒弃。

依附理论，特别是其主要代表沃勒斯坦的世界体系论，认为是西方发达国家的殖民剥削导致了发展中国家的落后。对此，西方学者申辩说，美国、澳大利亚、新西兰原来也是英国的殖民地，但是，现在却是发达国家，因此，根源不在于是否被殖民，而在于殖民的方式。后来包括杨小凯在内的许多经济学家分析了拉美与美国、澳大利亚、新西兰之间的区别。杨小凯等认为，拉美国家原来主要是西班牙和葡萄牙的殖民地，它们是天主教国家，它们的殖民方式是，把在殖民地掠夺的财富直接运回本国，而美国、澳大利亚、新西兰不一样，主要是立足于当地发展，由英国本土向这些地方移民，并直接把这些地方视作与英国本土相同的英国领土。英国是新教，它更加强调分权和个人主义，并较为尊重殖民地移民的权利。

如果说把英国看作是老牌工业化国家，把美国、澳大利亚、新西兰看作第一批新兴工业化国家，把韩国、新加坡、中国台湾、中国香港看作第二批新兴工业化国家和地区，则它们的例子似乎支持现代化理论的观点。但是，拉美和非洲的例子则表明，依附理论也有其合理性。

争论的核心在于，即使我们承认西方发展模式的合理性，但是现在发展中国家已经不具备发达国家早期那样的条件——还存在着广大的地区可供殖民，因此，发展中国家不可能完全模仿发达国家的发展道路。

与西方现代化理论对立的结果，出现了两种发展中国家发展道路的理论：一是以阿明为代表的激进主义，认为发展中国家应该脱离世界资本主义体系，走社会主义道路；二是传统文化论者认为，发展中国家不能够把自己的传统制度文化全部抛弃，应该考虑自己特殊的传统制度文化，走一条不同于西方国家的现代化道路。

前一条道路显然不可行，后一条道路往往表现出反对国际资本主义体系，过分强调自己文化特性的本位主义。

争论的核心在于，资本主义文明发展模式中是否存在着人类共通的东西，资本主义现代文明中是否存在着一些应该为所有人类社会共同遵循的东西。

本书认为，虽然西方现代化理论被打上了很多西方中心论烙印，但是，西方现代化理论也的确提出了许多人类共同的理想，比如说人的自由、平等、人权、解放、理性、政治民主等。而恰恰是这些因素，许多发展中国家非常缺乏。但是，发展中国家的政府却往往以传统文化甚至主权为借口，反对人权的实现。当然，西方国家打着人权的幌子侵犯发展中国家的人权也是常有事情，但是问题在于，我们不能因为西方国家打着人权的幌子来侵犯发展中国家的人权就认为自由、人权、民主本身不重要而拒绝它们。我们要拒绝发达国家的讹诈,但是不能拒绝自由、平等、民主、人权这些人类所追求的共同理想。因此,对于许多西方现代化理论家而言,其西方中心论论调应该受到批判自不待言,而对于一些特殊文化论者借口发展中国家的特殊国情而拒绝实行自由、民主和保障人权、私人财产权,那也是应该受到强烈批判的。关键在于,我们必须透过西方现代化理论家可能存在的西方中心论阴谋,捕捉西方现代化理论中符合人类发展的共同精神。我们在强调传统制度文化的同时,也应该坚决摒弃传统制度文化中不利于自由、人权、民主的一切因素,真正实现经济发展、社会发展和政治发展。

四 后发优势与后发劣势

关于后发优势与后发劣势的争论在21世纪初非常激烈,在国内,尤以林毅夫与杨小凯的争论备受关注。

林毅夫认为,发展中国家可以利用其比较优势与发达国家进行贸易,并模仿学习发达国家的技术,由于模仿学习技术比创新技术成本要低,因此发展中国家可以取得比发达国家更高的增长速度,从而赶上发达国家,导致一种趋同。

杨小凯认为,看起来发展中国家通过模仿学习发达国家的技术是一种成本较低的发展策略,但是,这种模仿本身不一定能够形成发展中国家的技术开发能力。而技术开发能力主要由发展中国家的制度环境决定,特别是保护产权的制度,限制国家机会主义行为的宪政约束。如果发展中国家不能形成一种保护产权、限制国家机会主义行为的制度环境,就不可能形成自主技术开发能力。模仿技术的目的是形成自己的技术开发能力,发展中国家不可能总是模仿别人的技术。因此,杨小凯认为,发展中国家与其应该模仿发达国家的技术,不如模仿发达国家形成这种技术的制度环境。如果发展中国家只知道模仿技术,不懂得在形成技术开发能力的制度环境上下功夫,那发展中国家与发达国家的技术差距就可能不是越来越小,而是越来越大,发展中国家可能不具有后发优势,而是后发劣势。

几乎所有国家都对中国经济发展表示了赞赏。中国的经济发展,被自由主义国家认为是市场经济的成功,被许多有国家干预倾向的发展中国家认为是国家干预政策的成功，因此成为许多发展中国家仿效的对象。总之，似乎激烈对立的理论都可以把中国的经济发展绩效作为自己理论的经验证据。清华大学秦辉教授认为，中国的经济之所以令世人羡慕，除其作为发展中国家所具有的低成本比较优势以外，主要是具有"低人权比较优势"，通过抑制人的自由，使中国没有工会与农会的力量对资本家或剥削者的力量进行制衡。在这种情况下，在中国投资可以压低工人工资而不会遭到实质性的反对；政府为了吸引投资，在劳资冲突中通常站在资本一方；而政府之所以采取如此立场，主要原因在于政府想通过经济增长与经济发展来代替给人民以自由以获得统治的合法性。邓小平理论的基本目的就是用经济增长来换取统治的合法性，允许民间致富以替代政治自由作为人民支持政府的条件。

五　趋同与趋异

中心与外围国家，发展中国家与发达国家，到底会趋同还是不会趋同，这种争论称为趋同论与趋异论之间的争论。第二次世界大战后"亚洲四小龙"国家和地区逐渐成为发达经济体的事实为趋同论提供了证据，而第二次世界大战后发达国家与发展中国家差距拉大的事实为趋异论提供了证据。

趋同论分为绝对趋同论和条件趋同论，绝对趋同论认为，无论发展的初始条件如何，不论国家或地区之间的经济性质与特征，穷国总会赶上富国。第二次世界大战后发达国家与发展中国家差异越来越大的事实说明了绝对趋同论的错误。

条件趋同论认为，只有那些在经济参数（经济结构、生产函数、偏好、人口增长率等）上基本相同或相近，但初始状态不同的国家或地区在趋于长期均衡时在资本、储蓄率、人口出生率等方面趋于一致。经济参数相近时，那些初始状态离均衡状态较远的国家和地区经济增长更快。

趋异论认为，不同国家与地区的经济增长与人均真实收入有扩大的趋势。这是对第二次世界大战后发达国家与发展中国家差距增大的一种现实概括。第二次世界大战后，发展中国家的绝对收入水平提高了，但与发达国家之间的差距不是缩小了，而是扩大了。

显然，所有发展经济学理论都希望趋同，因为只有趋同，第二次世界大战后现代发展经济学才有产生的理由。但是，不同发展经济学理论面对趋同与趋异同时存在的证据，特别是发展中国家与发达国家收入差距拉大的证据，解释却并不相同。新古典经济学模型只能解释趋同或者趋异，主要因为新古典增长模型不能产生 S 形（先减速增长，后加速增长，最后再减速增长）这种复杂且更为真实的增长路径。在采用递减规模报酬的生产函数时，只能产生减速增长的路径，这种模型有助于预测经济增长趋同；在采用规模报酬不变或递增的生产函数时，可以产生自发性增长，这种模型有助于预测经济增长趋异。而杨小凯与博兰的新兴古典增长模型则产生 S 形的增长路径，能同时预测趋同与趋异。他们把这种增长路径之间的关系称为序贯趋同与趋异，趋同与趋异发生在经济增长的不同阶段。

第三节　政府与市场

在亚当·斯密之前，重商主义赞同国家干预贸易。从亚当·斯密开始到 20 世纪 30 年代，经济学中一直以反对国家干预的自由主义为主流，赞同国家干预的流派比如德国李斯特的国家主义经济学，只在少数国家占有一定的理论地位。亚当·斯密、马歇尔，都不遗余力地证明自由市场自由贸易对于经济发展的重要性。在西方经济学领域，凯恩斯第一次正式表示对于政府干预经济重要性的肯定。自凯恩斯的宏观经济学产生以来，政府干预与自由市场之间的关系一直是发展经济学争论的核心问题之一。这里先一般讨论政府与市场之间的关系，然后再比较不同发展经济学理论对于发展政策的认识。

一　公共部门与私人部门的关系

一个国家内部的政府干预与自由市场的关系，不同于国际贸易中的国家干预，后者与贸易保护主义、重商主义、国家主义经济学有关，前者则主要涉及公共部门与私人部门的关系问题。后者在上节已经讨论过了，这里只论及前者。

第九章 对人类发展过程中核心两难冲突问题的认识比较

目前，发展经济学中关于政府与市场的关系认识是经验性的，没有从理论上完整地证明与解释。现代经济学对于政府与市场的关系，主要有如下认识：政府对于经济发展是非常必要的，公共部门是一个国家经济的必要的且重要的组成部分，公共部门经济学或公共财政学已经成为现代西方经济学的核心分支学科之一。政府的主要作用在于为社会提供国防、基础设施等公共产品，有时候为了避免经济周期的过大波动与促进经济尽快走出萧条，政府可能需要一定的相机性反周期财政与货币政策。在公共部门经济学中关于政府与市场分界点的讨论中，关于政府应该如何行为，哪些经济部门可以由政府经营，哪些行业最好由私人经营等，比如说公共品主要应该由政府提供，私人品由市场提供等，严格地讲，都不是基于理论模型，而是基于发达国家的经济发展实践。我国的公共财政学在引入西方财政学之后，也通常采用发达国家的一些经验作为标准来指导我国的公共财政。

经济学核心难题之一在于，目前所有经济学原理、发展经济学、公共财政学或公共部门经济学，都没有建立包括政府在内的一般均衡模型来考察政府或公共部门的作用，它们在评价政府的效率时，通常用在私人部门情况下得出的帕累托最优条件来评判政府的效率，并得出政府必然有损于效率的结论。公共部门经济学和福利经济学里，通过对私人完全竞争市场的分析得出，在达到帕累托最优时，边际替代率等于边际转换率并等于相对价格（有三组条件）。然后，用这一条件作为标准，看加入政府（如税收、转移支付）以后的模型是否仍然满足这一组条件，如果不满足，则断定政府制度存在效率损失。实际上，使用在私人的完全竞争市场制度条件下得出的结论作为标准去评判政府制度（另一种制度）的效率，从逻辑上必然得到政府制度无效的结论。既然在评判之前，从逻辑上就可以推断出评判的结论是什么，那么这种评判标准也就没有什么意义。

更为重要的是，自由市场的前提是政府提供的国防保护、司法公正等公共产品，而这些公共产品的提供是需要税收的。当然，税收太高，可能有损于私人积极性；税收太低，则不足以提供强大的政府以维护市场自由竞争。因此，在一个更为一般的均衡分析模型中，政府制度应该是内生的，市场制度也应该是内生的，政府税率也应该是内生的。新制度主义的国家理论考虑了政府的内生，但是没有考虑市场制度的内生。中国民间学者欧阳君山在其《中华文明的经济学证明》中试图对自由主义本身用经济学和博弈论方法进行证明，这显然是理论的一个进步。因为西方经济学虽然一直在歌颂自由主义的美丽，但是，自由主义为什么合理，却并没有严格的证明，而只是一种规范性倡导。所谓严格证明，是要做到只在几条简单的公理假设之下推导出结论。

西方公共财政学里面对于最优税率的讨论，虽然得出了一些结果，但是，离完全内生政府与市场制度还相去甚远，它只是在政府外生存在这个前提下，试图求解最优税收率。杨小凯在其关于税收的一个模型中①，设定了一个交易中的税率，然后税收总额在总人口中平均分配，形成一个每个人的转移支付。在一般均衡分析中，杨小凯得出结论，税收导致配置无效，税收鼓励个人配置太多的资源用于自给自足生产和消费，不鼓励从市场上购买商品进行消费。因此，配置无效率可能导致组织的无效率性。

本质上，不可能通过新古典经济学与新兴古典经济学的方法内生出政府。因为政府在它们的模型中始终是外生的，政府实际上作为制度环境包含在外生交易效率系数里面。可以认为，在没有政府的时候，外生交易效率系数很小，甚至为零；只有当政府存在时，外生交易系数才逐渐增加，从而促进均衡的分工水平上升。因此，实际上，新兴古典模型说明了政府的必要性，甚至从一定程度上证明了政府的功能即提高交易效率以便促进分工水平提高。

反过来说，我们即使承认有政府税收时与无政府税收时，相对价格不同，但是，为什么不把政府存在从而税收存在作为常态，把税收存在时的相对价格作为标准，用来评价没有政府时的相对价格是无效的呢？杨小凯可能会争论说，有税收比没有税收时，人均效用水平更

---

① 杨小凯：《发展经济学》，社会科学文献出版社 2003 年版，第 80 页。

高,表明社会福利越高;但是,在杨小凯的模型中,其效用函数里面没有公共产品的因素,因此,税收存在对于福利的正效应得不到充分体现。在杨小凯的模型里面,税收的存在只有一个正效应,那就是税收总额平均分配给个人,从而个人贸易被征收的税被转移支付所补偿,但是,这种模型设定方法不能说明政府及税收的本质。因为税收本质是用于提供公共产品,在杨小凯的模型中没有设定公共产品。税收总额在所有个人中平均分配,税收总额平均分配给个人,这样做的后果只是把本来属于个人的一部分收入通过政府之手又回到个人,这种做法只是增加了税收征管成本和转移支付成本,并且改变了自给自足商品与贸易品之间的相对价格,并没有说明政府的意义是提供公共产品。因此,这个模型只能得出配置无效的结论,不可能得出政府对于自由市场的真正意义。

实际上,如果公共产品的提供具有规模经济或者报酬递增特征,甚至即使是报酬递减,但是所有人交纳的税收能够提供的公共产品可以为所有人所享受,这样,相当于所有人都享受到了其他人的收入贡献,这显然比把税收平均分配给个人,对于社会福利的正效应要大得多。而且人口越多,这种正效应越大。比如在对称模型中,设均衡时每个人交税为 T_i,则全社会总税收为 $T = n \times T_i$,如果又把税收总额平均分配给个人,则每个人收入比不征税时要小,因为要扣除征税与转移支付中的交易费用,设平均每人支付征税与转移支付交易费用为 b,则每个人收入变化为 -b,因此每个人的效用略低于无税收时的水平;但如果税收是用于提供公共产品,设公共产品为每个人所享受,则每个人相当于增加收入为"$(n-1) \times T_i - b$",而这个值更可能为正,因为当人数足够大时,税收用于公共产品对社会福利的正效应就越大。

市场失灵(本质是内生交易费用)与政府失灵的同时存在,意味着需要一个一般均衡模型把市场失灵与政府失灵同时内生,而不仅仅是内生政府失灵。目前的模型包括杨小凯的模型只是内生了政府失灵,没有内生政府存在的好处,因此政府存在好处与坏处之间的两难冲突并没有在模型中被形式化;同时市场失灵的坏处是内生的,但其好处却不是内生的（因为这需要证明市场机制的合理性，即内生市场制度本身）。通常的新兴古典经济学模型确实说明了市场的功能，即搜寻最优的分工组织结构与资源配置。但这不是内生市场制度，因为内生市场制度需要从更为一般的假定出发，通过一定的推导得出市场必然存在。内生模型必须要求是充分条件，而目前的模型严格讲只是对市场制度的必要条件说明，即说明如果没有市场会如何如何。

从上面的讨论可见，经济学离完整的从理论上证明政府与市场的关系，从理论模型上把政府制度的好处与坏处之间的两难冲突形式化，把市场制度的好处与坏处之间的两难冲突形式化，还有相当远的距离。这种内生政府制度与市场制度的一般均衡模型属于第四层次的一般均衡模型，目前还没有能够被经济学家所形式化。既有的系统分析都是思辨性的与经验性的，数学模型则是带有政府部门的一些局部均衡分析。

二 发展政策比较

不同发展经济学理论对经济发展过程描绘不同，对于经济发展机制的理解不同，因而其提出的发展政策也不相同。根据政府与市场两者作用的范围和大小，发展政策大致可以分为政府主导型和市场主导型两类。

对于结构主义而言，资本积累与工业化是发展机制，在发展中国家资本缺乏情况下，它们的政策药方就是通过国家主导进行全面的投资计划，并通过进口替代工业化策略促进经济发展，并争取外援弥补国内资本不足。依附理论主张独立自主，甚至阿明这样的极端主义者认为，发展中国家应该脱离世界资本主义体系，建立社会主义。

新古典主义主张通过自由的价格机制促进发展，因此政府主要维护一个自由灵活的价格制度，通过金融自由化、价格自由化、贸易自由化减少政府对价格的干预，实行外向型工业化策略。

新制度主义主张消除国家机会主义，实行宪政转轨，约束政府特权，建立资本主义产权制度，保护私人财产权，保障经济民主与经济自由。

新兴古典经济学同意新古典主义与新制度主义的政策建议，他们

第九章 对人类发展过程中核心两难冲突问题的认识比较

都是自由主义经济学派。杨小凯比后者更为具体的地方在于，他分析了自由主义政策对于经济发展的具体作用机制，是通过自由择业、自由定价来促进分工演进。以上三个自由主义学派认为政府的主要作用是提供公共产品，对于私人经济不要干预。同时，杨小凯强调在宪政民主制度之下的强大政府对于经济发展非常重要，因为强大的政府能够提供强有力的安全保障，保护私人产权，通过强力收税来提供基础设施等公共产品。杨小凯批评了很多发展中国家与古代中国，由于政府的专制主义性质或国家机会主义行为，使得政府的合法性受到质疑，因而政府不敢通过征收重税来提供公共产品，因为害怕收税太重而引起革命推翻政府。也就是说，杨小凯批评许多发展中国家与古代社会，政府对经济的干预一方面过多，限制了私人经济部门的发展，国家机会主义严重，公民财产与生命安全得不到有力保障；另一方面政府应该做的事情又做得太少，特别是税率太低不足以保证公共产品的提供，导致道路建设不够、社会保障体系缺乏等。宪政民主国家的政府反而可以通过征收重税来提供公共产品，建设很多基础设施，促进分工演进。而这种做法不会引起革命与人民不满，因为政府是民选的政府，他的合法性有充分保证。如果人民觉得税收太重，可以通过下一次选举改变政府。

信息社会经济学不仅同意自由主义的发展政策，也强调政府的作用，并认为政府可以通过促进知识增长与知识传播的手段，加速发展。这些手段主要是进行全民教育，提高人口素质。

通过比较，发展政策的关键是要分清楚政府与市场的作用。如前所述，目前政府与市场分界线的区分只是经验性的，只是发达国家的经验总结。因此，什么是好的发展政策，实际上，在理论上并没有严格证明，其本质只是用发达国家的经验作为一种相对标准来评判发展中国家的发展政策。而之所以能够这样做，原因在于发达国家的经济发展绩效比发展中国家更好，发展才是硬道理，发达国家发展得好，这便成了标准。本书认为，人类的发展类似于一个探险队在原始森林探险的过程，并不知道什么是最好的制度，什么是最好的政策，一切都是摸着石头过河。即使是发达国家的政策、制度，也不能说就是真正最好的制度,马克思对资本主义的批判正说明了这一点。王智慧(2005)详细论述了这一观点。

第四节 公平与效率、自由与福利

公平与效率的关系问题是一个重大的发展问题。我国"效率优先,兼顾公平"的发展口号却可能给人以误导,以为效率与公平存在着对立。实际上,这样的口号是以西方经济学中关于效率与公平的分析为基础的。在以新古典经济学为基础的西方主流(发展)经济学中,长期以来,一直缺乏有效的公平分配理论,效率分析似乎成了经济分析的代名词。在中国实行改革开放,建设社会主义市场经济体制过程中,鉴于20世纪五六十年代计划经济平均主义的深刻教训,更加强调经济效率的重要性。因此,提出了"效率优先,兼顾公平"的发展指导思想。自20世纪80年代以来,个人收入差距拉大逐渐成为一个问题,并演变成为今天严重的收入分配不公平。因此,本书讨论公平与效率的关系,并比较不同发展经济学理论对此的论述就极为必要。

一 公平与效率的正统理解

关于公平和效率,第六章第八节和第八章第二节已有介绍。主要内容包括:经济学上有两种经济效率的概念:一是帕累托最优,二是社会福利最大化;政治哲学上有两种主要的公平理论:一是贡献论,二是自由公正论。

西方经济学中对于效率与公平对立关系的认识基于效率与公平的定义,简单地讲,经济效率概念并不涉及公平分配问题,比如一个社会极不公平的分配也可能是帕累托最优的。市场经济有助于提高经济效率,但是,由于遗产制度、人的能力差别等因素,市场竞争不可能有完全公平的起点,市场经济的运行会积累这些差别,导致市场经济结果不平等分配。如果为了事后的更为平等的分配,就可能降低人们参与市场经济的积极性,因为工作再努力、人再聪明也不能获得更多收入，那么何必要积极工作呢？正是从这一点考虑，效率与公平之间才存在着两难冲突。

二 发展经济学关于公平与效率的认识

马克思从资本主义制度既悖于效率（不利于生产力的进一步提高）又违背公平的角度来批判资本主义制度。在马克思看来，效率与公平有着基本的一致性，正是因为工人创造的剩余价值为资本家无偿占有，这与其说是不公平，不如说是不利于产权激励，因为工人为别人工作，显然不利于工人积极性的真正提高。资本主义剥削的存在不利于经济发展效率。同时，马克思主义认为，生产资料的资本主义私人所有制和自由市场使得生产具有盲目性，从而引发经济危机导致资源的浪费和破坏，这是对经济效率的损害。

马克思主义政治经济学认为，工人阶级与资产阶级之间的劳动雇佣关系，虽然在劳动市场上的交换行为本身是自由的、公平的，但是，工人阶级作为一个整体不得不受雇于资产阶级，因此从整体上是不公平的。

20世纪五六十年代，西方发展经济学并没有注意到发展中的收入分配问题，那时候主要关注经济增长。有一种重要思想，以沃尔森·加伦森（Walter Galenson）和哈维·莱本斯坦（Harvey Leibenstein）为代表，他们认为，高度的收入分配不均等对以储蓄促进投资和经济增长是必要的。这种思想的逻辑是，富人把自己的收入作高比例的储蓄和投资，而穷人将收入花在消费品上。由于 GNP 增长率是国内收入储蓄比例的函数，这个国家的收入分配越向高收入层倾斜，储蓄和增长率就越高。而且增长越快，收入越会通过市场机制向低收入者倾斜。如果非均等长期居高不下，那么就可以通过凯恩斯式的税收和补贴计划来解决长期的收入分配不公平问题。

本书认为，加伦森与莱本斯坦的分析在逻辑上是极为荒谬的。因为即使是承认储蓄决定论，也不能得出收入分配不均等有助于储蓄率提高。因为收入更加均等的分配，只是意味着社会总储蓄是由更多的小额储蓄而不是由少数富人的大额储蓄所组成的，而且由于分配公平使得更多人收入提高对于消费增加储蓄减少的效应与分配公平导致社会生产力提高的效应,孰大孰小也不一定,这只有通过一般均衡模型才能够确定。他们没有考虑到分配公平对于经济发展效率的正面影响,只是考虑了其负面影响,因此,加伦森与莱本斯坦的分析从经济学方法上讲,是极为错误的非均衡分析,连局部均衡分析都谈不上,其结论的谬误可想而知。

1955年库兹涅茨提出收入分配随经济发展的倒"U"形曲线,但是后来许多经验证据否定了倒"U"形规律。20世纪七十年代以后,发展中国家内部分配不平等程度上升,发展中国家与发达国家收入分配不平等程度也上升。而且到现在似乎很少有减小的趋势。杨小凯的模型则表明,收入差距与人均真实收入之间并没有单调的关系与倒"U"形关系,而是锯齿状关系。

杨小凯的模型实际上表明了收入分配或者说收入差距对于经济效率没有什么影响,关键是交易效率影响经济发展。收入差距永远只是分工组织演进从而使经济发展的结果,它不会反过来影响到分工组织演进本身。也就是说,杨小凯没有将公平与效率的相互关系纳入新兴古典一般均衡模型。新制度主义与杨小凯一样,都是秉承西方经济学一贯的传统,没有自己的公平分配理论。他们只关注效率,忽略公平对效率的影响。这与现代西方经济学重视效率忽视公平的传统是一致的。

结构主义、新结构主义、激进主义的发展经济学理论未从自由公正论的角度考虑社会公正问题,它们忽视宪政民主的制度环境对于个人权利保障的意义,未认识到发展中国家的制度性腐败是导致社会不公正的根源,政府的腐败导致国际援助很难达到所设计的目的。

袁葵荪认为,要讨论公平与效率,首先必须对其有精确的定义,在公平与效率某种精确定义下,有望得出公平与效率完全一致的结论。但是,由于这个问题的复杂性,目前袁葵荪还没有定型的文献可供参考。

所有这些发展经济学理论都没有考虑到效率与公平的系统层次性,也没有考虑到效率改进手段和公平改进手段的层次性。

三 公平与效率的一致性

我们从常识上感受到公平与效率之间既可能存在着两难冲突，也可能存在着相互促进的关系。人的工作努力程度受他思想意识形态和精神状态的影响，其中包括对于公平的感受。美国行为科学家亚当斯（J. S. Adams）在《工人关于工资不公平的内心冲突同其生产率的关系》（1962 年与罗森鲍姆合写）、《工资不公平对工作质量的影响》（1964 年与雅各布森合写）、《社会交换中的不公平》（1965）等著作中提出了一种公平激励理论，其主要观点是：当一个人做出了成绩并取得了报酬以后，他不仅关心自己所得报酬的绝对量，而且关心自己所得报酬的相对量，因此，他要进行种种比较来确定自己所获报酬是否合理，比较的结果将直接影响今后工作的积极性。这至少是许多公司实行保密工资制度的原因之一，员工相互之间不知道对方的工资收入，以避免不公平感的产生影响到工作积极性。

虽然组织行为理论中的公平概念不完全等同于经济学中讨论的分配公平概念，但是仍然表明了公平对于激励的正面意义；这不同于在经济学中，通常是强调公平对于效率的负面影响。现代组织行为学中的这种微观公平与激励理论表明，经济学不能忽视公平与激励的相互作用相互影响，行为经济学的研究（如最后通牒博弈实验）也进一步证实了公平观念对于经济行为的影响。在宏观经济中，如果出现大范围的分配不公平现象，会使得社会心理出现失衡，这时候造成的影响可能就不仅仅是企业管理中个别的激励问题，很可能造成社会普遍不满甚至可能引发社会动荡。显然，如果出现这样的结局，明显是违反经济发展的效率要求的。因此，经济学必须要全面理解公平与效率的相互关系，把社会分配不公平可能导致社会动荡内生化，从而在更加广泛的一般均衡分析模型中，需要权衡分配（不）公平所可能带来的对效率的正负影响，从而把分配的公平或不公平程度内生化，通过合理的机制寻求一个合理的公平（或者不公平）分配程度。但是，目前在经济学中，竟然没有正式的模型来解释公平对于激励的正面意义，并把公平与激励效率之间的关系弄清楚。

四　自由与福利

中国学者秦晖提出了自由与福利的尺蠖效应。尺蠖这种动物在移动时，总是在一个方向进行伸长和缩短，秦晖用尺蠖的动作来比喻民主国家在对待自由和福利的态度上，只能既增加自由又增加福利，结果导致民主国家的政府债台高筑，不堪重负。

增加自由意味着减税，即增加纳税人的收入与财产的自由处分权；增加福利意味着政府给社会提供更多福利保障，比如政府为社会增加失业、医疗、养老保险和免费教育等社会福利。秦晖认为，在一个国家资源和生产力发展水平一定时，自由和福利不能同时增加，两者在客观上具有相互替代、此消彼长的关系。但是，在民主国家，无论哪个政党上台执政，都很难减少自由，也很难减少福利，因为无论哪个政党都需要选民的选票，而无论是减少自由还是减少福利，都很难得到选民的支持。结果无论哪个政党上台执政，不得不既增加自由（减税减少财政收入），也增加福利（增加财政开支），结果导致许多国家政府不得不依靠发行公债来弥补财政赤字，这使一些国家政府比如希腊在财务上濒临破产的边缘。少数强势国家如美国能够依靠美元霸权从他国吸取资源来满足自由与福利的同时增加，但大多数国家自由与福利同时增加的结果只可能导致政府不堪重负，从而成为今天许多宪政民主国家的重大问题。

我们认为，基本社会福利保障实际上就是人权保障，从某种意义上讲，基本社会福利保障在本质上相当于基本生活资料的公有制。传统社会主义理论的生产资料公有制已被实践证明会极大地损害经济效率，而为工人阶级基本生存与发展提供福利保障，则被实践证明不仅符合贡献公正论的基本权利完全平等的原则，而且有助于提高经济效率，原因在于基本的福利保障能够促进所有个体的生理和心理的健康发展，减少社会因贫困而产生的犯罪，从而有助于保存和发展社会大众特别是弱势群体的劳动能力和人力资本，最终有助于社会经济效率的提高（设想这样的情况，一个很有潜力的企业家在小时候因贫困而死亡，结果社会丧失因他而增加财富创造的机会）。但关键问题在于，福利保障如果过多，可能导致懒惰等机会主义行为，从而损害社会经济效率。同时，增加福利就是增加政府的责任，这又增加了政府的权力，减少了社会的自由度。自由与福利都是社会所需要的，而社会生产力和资源稀缺性限制使得两者很难同时提高时，自由与福利的边界到底在什么地方，即使是今天的发达国家也没有完全解决这个问题。作为（发展）经济学理论，应该建立一个一般均衡模型来解释自由与福利的最优边界。

随着发展中国家社会财富的增加，许多发展中国家也逐渐给社会民众提供各种各样的社会福利保障，这既有助于使得经济社会发展的成果普惠大众，也有助于促进整个社会人力资本的保存和发展，从而提高整个社会的经济发展效率。由于社会生产力和财富总量的限制，发达国家所面临的自由与福利的两难冲突问题在发展中国家权衡折中的空间更小。我们同时也要看到，虽然在有些发展中国家也开始出现自由与福利的两难冲突问题，另一些国家可能出现既无自由也无福利的情况。既无自由也无福利的情况，既可能与资源短缺、生产力低下有关，也可能与贫富分化、等级特权、负福利有关，相关情况读者可以参考秦晖的部分文献。

第五节　剥削与激励

资本和劳动的关系，自马克思提出以来，一直成为经济学中关注的核心问题之一，并成为马克思主义经济学与西方经济学对立的标志。

一　各种发展经济学理论对于剥削的看法

关于剥削，马克思主义经典观点是，资本家通过占有必要的（物质性）生产资料来占有工人的剩余劳动和剩余价值。社会生产必须通过生产资料才能进行，而工人不拥有生产资料，因此，工人没有办法选择自给自足，只能选择受雇于资本家。工人每天的劳动时间被分成两部分，一部分称为必要劳动时间，它生产出工人的劳动力价值，获得的报酬称为工资；另一部分称为剩余劳动时间，它生产出资本家无偿占有的剩余价值。资本家之所有能够无偿占有工人生产的剩余价值，是因为资本家占有生产资料，而资本主义社会制度规定生产资料所有者享有生产资料所有权收入。制度决定权力，权力决定分配。资本主义占有制度与分配制度决定了资本家有合法享受所有权收入的权力，并有合法享有剩余控制权和剩余（收益）索取权。马克思主义经济学对于资本与劳动之间关系的看法，遵循马克思的传统，认为资本家的资本所有权收入是对工人的剥削。这种剥削的存在使工人不可能享有全面自由和全面发展，工人不是为自己劳动，而是为资本家劳动；甚至资本家也并不是在为自己，而是在资本主义制度的驱使下，作为资本的主人在被动地追逐利润。因此，在资本主义制度，人被异化了，人被人类社会自己所创造的制度——外在对象——所控制和压迫。

新古典主义、新制度主义、新兴古典经济学等新自由主义发展经济学流派，遵循西方经济学自萨伊以来的一贯传统，主张要素分配理论，不承认劳动价值论。因此，在他们的发展经济学理论中，根本不涉及阶级剥削问题。现代产权经济学和企业理论反而证明，剩余控制权与剩余收益权是最好的激励方式，并把企业看作是通过剩余控制权、剩余收益权来获得激励，以便把交易效率最低的活动卷入分工的制度工具（杨小凯的间接定价企业理论）。企业制度有助于促进分工的演进，从而促进了经济发展。

在西方经济学那里，通常是否定剥削的存在，如果说存在剥削，那么剥削也只是获得激励效率的代价。

结构主义基本上不考虑发展中的剥削问题，但是，他们似乎也没有反对过剥削理论。依附学派则把马克思关于阶级剥削的思想引入发达国家对发展中国家的剥削分析之中。这种从阶级剥削到国家剥削的推广是否合理，正统的马克思主义者其实是持怀疑态度的。比如，库西年认为，帝国主义与殖民地发展中国家的传统统治阶级结成"帝国主义—封建联盟"共同剥削发展中国家劳动人民。但是，发达国家的资产阶级同时也在剥削发达国家的工人，因此，把剥削理论从阶级之间推广到国家之间不一定合理。

袁葵荪认为，要搞清楚剥削与激励的关系，首先要对剥削与激励进行严格定义。我所理解的信息社会经济学，认为剥削主要是分配问题，只有在物质社会才重要，在信息社会，即使存在，也不再是经济发展应该着重考虑的因素。信息社会关键是知识增长，决定国家与个人收入分配的关键是其知识水平而不是对于物质生产资料的占有。在信息社会，决定生产的关键因素是知识技术，物质生产资料的使用对于生产而言不再是重要因素，甚至有时候许多生产活动不需要物质生产资料。因此，通过占有生产资料来获得生产所有权收入，从而形成对工人的剥削，其基础在信息社会已非常微弱。在信息社会，即使资本家占有物质生产资料，但是，由于物质生产资料对于生产而言不再是重要因素；相反，能够赚钱的知识思想，才是最重要的生产因素，因此拥有知识的劳动者，完全可能在与只是物质生产资料所有者的资本家的劳动合约谈判中占有主动权。知识能力决定了在信息社会中的契约谈判能力。在物质社会，物质生产资料在生产中的重要性很高，因此使分工合作的收入分配倾斜于资本而不是劳动；相反，在信息社会，知识能力在生产过程的重要性最为关键，因此使分工合作的收入分配倾斜于知识能力而不是物质资本。另外，由于知识迅速涌现，什么是剥削也难以定义。社会生产迅速变化，分配比例也来不及计量，什么是合理的分配也来不及弄清楚，因此剥削的程度与多少也无法估计。这时候社会最关心的问题是如何进行知识创新，分配公平性问题与剥削问题成为迅速变化难以计量捉摸的问题而退出经济分析的中心。

二 马克思经济学与西方经济学关于剥削的分歧

作为人类社会进步发展之基础的剩余劳动产品在全体社会成员之间的分配方式，不仅是一个公平问题，同时也是一个效率问题。现代产权经济学证明，劳动力与财产所有者都应该获得其相应的报酬，才能够激励劳动力与财产的有效使用，这就是所谓的产权激励。产权激励是资源（包括有形物质资源与劳动资源）有效使用的必要条件。

生产资料使用中的激励有两种：一种激励是在私有制条件下，只有当生产资料所有者能够在生产资料的使用中获得报酬时，生产资料所有者才愿意把生产资料拿出来以供分工合作生产使用，从而为人类社会剩余劳动产品的生产提供一个必要条件。食利阶层的收入是获取这种社会生产必要条件的社会代价。另一种激励是只有生产资料所有者取得充分报酬时，生产资料所有者才会想方设法让生产资料投入到最有效率的用途中去。这种报酬，可以视为管理生产资料的劳动收入，它有时候与资本所有者同时参与企业经营管理有关。第二种报酬相对第一种报酬而言，马克思主义经济学家一般认为其所占比例相当微小。马克思在《资本论》中没有强调第二种报酬激励的合理性，但我们仍然可以推断，马克思真正要批判的，主要是第一种报酬，因为它纯粹只是私有财产制度的产物，是食利者收入，是一种不合理的收入。

马克思经济学与西方经济学的根本分歧在于，马克思认为，剩余价值全部归资本家所有，是极不合理的，因为资本家能够占有剩余价值只是源于资本主义私有制；西方经济学却认为，只有当资本家获得剩余价值时，才能够激励生产资料有效使用而避免浪费。马克思强调公平，而西方经济学与新兴古典经济学强调剩余收益权激励。似乎在生产资料有效使用的激励与剥削之间存在着一个两难冲突。

进一步仔细考察发现，现实中工人是不是恰好获得相当于其劳动力价值的工资，资本家是不是恰好获得全部剩余价值，其实都难以进行实证计量。因此，有必要考察现实经济中，决定资本家与工人分配比例的机制。

实际上，在现实中对于剩余产品的分配比例，是通过工人阶级与资本家阶级的博弈来进行的。在资本主义发展初期，一方面，工人力量相对于资本的力量较弱小，工人难以通过工会的力量与资本家进行谈判以增加工人的分配份额；另一方面，生产力还没有提高到一定程度，因此社会产品还不是很丰富，因此，工人阶级的分配份额造成工人阶级的绝对贫困。随着资本主义与生产力的发展，一方面，社会总产品增多，在一定的分配比例下，工人阶级能够分配得更多；另一方面，随着工人阶级的罢工、革命等斗争，使得工人能够组织工会与资本家谈判，从而提高分配份额（涨工资）。工人阶级的斗争对于争取工人阶级的权利和分配份额，具有重大意义。而马克思主义是使工人阶级争取权利的最重要理论武器，因此，马克思主义的历史功绩在于，它通过促进工人阶级的斗争而使社会力量得到平衡。

本书认为，在一个更为一般的均衡分析模型里面，经济学需要权衡折中所有权收入所导致的剥削与激励之间的两难冲突，寻求一个合理的剩余产品分割比例。这个比例既有利于资本所有权激励，同时又能避免严重的剥削造成的社会不公正。在现实中，权衡折中资本所有权的激励功能与剥削功能需要一个自由的社会机制。这个社会机制能够使得所有人都有机会表达自己的利益诉求，特别是使工人有渠道表达自己的利益诉求，能够形成社会力量的平衡。

第十章 比较研究结论和发展经济学解释体系的构建

本书认为,发展经济学、政治经济学、经济学基本上是同义语。一切经济学问题无不是发展问题,一切经济学问题也无不是政治问题。对于各个发展经济学理论进行比较研究的过程,其实是笔者对人类发展机制与规律进行探索与猜测的过程。科学发展到今天,核心难题有三个:一是极大;二是极小;三是极复杂。极大是宇宙物理学的研究,极小是微观粒子物理学,极复杂就是地球生物系统、人类社会系统的研究。人类社会系统是最为复杂的系统,任何一个时代的人,对于人类社会的认识都只能是一孔之见,他们从不同的侧面、不同的视角、不同的精细程度对人类社会进行了各种类型和层次的局部认识,得出了一些特定条件下的局部真理。比较研究是一种综合前人与各流派所见局部真理而力图汇成更大的局部真理的重要方法。本章综合比较与考虑以上各个方面的比较研究,对各种理论做出综合评价,力图从中猜测人类社会发展最为一般的规律,并提出一个折中主义的发展经济学解释框架。

第一节 对理论比较的总结

通过对各个理论在各个方面的比较,我们可以得出如下结论:
一 对发展经济学理论体系的总体评价
结构主义者、依附理论、新古典经济学的理论体系不如新兴古典经济学、马克思主义、新制度主义、信息社会经济学。前三者的理论框架与发展解释能够被包含在后面四者的体系之中，或者说后面四者理论体系能够比前面三者体系对经济发展解释得更好。

马克思主义、新兴古典经济学、新制度主义、信息社会经济学这四个理论，相互之间却很难分出高下，它们各自都在理论的某一方面有其独特优势和长处。马克思最大的贡献在于历史唯物主义对社会历史的系统分析和对剥削与激励问题的独特关注视角。

新兴古典经济学建立了最为严密的理论框架，并且对经济发展中绝大多数问题都有所涉及，但仍然缺乏制度内生化分析，而且与新制度主义都缺乏一个全面考虑剥削与激励、公平与效率、政府与市场之间关系的一般均衡分析框架。

新制度主义对于制度内生化进行了独特的创新，其最大的贡献在于使人们深刻认识到制度对于人类社会发展的意义，而且对于制度的分析，比马克思更为精细。

信息社会经济学的独特视角在于对于物质社会与信息社会的划分，并正确指出了在信息社会由于发展速度阶次的提高使得传统的低阶均衡分析不再适用，而应该发展更高速度阶次的动态均衡模型或者反均衡分析。

二 对于经济学真理的认识

一方面，不同发展经济学理论都是在不同的历史时期，从不同的视角，对于经济发展的特定观察并进行理论抽象的结果，在某些特定条件下都有其正面价值。

我们需要重视前人的思想贡献，只有在前人的基础上，我们才可能取得更大的理论突破。一个不知名的经济学者可能从其独特的视角得出人类社会发展的真理，因此，作为一个严肃的理论学者，需要重视一切前人的贡献，不能有任何忽视，马克思的研究方法与治学精神值得所有人学习与模仿。

另一方面，任何理论都有其局限性，我们不必崇拜任何理论体系，我们不能把任何理论体系当成是唯一的真理。

通过本书倡导的理论坐标系方法，原则上我们可以对任何理论体系进行批判，通过确认其系统局部性程度可以明确其局限性所在。

本书认为，对于包括经济学在内的任何一种理论的认识要经过两个阶段：一是"进得去"，即能够明确这一理论的精髓，并能够运用这一理论的话语体系来谈论问题；二是"出得来"，即能够明确这一理论的本质与局限性，不为这一理论的某些成功所迷惑，能够超越这一理论。

三 对于经济学研究的启示

本书倡导的理论坐标系方法清楚地指出了目前经济学中的五大核心难题，为经济学基础理论在21世纪的进一步发展指明了方向。系统地提出问题可能会为系统地解决问题提供思路。可以说，在某种程度上来讲，系统地提出问题比解决问题更为重要。20世纪初，希尔伯特提出了23个数学难题，有力地引导了20世纪数学的发展方向。

通过本书倡导的理论坐标系方法和一般均衡分析与两难冲突的层次模型，可能更容易发现新的经济学两难冲突并将其归入到恰当的系统层次之中，并由此获得建立一般均衡模型的启示。如果我们进一步对人类社会的系统层次进行详尽分析，那么有望把理论坐标系与系统层次模型当成类似于元素周期表（元素坐标系）的基础性工具，用来预测新的经济学两难冲突与新的经济学理论。[①]

第二节 对人类社会发展和发展经济学本质的认识

综合比较不同哲学、历史理论和发展经济学理论，本书认为，人类社会发展可以从不同层次与视角进行考察，得出人类社会发展的性质。

总的来看，与人有关的关系可以分为人与自然的关系、人与人的

---

① 在俄国的门捷列夫发现元素周期表（元素坐标系）以后，元素周期表中还存在着许多空格没有填满，表示这些元素并未发现。但是元素周期表的空格却预测了这些未知元素的存在。于是人们更加有目标地去发现新元素，并最终填满了元素周期表。

关系、人与自身的关系。而社会科学特别是经济学主要考察人与人的关系。

可以从两个角度考察人与人之间关系发展的过程：一是从人与人之间关系的深度上考察，本书认为，经济发展大致可以分为如下几层，随着层次的提高，人与人之间关系越来越密切，或者说人与人之间的关系越来越深。

第一层次是人类不同文化、民族、国家、地区、个人之间相互接触，相互观察。但是他们之间不一定要进行对话与语言交流。

第二层次是人类不同层次单元之间进行语言交流，进行对话，试图进行相互理解，相互认可，并把对方确认为与自己相同的类存在物。人类成员之间相互之间通过语言游戏进行相互理解、相互认可的活动是最为基本的活动。这种活动不一定有经济学意义上的生产活动，也不一定具有政治学意义上的利益对话。人作为一种类存在物，必然要对与自己同类的生物进行确认，这种确认可能仅仅是生物学意义上的。随着人类的发展，越来越多的种族与个人被卷入这一语言过程中，越来越多的文化、民族得到相互认可与尊重。因此，人类发展过程是一个交往范围不断扩大的过程。

第三层次是人类不同层次单元之间通过相互交流、相互对话，获得知识与传播知识的过程。人类社会的这一发展过程，是不同文化相互理解、相互借鉴、相互融合并不断形成新的文化模式的过程。这种相互融合不一定具有经济利益上的关系。

第四层次是人类不同层次单元之间进行经济联系，相互贸易，互通有无。这种经济联系是一种分工合作关系。外生比较优势、内生比较优势都可能成为分工合作的基础。

第五层次是人类之间分工合作关系更加复杂、更加密切，出现许多经济发展现象，比如城市化、工业化、二元经济结构、收入分配差距拉大、经济组织结构变得越来越复杂、企业制度变得越来越复杂、交易层次变得越来越复杂、货币制度变得越来越复杂等。

二是从人与人之间关系的广度上讲，人与人之间交往关系经历了一个不断扩大的过程。在原始社会，人们之间的交往限于氏族公社成员之间，后来不同氏族之间相互联合形成部落联盟。当人与人之间关系从血缘关系作为主要交往纽带过渡到主要是地理关系作为交往纽带后，人与人之间交往关系在广度出现了第一个质的飞跃。不同部落联盟之间的交往逐渐扩展，最终形成文化。人类的通信技术与运输决定交往的地理范围，随着人类通信技术与运输技术的进步，人类交往的地理范围逐渐扩展。在1500年之前，其主要特征是地区性交往，由于通信技术与运输技术使得人类交往半径限制在局部地区之内，于是会形成许多分割的人类小社会。随着人类通信技术与运输技术的进一步提高，人类交往的地理范围逐渐扩展到大洲，并形成几个大的文明区域，典型的如东亚儒家文明区、中东伊斯兰文明区、欧洲基督文明区等。1500年之后，由于资本主义的全球化扩张，使得人类交往进入全球化时代，这是人类交往关系在广度上出现的第二次质的飞跃，至今全球化过程仍在进行。

因此，在这种划分的基础上，本书认为，人类社会发展过程就是人与人之间关系从广度与深度两方面逐渐扩展的过程。其中交易费用（定义为人与人之间交流、沟通的费用，或者如张五常所说，是在一人世界所没有的费用）的存在使得人类交往不是从一开始就达到最大的深度与最大的广度。人类之间交往有好处也有坏处，好处就是相互交往能够增进相互确认、相互理解、相互分工合作（也有竞争甚至战争），从而满足人类之间的好奇心与经济利益增长，坏处就是人类不同层次单元之间的交往费用（交易费用）。人类交往需要对相互交往的好处与坏处进行恰当的权衡折中。因此，在交易效率比较低的时候，人类之间的交往无论是从广度还是从深度上讲都比较狭窄，随着交易效率的提高，人类之间交往的广度与深度都不断增加。交易效率本身在人类社会发展过程中也是内生的。

上述过程是人类发展的表象机制，而内在动力有两种主要因素：一是对于基本物质生活资料的追求，这种追求是绝对物质享受的追求。二是人与人之间的注目礼竞争[①]，注目礼竞争使得人类不同层次

---

① 欧阳君山：《天下事——中华文明的经济学证明》，中国文献出版社2006年版。

单元之间具有一种攀比竞争机制。在物质社会，由于物质生活资料比较匮乏，对于生存水平绝对改善的要求使得人与人之间需要相互分工合作才能够取得物质资料生产上的进步。而在信息社会，知识涌现速度较快，物质消费资料相对来说，不再匮乏，人们对于绝对的生存资料的追求变为更加偏向于人与人之间相对比较的竞争，即注目礼竞争。欧阳君山认识到了注目礼竞争在人类社会的基础性，但是，他没有强调在物质社会对于绝对生存资料的追求。中华文明之所以被许多人称为早熟的文明，是因为中华文明很早就从以绝对生存资料的追求为重点转向人与人之间的注目礼竞争为重点；中华文明很早就从以物质资料的注目礼竞争转向文化与道德的注目礼竞争。

随着人与人之间交往关系的加深与扩大，出现了更多的两难冲突问题，比如资源配置问题、剥削与激励的关系、公平与效率的关系、政府与市场的关系、资本主义与社会主义的关系、经济一体化与全球分化、经济发展与生态环境的关系。这些两难冲突体现为人与自然环境之间的两难冲突、人与人之间关系的冲突和人与自身的冲突三类。对于人与人之间的两难冲突，随着人与人之间关系在广度与深度上的扩展，两难冲突的范围不断扩大，层次也不断提高。

人与人之间的关系是同人与自然、人与自身的关系交织在一起的。这些错综复杂的关系使得人类社会及其环境成为最为复杂的系统。

发展经济学发展到现在，从人与人之间的关系扩展到了人与自然的关系，这就是可持续发展经济学产生的经济哲学意义。经济学发展的最后进步将拓展到人与自身的关系。人作为一种生物，其最终目的是追求生存的自由，追求幸福。但是，这种幸福如果只是依靠人与自然的关系，人与人的关系来获得，只是对象化的外在的幸福，因而是有局限性的，因此，人的幸福必然最后要依赖于人与自身关系的调适。人类追求的最高目标是个人全面自由发展，以及人与自然、人与人、人与自身之间和谐相处。因此，发展经济学不是人类幸福的全部甚至也不是主要部分，发展经济学的主要视角仍然是通过人与人之间分工合作关系的改进不断提高生产力来减少资源稀缺性从而获得更大的物质利益。新儒家思想虽然具有伦理片面主义,但其主张人的幸福最后要通过人自身的修养来获得,却是非常有见地的;佛教特别是禅宗的一些思想也有类似主张。

发展经济学不一定给人类社会带来幸福,但是发展经济学的研究却是人类发展的必要条件,并带给人类幸福的物质基础。

第三节 发展经济学解释框架

我们愿意采用马克思主义、新制度主义、新兴古典经济学、信息社会经济学的折中主义框架来解释经济发展机制。如图 10-1 所示。

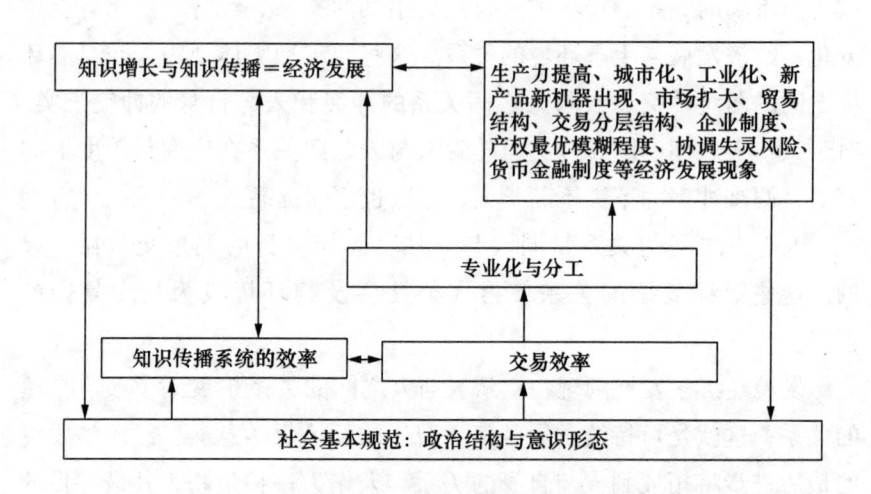

图 10-1 一个折中主义的发展经济学解释框架示意

图 10-1 左边表示信息社会经济学的解释框架,社会基本规范决定了知识传播系统的效率,而知识传播系统的效率决定了知识增长与知识传播。主要有三层变量。图 10-1 右边是新兴古典经济学的解释框架,社会基本规范决定了交易效率,而交易效率决定专业化与分工水平,分工水平又决定了一系列经济发展,有四层变量。

第十章　比较研究结论和发展经济学解释体系的构建

两者的底层都是一样的，区别在于新兴古典经济学是通过交易效率、专业化与分工水平来连接社会基本规范与经济发展现象的，而最初袁葵荪在他的信息社会经济学中，没有注重交易效率对于专业化分工水平的影响。交易效率概念在袁葵荪的信息社会经济学里面的重要性没有在新兴古典经济学中那么重要。因此，只要在知识增长与经济发展现象之间建立对应关系，并且用专业化分工水平解释知识增长，那么就可以将新制度主义、信息社会经济学、新兴古典经济学很好地整合在图10-1所示的经济发展解释框架中，这三个发展经济学理论分别强调了图中所示发展解释框架的不同部分。

值得注意的是，信息社会经济学里面，知识增长与知识传播效率通常具有相互影响，因此，我们在知识增长与知识传播系统效率两个文本框之间画上了双向箭头。这意味着，知识增长对于社会基本规范、知识传播系统的效率有决定作用。在信息社会学里面，各个解释变量的传递关系没有像在新兴古典经济学里面那么单向化，更为层次感。在信息社会经济学里面没有什么基本变量，相互关系始终存在；而新兴古典经济学则把制度规范当成基层变量，并外生地决定交易效率。虽然我们在图上画出了经济发展现象反过来会影响底层的制度规范，但是，新兴古典经济学没有强调这种反作用。相反，新制度经济学分析了技术进步等发展现象对于制度进步的正面作用。因此，我们这个图示概括了信息社会经济学、新兴古典经济学、新制度主义三个学派的观点。

如果把社会基本规范视为上层建筑，把经济发展视为经济基础，则图10-1也可以看成是马克思的历史唯物主义示意图。不过，在不同层次变量的解释方向上，历史唯物主义与新兴古典经济学、新制度主义刚好相反。历史唯物主义强调经济决定论，而后两者强调制度决定论。

如果联系到信息社会经济学是高级历史唯物主义的话，则可以看出，马克思的历史唯物主义、新制度主义、新兴古典经济学、信息社会经济学构成了最具有原创性的四大理论。因此，笔者更愿意把这四者结合起来解释经济发展。

第四节　研究不足及改进的方向

由于时间仓促及本人知识结构、研究能力、研究方法的局限性，本书存在着以下诸多不足之处。

一是由于研究范围的广泛性，对于许多问题的阐述都是点到为止，没有进一步深入。

二是第九章仅仅是提出了经济学的几大核心难题，并没有进一步对这些经济学核心难题模型化并解决它们。任何一个问题的模型化，都可能需要经济学方法的变革。任何一个问题的模型化，都可能带来经济学的巨大发展。因此，本书可能的第二个扩展就是将第九章提出的经济学核心难题模型化。

三是对反均衡分析与均衡分析相互关系的分析并不完全合理，只是提出了类比性猜测，还没有进行充分论证。因此，全面研究反均衡分析与均衡分析之间的关系，是本书扩展的第三个方向。

四是对于人类社会系统层次的划分还不够清楚明了，利用理论坐标系与系统层次模型来预测经济学理论的发展还不够充分清晰。因此，对于人类社会系统层次做出更加合理精细的划分是本书的第四个扩展方向。

五是本书仅仅做了经济学层面上的初步研究，对于伦理学、社会学与现代哲学中的发展理论还远远没有涉及，因此，本书的第五个扩展方向是将伦理学、社会学、哲学理论中的发展研究纳入研究的范围之内，等等。

参考文献

一 哲学文献

（一）哲学导论和现代性

[1] [美] 罗伯特·所罗门：《大问题：简明哲学导论》，张卜天译，广西师范大学出版社 2004 年版。

[2] 孙正聿：《哲学通论》，辽宁人民出版社 2000 年版。

[3] 张世英：《哲学导论》，北京大学出版社 2002 年版。

[4] 陈嘉明等：《现代性与后现代性》，人民出版社 2001 年版。

[5] [美] 詹姆斯·施密特编：《启蒙运动与现代性》，徐向东、卢华萍译，上海人民出版社 2005 年版。

（二）哲学史

[6] [英] 伯特兰·罗素：《西方的智慧》，亚北译，文化艺术出版社 2005 年版。

[7] 常健、李国山：《欧美哲学通史》现代哲学卷，南开大学出版社 2004 年版。

[8] 冯友兰：《中国哲学简史》，北京大学出版社 2003 年版。

[9] 刘放桐：《现代西方哲学述评》，人民出版社 1985 年版。

[10] 全增嘏：《西方哲学史》，上海人民出版社 2005 年版。

[11] [美] 梯利：《西方哲学史》，葛力译，商务印书馆 2004 年版。

[12] [挪] G. 希尔贝克、N. 伊耶：《西方哲学史——从古希腊到二十世纪》，童世骏译，上海译文出版社 2004 年版。

[13] 张汝伦：《现代西方哲学十五讲》，北京大学出版社 2003 年版。

[14] 章士嵘：《西方思想史》，东方出版社 2004 年版。

[15] 赵敦华：《西方哲学通史》，北京大学出版社 2000 年版。

（三）科学哲学

[16] ［美］拉瑞·劳丹：《进步及其问题》，刘新民译，华夏出版社1999年版。

[17] ［美］托马斯·库恩：《科学革命的结构》，金吾伦、胡新和译，北京大学出版社2003年版。

[18] ［英］伊·拉卡托斯：《科学研究纲领方法论》，兰征译，上海译文出版社1986年版。

（四）道德哲学与政治哲学教材

[19] 杰弗里-托马斯：《政治哲学导论》，顾肃、刘雪梅译，中国人民大学出版社2006年版。

[20] ［加］金里卡：《当代政治哲学》，刘莘译，上海三联书店2004年版。

[21] 王海明：《新伦理学》，商务印书馆2009年版。

[22] 王海明：《伦理学原理》，北京大学出版社2011年版。

（五）道德哲学与政治哲学专著

[23] ［美］波普尔：《开放社会及其敌人》，陆衡译，中国社会科学出版社1999年版。

[24] 波普尔：《历史决定论的贫困》，杜汝楫、邱仁宗译，上海人民出版社2009年版。

[25] ［美］弗朗西斯·福山：《历史的终结》，黄胜强、许铭原译，远方出版社1998年版。

[26] ［德］哈耶克：《通往奴役之路》，王明毅、冯兴元译，中国社会科学出版社1997年版。

[27] ［德］哈耶克：《自由秩序原理》，邓正来译，生活·读书·新知三联书店1997年版。

[28] ［法］卢梭：《论人类不平等的起源与基础》，高煜译，广西师范大学出版社2009年版。

[29] ［法］卢梭：《社会契约论》，何兆武译，商务印书馆2003年版。

[30] ［美］罗尔斯：《正义论》，何包钢、廖申白、何怀宏译，中国

社会科学出版社 2001 年版。

[31] [美] 罗尔斯:《政治自由主义》,万俊人译,译林出版社 2002 年版。

[32] [美] 洛克:《政府论》,叶启芳、瞿菊农译,商务印书馆 1964 年版。

[33] [德] 孟德斯鸠:《论法的精神》,申林译,北京出版社 2007 年版。

[34] [德] 斯科特·戈登:《控制国家——西方宪政的历史》,应奇、陈丽微、孟军、李勇译,江苏人民出版社 2001 年版。

[35] 石元康:《当代西方自由主义理论》,上海三联书店 2001 年版。

[36] [美] 托克维尔:《论美国的民主》,曹冬雪译,译林出版社 2012 年版。

[37] [英] 约翰·格雷:《自由主义的两张面孔》,顾爱彬、李瑞华译,江苏人民出版社 2005 年版。

[38] Colin Bird, *An Introduction to Political Philosophy*, New York: Cambridge University Press, 2006.

二 系统科学

[39] 李士勇:《非线性科学与复杂性科学》,哈尔滨工业大学出版社 2006 年版。

[40] 苗东升:《系统科学精要》,中国人民大学出版社 1998 年版。

[41] 欧阳莹之:《复杂系统理论基础》,上海科技教育出版社 2002 年版。

[42] 朴昌根:《系统学基础》,四川教育出版社 1994 年版。

[43] 沈骊天:《当代自然辩证法》,南京大学出版社 2000 年版。

三 历史学

(一) 全球史与人类史

[44] [美] 杰里·本特利、赫伯通·齐格勒:《新全球史:文明的传承与交流》,魏凤莲译,北京大学出版社 2007 年版。

[45] [美] 斯塔夫里阿诺斯:《全球通史》,吴象婴、梁赤民译,上海社会科学院出版社 2003 年版。

[46]［以色列］尤瓦尔·赫拉利：《人类简史：从动物到上帝》，林俊宏译，中信出版社2014年版。

(二) 地区史

[47]［法］德尼兹·加亚尔、贝尔纳代特·德尚：《欧洲史》，蔡鸿滨、桂裕芳译，海南出版社2003年版。

[48]［美］罗兹·墨菲：《亚洲史》，黄磷译，海南出版社、三环出版社2004年版。

(三) 历史理论

[49] 张广智、张广勇：《现代西方史学》，复旦大学出版社1997年版。

(四) 其他历史学文献

[50] 王鸿生：《世界科学技术史》，中国人民大学出版社2005年版。

四 社会学

(一) 社会学理论介绍

[51] 候钧生主编：《西方社会学理论教程》，南开大学出版社2002年版。

[52]［澳］马尔科姆·沃特斯：《现代社会学理论》，杨善华、李康译，华夏出版社2000年版。

[53]［美］乔纳森·特纳：《社会学理论的结构》影印版，北京大学出版社2004年版。

[54]［美］乔治·瑞泽尔：《当代社会学理论及其古典根源》，北京大学出版社2004年版。

[55] 宋林飞：《西方社会学理论》，南京大学出版社2004年版。

(二) 社会学理论专著

[56]［美］彼德·布劳：《社会生活中的交换与权力》，张非、张黎勤译，华夏出版社1988年版。

[57] 郭强：《现代知识社会学》，中国社会出版社2000年版。

[58] 刘小枫：《现代性社会理论绪论》，上海三联书店1998年版。

五 现代化理论相关文献

[59] 罗荣渠：《现代化新论——世界与中国的现代化进程》，北京大

学出版社1993年版。

六 其他社会科学文献

［60］［挪威］斯坦因·U. 拉尔森主编：《社会科学理论与方法》，任晓译，上海人民出版社2003年版。

［61］张贷年、方克立：《中国文化概论》，北京师范大学出版社2004年版。

［62］徐行言：《中西文化比较》，北京大学出版社2005年版。

［63］欧阳君山：《天下事——中华文明的经济学证明》，中国文献出版社2006年版。

［64］［美］塞缪尔·亨廷顿：《文明的冲突》，周琪译，新华出版社1998年版。

七 数学

（一）分析学

［65］齐民友：《重温微积分》，高等教育出版社2005年版。

［66］同济大学数学系：《高等数学》第四版，高等教育出版社1996年版。

［67］Apostol：《数学分析 Mathematical Analysis》英文版，机械工业出版社2005年版。

［68］EFE A. OK：《实分析及其经济学应用》英文版，世界图书出版公司2013年版。

［69］Walter Rudin：《实分析与复分析》，戴牧民、张更容、郑顶伟、李世余译，机械工业出版社2009年版。

（二）代数学

［70］Steven J. Leon：《线性代数 Linear algebra》英文版，机械工业出版社2010年版。

［71］Joseph Rotman：《抽象代数基础教程》英文版，机械工业出版社2004年版。

（三）几何学

［72］尤承业：《解析几何》，北京大学出版社2004年版。

（四）拓扑学

[73] 王敬康：《直观拓扑》，北京师范大学出版社 2001 年版。

[74] 徐森林：《点集拓扑学》，高等教育出版社 2007 年版。

[75] James Munkres：《拓扑学 Topology》英文版，机械工业出版社 2004 年版。

（五）其他数学文献

[76] 韩大卫：《管理运筹学》，大连理工大学出版社 2010 年版。

[77] [美] S. 利普舒尔茨、M. 利普森：《离散数学》，周兴和、张志人、张学斌译，科学出版社 2002 年版。

八　经济学

（一）经济学教材

[78] 厉以宁主编：《西方经济学》，高等教育出版社 2000 年版。

[79] [美] 萨缪尔森：《经济学（十七版）》英文版，机械工业出版社 2000 年版。

[80] [美] H. 瓦里安：《微观经济学：现代观点》，费方域等译，上海三联书店、上海人民出版社 2000 年版。

[81] 刘东主编：《微观经济学新论》，南京大学出版社 1998 年版。

[82] [美] H. 瓦里安：《微观经济学高级教程》，财洪等译，经济科学出版社 1997 年版。

（二）经济学理论比较研究与经济学说史

[83] 陈孟熙主编：《经济学说史教程》，中国人民大学出版社 2005 年版。

[84] 傅殷才：《经济学基本理论》，中国经济出版社 1995 年版。

[85] 洪远朋：《经济理论比较研究》，复旦大学出版社 2002 年版。

[86] 蒋自强等：《当代西方经济学流派》，复旦大学出版社 1996 年版。

[87] 梁正等：《中国十位著名经济学家批判》，学林出版社 2002 年版。

[88] 卢周来：《穷人与富人的经济学》，海南出版社 2002 年版。

[89] 吴忠观：《经济学说史》，西南财经大学出版社 2001 年版。

[90] 袁葵荪：《经济学理论的批判与重建》，经济科学出版社 2009 年版。

[91] 左大培：《混乱的经济学》，石油工业出版社 2002 年版。

（三）古典经济学

[92] ［法］大卫·李嘉图：《政治经济学及赋税原理》，丰俊功译，光明日报出版社 2009 年版。

[93] ［美］马尔萨斯：《人口原理》，朱泱、胡企林、朱和中译，商务印书馆 1996 年版。

[94] ［英］威廉·配第：《政治算术》，马妍译，中国社会科学出版社 2010 年版。

[95] ［英］威廉·配第：《爱尔兰的政治解剖》，周锦如译，商务印书馆 1964 年版。

[96] ［法］西斯蒙第：《政治经济学新原理》，何钦译，商务印书馆 1998 年版。

[97] ［英］亚当·斯密：《国富论》，唐日松译，华夏出版社 2005 年版。

[98] ［英］约翰·穆勒：《政治经济学原理》，金镝、金熠译，华夏出版社 2009 年版。

（四）马克思主义政治经济学

[99] ［德］马克思：《资本论》，郭大力等译，人民出版社 1975 年版。

[100] 张宇、孟捷、卢荻主编：《高级政治经济学》，经济科学出版社 2002 年版。

[101] 左大培：《重新理解劳动价值论》，《社会科学战线》2002 年第 6 期。

（五）新古典经济学

[102] ［英］阿尔弗雷德·马歇尔：《经济学原理》，廉运杰译，华夏出版社 2005 年版。

[103] ［美］曼昆：《经济学原理》英文影印版第三版，清华大学出版社 2006 年版。

（六）宏观经济学

[104] [美] 戴维·罗默:《高级宏观经济学》,苏剑译,商务印书馆 2003 年版。

[105] 龚六堂:《经济增长理论》,武汉大学出版社 2000 年版。

[106] [美] 罗伯特·巴罗、哈维尔·萨拉伊马丁:《经济增长》,夏俊译,中国社会科学出版社 2000 年版。

[107] 欧阳明、袁志刚:《宏观经济学》,上海人民出版社 2000 年版。

[108] [英] 约翰·梅纳德·凯恩斯:《就业利息和货币通论》,魏埙译,陕西人民出版社 2004 年版。

[109] 左大培、杨春学主笔:《经济增长理论模型的内生化历程》,中国经济出版社 2007 年版。

[110] N. Gregory Mankiv, David Romer, David N. Weil, A Contribution to the Empirics of Economic Growth, *The Quarterly Journal of Economics*, Vol. 107, No. 2, May 1992, pp. 407 – 437.

[111] Paul M. Romer, Endogenous Technological Change, *Journal of Political Economy*, Vol. 98, No. 5, Part 2: The Problem of Development: A Conference of the Institute for the Study of Free Enterprise Systems, Oct. 1990, pp. S71 – S102.

（七）新制度经济学

[112] [美] 埃里克·弗鲁博顿、[德] 鲁道夫·芮切特:《新制度经济学——一个交易费用分析范式》,姜建强、罗长远译,上海人民出版社 2012 年版。

[113] [美] 埃瑞克·菲吕博顿、[德] 鲁道夫·瑞切特编:《新制度经济学》,孙经纬译,上海财经大学出版社 2002 年版。

[114] 贺卫:《寻租经济学》,中国发展出版社 1999 年版。

[115] [美] 安德鲁·肖特:《社会制度的经济理论》,陆铭、陈钊译,上海财经大学出版社 2003 年版。

[116] [美] 道格拉斯·诺思:《经济史中的结构与变迁》,陈郁、罗华平译,上海三联书店、上海人民出版社 1994 年版。

［117］［美］道格拉斯·诺思：《西方世界的兴起》，厉以平等译，华夏出版社1999年版。

［118］方福前：《公共选择理论——政治的经济学》，中国人民大学出版社2000年版。

［119］［荷］杰克·丁·费罗门：《经济演化——探究新制度经济学的理论基础》，李振明、刘社建、齐柳明译，经济科学出版社2003年版。

［120］［美］科斯等：《契约经济学》，李风圣译，经济科学出版社2003年版。

［121］［美］R.科斯、A.阿尔钦、D.诺斯等：《财产权利与制度变迁》，刘守英译，上海人民出版社2003年版。

［122］［美］科斯、诺斯、威廉姆森等：《制度、契约与组织——从新制度经济学角度的透视》，刘刚、冯健、杨其静、胡琴等译，经济科学出版社2003年版。

［123］柯武刚、史漫飞：《制度经济学——社会秩序与公共政策》，韩朝华译，商务印书馆2002年版。

［124］卢现祥：《西方新制度经济学》，中国发展出版社1996年版。

［125］［美］罗伯特·考特、托马斯·尤伦：《法和经济学》，张军译，上海人民出版社1999年版。

［126］山东大学经济研究中心：《新制度经济学研究》第1卷，经济科学出版社2003年版。

［127］盛洪主编：《现代制度经济学》，北京大学出版社2003年版。

［128］盛洪：《为万世开太平：一个经济学家对文明问题的思考》，北京大学出版社1999年版。

［129］盛洪：《在传统的边际上创新》，上海三联书店2003年版。

［130］［冰］思拉恩·埃格特森：《新制度经济学》，商务印书馆1996年版。

［131］汪丁丁：《制度分析基础讲义》，世纪出版集团、上海人民出版社2005年版。

［132］汪洪涛：《制度经济学——制度及制度变迁性质解释》，复旦

大学出版社2003年版。

[133] 姚洋：《制度与效率：与诺斯对话》，四川人民出版社2002年版。

[134] [美] 约翰·德勒巴克、约翰·奈编：《新制度经济学前沿》，张宇燕译，经济科学出版社2003年版。

[135] 张军：《现代产权经济学》，生活·读书·新知三联书店1991年版。

[136] 张五常：《经济解释》，商务印书馆2000年版。

[137] 张祥平：《制度对话——中国传统资源与西式模式优劣辨》，石油工业出版社2001年版。

（八）新兴古典经济学

[138] 向国成、韩绍凤：《综合比较优势理论：比较优势理论的三大转变——超边际经济学的比较优势理论》，《财贸经济》2005年第6期。

[139] 杨小凯、黄有光：《专业化与经济组织》，张玉纲译，经济科学出版社1999年版。

[140] 杨小凯：《经济学原理》，中国社会科学出版1998年版。

[141] 杨小凯：《经济学——新兴古典与新古典框架》，张定胜、张永生、李利明译，社会科学文献出版社2003年版。

[142] 杨小凯、张永生：《新兴古典经济学和超边际分析》，中国人民大学出版社2000年版。

[143] 杨小凯：《当代经济学与中国经济》，中国社会科学出版社1997年版。

[144] Yang, X. and Ng, Y-K., Specialization and Economic Organization: A New Classical Microeconomic Framework, Amsterdam: North-Holland, 1993.

（九）经济学方法论

[145] 黄淳、何伟：《信息经济学》，经济科学出版社1998年版。

[146] 张维迎：《博弈论与信息经济学》，上海三联书店1996年版。

[147] [美] D.F.韩德瑞、秦朵：《动态计量经济学》，秦朵译，上

海人民出版社 1998 年版。

[148] 潘省初:《计量经济学》,中国人民大学出版社 2004 年版。

[149] 王智慧、刘芳:《论帕累托最优概念的相对性与局部性》,《天府新论》2005 年第 6 期。

[150] 王智慧、刘芳:《各种内外生交易费用权衡折中原理》,《商场现代化》2005 年第 11 月(下)。

[151] 王智慧:《多层决策模型对于经济学研究的重大意义》,工作论文,人大经济论坛,http://bbs.pinggu.org/forum.php?mod = viewthread&tid = 1052788&extra = &authorid = 187681&page = 1,2011 年。

[152] Akerlof, G., "The Market for Lemons: Quality Uncertainty and the Market Mechanism", *Quarterly Journal of Economics*, Vol. 89, 1970, pp. 488 – 500.

[153] Arrow, K., "The Economics of Agency", In J. Pratt and R. Zeckhauser (eds.), *Principals and Agents: The Structure of Business*, 1985, pp. 37 – 51. Boston, Harvard Business School Press.

[154] Ethier, W., "National and International Returns to Scale in the Modern Theory of International Trade", *American Economic Review*, Vol. 72, 1982, pp. 389 – 405.

[155] Houthakker, M., "Economics and Biology: Specialization and Speciation", *Kyklos*, Vol. 9, 1956, pp. 181 – 89.

[156] Rosen, S., "Substitution and the Division of Labor", *Economica*, Vol. 45, 1978, pp. 235 – 250.

[157] Rosen, S., "Specialization and Human Capital", *Journal of Labor Economics*, Vol. 1, 1983, pp. 43 – 49.

[158] Young, Allyn, "Increasing Returns and Economic Progress", *The Economic Journal*, Vol. 38, 1928, pp. 527 – 42.

(十) 演化经济学

[159] 陈平:《文明分岔、经济混沌和演化动力学》,经济科学出版社 2000 年版。

[160] 盛昭瀚、蒋德鹏：《演化经济学》，上海三联书店2002年版。

（十一）其他经济学文献

[161] 陈军昌：《非线性产业或经济系统的演化（创新）分析》，博士学位论文，江西财经大学，2009年。

[162] 高德步、王珏：《世界经济史》，中国人民大学出版社2001年版。

[163] 黄有光：《福利经济学》，中国友谊出版公司1991年版。

[164] 龚秀国：《国际经济学——理论与应用》，西南财经大学出版社2000年版。

[165] 龚关：《国际贸易理论》，武汉大学出版社2000年版。

[166] [美] 克鲁格曼、奥伯斯法尔德：《国际经济学》（第四版中文版），海闻译，中国人民大学出版社1998年版。

[167] 刘宇飞：《当代西方财政学》，北京大学出版社2000年版。

[168] 杨之刚：《公共财政学：理论与实践》，上海人民出版社1999年版。

[169] [美] 尼克·威尔金森：《行为经济学》，贺京同、那艺等译，中国人民大学出版社2015年版。

[170] 李心丹：《行为金融学——理论及中国的证据》，上海三联书店2004年版。

[171] 王松奇：《金融学》，中国金融出版社2000年版。

[172] 余力主编：《宏观金融学》，西安交通大学出版社2003年版。

九　发展经济学著作

（一）发展经济学教材

[173] 谭崇台主编：《发展经济学概论》，武汉大学出版社1992年版。

[174] 姚洋：《发展经济学》，北京大学出版社2013年版。

[175] 袁葵荪：《经济发展的基本模式——经济学的现代基础》，中国人民大学出版社2009年版。

[176] 杨小凯：《发展经济学——超边际与边际分析》，社会科学文献出版社2003年版。

[177] 张培刚主编:《发展经济学教程》,经济科学出版社 2001 年版。

(二) 发展经济学理论评述与比较

[178] [英] 狄帕克·拉尔:《"发展经济学"的贫困》,刘沪生译,三联书店上海分店 1992 年版。

[179] 郭熙保:《发展经济学经典论著选》,中国经济出版社 1998 年版。

[180] [美] 欧曼、韦格纳拉加:《战后发展理论》,中国发展出版社 2000 年版。

[181] 谭崇台主编:《发展经济学的新发展》,武汉大学出版社 1999 年版。

[182] [美] 詹姆斯·A. 道、史迪夫·H. 汉科、[英] 阿兰·A. 瓦尔特斯编著:《发展经济学的革命》,黄祖辉、蒋文华主译,上海三联书店、上海人民出版社 2000 年版。

(三) 结构主义与新结构主义

[183] 林毅夫:《新结构经济学:反思经济发展与政策的理论框架》,北京大学出版社 2014 年版。

[184] W. Arthur Lewis, "Economic Development with Unlimited Supplies of Labour", *The Manchester School*, Vol. 22, Issue 2, May 1954, pp. 139 – 191.

[185] Dale W. Jorgensen, "Surplus Agricultural Labour and the Development of a Dual Economy", Oxford Economic Papers, Vol. 19, Issue 3, Nov 1967, pp. 288 – 312.

(四) 其他发展经济学著作

[186] [印度] 阿玛蒂亚·森:《以自由看待发展》,任赜、于真译,中国人民大学出版社 2002 年版。

[187] [日] 速水佑次朗:《发展经济学:从贫困到富裕》,李周译,社会科学文献出版社 2003 年版。

[188] 谭崇台主编:《发展经济学辞典》,山西经济出版社 2002 年版。

[189] 张东辉：《发展经济学与中国经济发展》，山东人民出版社 1999 年版。

[190] 洪银兴：《可持续发展经济学》，商务印书馆 2000 年版。

十　发展经济学论文

（一）发展观

[191] 郭熙保：《论发展观的演变》，《学术月刊》2001 年第 9 期。

[192] 姜少敏：《发展经济学发展观的演变》，《教学与研究》2005 年第 12 期。

[193] 刘石成：《发展经济学发展观的理论评析及演变趋势》，《广东经济管理学院学报》2005 年第 10 期。

[194] 汪立鑫：《"后发展经济学"：对经济发展的新角度透视——复旦大学经济学院院长陆德明教授访谈录》，《华东经济管理》2000 年第 3 期。

[195] 邹薇：《一种新的发展观——兼评发展经济学的前景》，《教学与研究》2002 年第 3 期。

（二）发展经济学理论的历史

[196] 蔡彬彬：《20 世纪发展经济学的发展轨迹及其启示》，《财经科学》2004 年第 2 期。

[197] 陈雪梅：《发展经济学演变过程中的发展思路及其政策取向》，《暨南学报》（哲学社会科学版）2000 年第 12 期。

[198] 方福前：《论发展经济学失败的原因》，《中国人民大学学报》2002 年第 4 期。

[199] 李矿、顾海兵：《发展经济学五十年》，《科学学与科学技术管理》1999 年第 11 期。

[200] ［英］鲁伯特·本南特·雷、克莱夫·克罗克：《发展经济学的新发展》，《中国青年政治学院学报》1994 年第 1 期。

[201] 刘伟丽：《经济全球化背景下的发展经济学》，《辽宁师范大学学报》（社会科学版）2002 年第 25 卷第 1 期。

[202] 马颖：《发展经济学 60 年的演进》，《国外社会科学》2004 年第 4 期。

[203] 蒲文彬：《发展经济学的新拓展——"发展经济学与西部大开发"学术研讨会综述》，《思想战线》2004 年第 5 期。

[204] 任保平、卫玲：《20 世纪 90 年代以来发展经济学研究的新趋势及其启示》，《学术月刊》2001 年第 12 期。

[205] 王燕燕：《理念的转变与多维的视角二十世纪九十年代以来发展经济学的新进展》，《财经理论与实践》（双月刊）2005 年第 26 卷第 138 期。

[206] 叶初升：《寻求发展理论的微观基础——兼论发展经济学理论范式的形成》，《中国社会科学》2005 年第 4 期。

[207] 叶初升：《经济全球化、经济金融化与发展经济学理论的发展》，《世界经济与政治》2003 年第 10 期。

[208] 张建华：《发展经济学的新进展与新趋势》，《江西财经大学学报》1999 年第 6 期。

[209] 赵丽红：《对发展经济学发展历程的反思》，《世界经济与政治》2002 年第 12 期。

[210] 钟超：《发展经济学经济发展思想三种思路的比较分析》，《新疆财经学院学报》2004 年第 4 期。

[211] 周毅：《现代化理论的六大学派及其特点》，《当代世界与社会主义》2003 年第 2 期。

[212] 邹薇：《发展经济学理论的危机与新发展》，《当代经济研究》2002 年第 4 期。

（三）发展经济学理论评述

[213] 曹钢：《发展经济学研究的新突破——读何炼成主编〈中国发展经济学〉一书》，《当代经济科学》2000 年第 22 卷第 3 期。

[214] 刘国光：《加强对可持续发展经济学的研究——〈可持续发展经济学〉序言》，《东岳论丛》2003 年第 24 卷第 3 期。

[215] 柳杨青：《可持续发展经济学的形成与创新》，《华东经济管理》2003 年第 17 卷第 1 期。

[216] 马传林：《论可持续发展经济学的基本理论问题》，《文史哲》2002 年第 2 期。

[217] 明星:《古典依附理论与依附发展理论比较研究——兼析经济全球化背景下依附发展理论的时代意义》,《广西教育学院学报》2004年第5期。

[218] 乔洪武:《西方发展经济学的理论缺陷与中国的历史验证和思考》,《华中师范大学学报》(人文社会科学版)2000年第39卷第1期。

[219] 任保平:《可持续发展经济学基本理论问题研究的述评》,《中国人口·资源与环境》2004年第14卷第5期。

[220] 谭崇台:《对发展经济学中新古典主义复兴的一般评议》,《中国人民大学学报》2000年第4期。

[221] 王蓓:《现代化理论与依附理论的比较分析》,《青岛大学师范学院学报》2004年第21卷第3期。

[222] 王艳萍:《经济增长与收入不平等:增长与分配关系的理论研究及其最新进展》,《经济评论》2003年第6期。

[223] 尹继武:《依附论的理论体系分析及其评判》,《江西广播电视大学学报》2003年第2期。

[224] 朱宗芸、李昌华:《结构分析与发展经济学的发展》,《中国农业银行武汉培训学院学报》2004年第3期。

[225] 张敦福:《依附理论的发展历程和新进展》,《山东师范大学学报》2000年第1期。

[226] 赵怀普:《关于现代化理论和依附理论的比较分析》,《燕山大学学报》(哲学社会科学版)2002年第13期。

十一 其他文献

[227] 秦晖:《中国经济发展的低人权优势》,爱思想网秦晖专栏,http://www.aisixiang.com/data/16401.html。

[228] 秦晖:《中国能否走出"尺蠖效应"的怪圈?——从"郎旋风"看国企改革的困境与经济学的窘境》,爱思想网秦晖专栏,http://www.aisixiang.com/data/4117.html。

[229] 孙宝文、王智慧、赵胤钚:《网络虚拟货币研究》,中国人民大学出版社2012年版。

后　记

　　本书是以我的硕士论文为基础修改而成的。在硕士入学之前，我的经济学思想来源于已故经济学家杨小凯教授，通过阅读他的著作使我经济学思想真正入门，特别是他和黄有光教授合著的《专业化与经济组织》一书对于经济分析框架的评价标准对我影响颇深，在此表示对他深切的悼念与感谢。在四川大学经济学院攻读硕士期间，我的导师袁葵荪老师的信息社会经济学思想使我进入到发展经济学的研究领域，并且使我拓展了经济学原理、发展经济学与经济思想史的视野，让我对各种经济学理论有了更为深刻的认识和比较。袁葵荪和张衔两位老师的严谨治学精神也深深地激发了我对理论的兴趣。

　　2006年在四川大学望江校区科学书店我买到了欧阳莹之的《复杂系统理论基础》一书，对此书仔细研读之后，我对经济学的基本思想和方法有了更深的体会。

　　2007—2010年我在中央财经大学信息学院攻读经济信息管理专业博士学位，虽然在博士期间我的论文方向从理论经济学转到了虚拟货币，但实际上理论经济学才是我真正的研究兴趣。

　　2007—2017年，我在数学、伦理学和理论经济学方面进步不少。2010年开始，我认真研读了王海明的《新伦理学》三卷本，并对其内容进行了深入思考，终于将伦理学与经济学的基本思想融会贯通，这成为本书第六章第八节的思想来源。王海明新功利主义的道德终极标准实际上相当于经济学的两大效率标准，这也是评价一切社会治理和发展绩效的终极标准。

　　杨小凯的《经济学原理》、王海明的《新伦理学》和欧阳莹之的《复杂系统理论基础》是对我的学术思想影响最大的三本书，通过对这三本书的仔细研读，使我掌握了评价经济学理论甚至伦理学和政治哲学理论优劣的基本标准，使我对经济学理论和经济学大师不再崇拜，使我能够迅速识别经济学理论的基本性质和比较它们的优劣。我希望那些经济学专业的莘莘学子也能够像我一样迅速对各种经济学理论进行准确定位，并能够建立起阅读经济学理论教材和文献的自信，这正是本书的写作目的。

贵州财经大学经济学院的学术风气比较自由和宽容，特别是常明明院长的开明态度使大家能够在各自的学术领域自由研究，也使我能够在理论经济学方面进行大胆创新和探索。在此特别鸣谢贵州财经大学经济学院各位领导对理论经济学研究的支持与鼓励，并且感谢贵州财经大学对理论经济学研究进行了特别的资助，最终使本书得以出版。

最后要感谢中国社会科学出版社，尤其是卢小生编审的支持和帮助，没有他们的努力工作，本书也不会付梓。

王智慧

于贵州花溪大学城

2017 年 5 月 24 日